Walter Kohl

Welche Zukunft
wollen wir?

Walter Kohl

Welche Zukunft wollen wir?

Mein Plädoyer für eine Politik von morgen

HERDER

FREIBURG · BASEL · WIEN

Für Kyung-Sook

© Verlag Herder GmbH, Freiburg im Breisgau 2020
Alle Rechte vorbehalten
www.herder.de

Satz: Daniel Förster, Belgern
Herstellung: GGP Media GmbH, Pößneck

Printed in Germany

ISBN Print: 978-3-451-38463-9
ISBN E-Book: 978-3-451-82019-9

Inhalt

Einleitung

Liebe Leserinnen und Leser,

warum schreibe ich dieses Buch jetzt? Die aktuellen politischen und wirtschaftlichen Entwicklungen in Deutschland und Europa machen mir zunehmend große Sorgen. Ich habe den Eindruck, dass in weiten Teilen unserer Gesellschaft heute ein wachsendes und zugleich diffuses Gefühl der Verunsicherung, der Zukunftsangst und des Unwohlseins wahrzunehmen ist.

Etwas liegt im Argen. Doch was? Dazu ein persönliches Beispiel. Vor einigen Jahren kauften meine Frau und ich ein unbebautes Grundstück in einer Kleinstadt nördlich von Frankfurt am Main. Der dortige Landkreis, der Hochtaunuskreis, ist eine der einkommensstärksten Regionen Deutschlands, mit einer geringen Arbeitslosenquote und hoher Lebensqualität. Die Kleinstadt ist geprägt von Häusern aus der Gründerzeit und liegt an den Hängen des Taunus. In der Vorweihnachtszeit 2019 erhielt ich von der lokalen Stadtverwaltung ein Schreiben, welches mich nachhaltig bewegte. Bezugnehmend auf das Grundstück wurde mir von einem Mitarbeiter der Stadt mitgeteilt:

»Gerne möchte ich mich mit Ihnen über die Zukunft der Liegenschaft unterhalten und abstimmen, ob eine städtische Nutzung, temporär oder auch langfristiger Natur, möglich ist. Wir haben zurzeit dringende Nöte, nicht nur anerkannte Flüchtlinge unterzubringen, sondern auch eigentlich gut situierte Bürger, die aus verschiedenen Gründen ihre Wohnungen aufgrund von angeordneter Zwangsräu-

mung verlassen müssen. Aufgrund der wirtschaftlichen Rahmenbedingungen und der besonderen Wohnungsmarktlage […] steigt die
Zahl der Zwangsräumungen zurzeit überdurchschnittlich an. Um
diese Situation zu entschärfen suchen wir kurzfristig temporäre Un-
terkünfte für diesen notleidenden Personenkreis.«

Das Schreiben wühlte mich auf. Meine Frau und ich stimmten einer solchen Nutzung des Grundstücks grundsätzlich zu und befinden uns derzeit im Klärungsprozess mit der Stadt. Doch es stellten
sich mir noch viel grundsätzlichere Fragen: In welchem Zustand befindet sich unser Land, wenn schon in solchen Orten derartige Hil-
feruft versendet werden müssen? Wenn sogar voll erwerbstätige Bürger aus der Mittelschicht Notunterkünfte benötigen? Sind wir bereit,
diese Entwicklung einfach hinzunehmen? Welche Konsequenzen hat
das für den sozialen Frieden in unserem Gemeinwesen?

Szenenwechsel: Als ich Mitte der 1980er-Jahre zu meinem Studium in die USA ging, war ich schockiert, als ich dort zum ersten Mal
Obdachlose in Müllcontainern wühlen sah, die Pfandflaschen sammelten. Solche sichtbare Armut war ich aus der damaligen Bundesrepublik, aus meiner Heimatstadt Ludwigshafen, nicht gewohnt. Über
30 Jahre später besuchen über 1,65 Millionen Menschen in Deutschland Lebensmittelausgabestellen der Tafel.[1] Pfandflaschensammeln ist
zu einem alltäglichen Bestandteil des Straßenbildes deutscher Innen-
städte geworden.

Diese Anekdoten sind ein Ausschnitt aus einer viel größeren Geschichte, die sich nicht allein auf soziale Probleme beschränkt. Der
Geschichte eines Landes in dem viele das Gefühl haben, dass alte Ge-
wissheiten ins Rutschen gekommen sind und dass wir ohne echte Antworten vor den Herausforderungen der Zukunft stehen. Ich möchte
damit keineswegs in einen »früher war alles besser«-Chor einstimmen.
Das wäre objektiv falsch, unser Land steht heute in vielerlei Weise gut
da. Doch Politik muss immer wieder auf sich ändernde Rahmenbedingungen eingehen und neue Antworten anbieten. Welche Folgen
es hat, wenn die Politik Fehlentwicklungen zu lange geschehen lässt,

kann man manchmal sprichwörtlich vor der eigenen Haustür beobachten.

Dieses Buch will aufrütteln und auf viele bestehende Fehlentwicklungen in unserem Land aufmerksam machen. Im ersten Teil erfolgt daher eine Bestandsaufnahme mit einem Fokus auf Problemorientierung. In Kapitel 1 erfolgt eine ausschnittweise Betrachtung des schleichenden Substanzverlusts den unser Land in den letzten Jahren hinnehmen musste. In Kapitel 2 wenden wir uns Kernaufgaben von Staatlichkeit zu und analysieren, in welchen Feldern diese nur unzureichend erfüllt werden. Das dritte Kapitel widmet sich den Folgen eines schwachen Staates: der gesellschaftlichen Verrohung. Im darauffolgenden Kapitel 4 schauen wir auf wirtschaftliche Umbrüche, welche uns bevorstehen beziehungsweise in denen wir uns teils schon befinden und setzen uns mit den bereiteren Folgen dieser Umbrüche auseinander. Darauf folgt in Kapitel 5 ein Vorschlag für eine Fortentwicklung unseres Wirtschaftsmodells in eine ökologisch-soziale Marktwirtschaft. Das sechste Kapitel beschäftigt sich mit der Zukunft der europäischen Integration. In Kapitel 7 widmen wir uns einer sich verändernden weltpolitischen Lage und dem absehbaren äußeren Druck der künftig verschärfend zu den innenpolitischen Herausforderungen auf Deutschland und Europa zukommen wird.

Dieses Buch möchte aber keineswegs bei der Problemanalyse stehenbleiben, sondern Mut machen, konstruktive Lösungen entwickeln. Das neunte Kapitel widmet sich daher aufbauend auf dem ersten Teil mit einem 12-Punkte-Aktionsplan konkreten politischen Vorschlägen. Doch zuvor schauen wir im achten Kapitel noch auf die tieferliegenden Probleme unserer politischen Kultur, die als Ursache und Katalysator gleichermaßen zur Entstehung von Fehlentwicklungen in Deutschland beitragen.

Einfache, ideologische Lösungen, wie beispielsweise der Ruf nach mehr Umverteilung als Antwort auf das eingangs geschilderte Beispiel, greifen häufig zu kurz oder wirken gar kontraproduktiv. Populismus trägt nicht zur Lösung von Krisen bei, sondern bewirkt als

Brandbeschleuniger den gesellschaftlichen Zerfall und Abstieg unseres Landes. Ich bin der Überzeugung, dass wir die Herausforderungen der Gegenwart und der Zukunft am besten mit einer gesunden Mischung aus einerseits konservativen, bewahrenden und andererseits innovativen, progressiven Ansätzen meistern können. Was ich mir konkret darunter vorstelle, möchte ich in diesem Buch zeigen.

Die hierin gemachten Vorschläge sollen eine Debatte anstoßen und Sie als Leserin oder Leser ganz persönlich auffordern, sich eine Meinung zu bilden. Mein Eindruck aus vielen persönlichen Gesprächen über Politik ist, dass viele Menschen ob der schier erdrückenden Dimension der Herausforderungen resigniert haben. Ein Gefühl des »Ich kann eh nichts ausrichten« oder »die da Oben machen was sie wollen« greift zunehmend um sich. Diesem Gefühl müssen wir entschieden entgegentreten.

Und hier kommt meine persönliche Motivation ins Spiel. Mich erfüllt es mit großer Sorge, wenn deutschland- und europaweit radikale politische Kräfte an Zulauf gewinnen. Als mahnendes Beispiel seien nur die Landtagswahlen in Thüringen im Herbst 2019 angeführt, bei denen erstmals seit Gründung der Bundesrepublik Parteien der politischen Mitte über keine Mehrheit in einem Landesparlament verfügen.

Die Entscheidung dieses Buch zu schreiben fiel im Winter 2018/19. Wieder einmal hatte ich abends vor der »Tagesschau« gesessen und mich über den mangelnden Gestaltungs- und Entscheidungswillen weiter Teile der deutschen Politik geärgert. Ich schaltete den Fernseher aus und setzte mich frustriert an unseren Esstisch. Meine Gedanken begannen zu wandern. Ich stellte mir vor, wie ich eines Tages in zwanzig Jahren mit unseren heute noch ungeborenen Enkeln an unserem Familientisch sitze, wie ich mit ihnen über die jetzige Gegenwart in der Vergangenheitsform spreche. Was wäre, wenn sie mich fragen würden: »Opa, was hast Du denn damals gemacht?«

Welche Antwort könnte ich meinen Enkeln geben? »Nichts, ich habe dagesessen, geschimpft, mich ins Private zurückgezogen, einfach gearbeitet und gelebt.«

Dieser Gedanke hat mich nicht mehr losgelassen. Unsere Generation durfte in so viel Frieden, Freiheit und Wohlstand aufwachsen, wie wohl keine andere in der deutschen Geschichte. Entsprechend haben wir eine besondere Verantwortung dieses Land auch für unsere Enkel und Urenkel lebenswert zu erhalten. Erich Kästner kam mir in den Sinn, er formulierte einst im »Fliegenden Klassenzimmer«: »An allem Unfug, der passiert, sind nicht etwa nur die Schuld, die ihn tun, sondern auch die, die ihn nicht verhindern«.

Dieses Buch ist mein Appell zur Beteiligung, zur Diskussion, zum Engagement. Es ist auch eine Hälfte der Antwort auf die hypothetische Frage meines Enkels: »Opa, was hast du denn damals gemacht?« Eine zweite Hälfte ist die Gründung der gemeinnützigen »Initiative Deutschland in Europa« (www.initiatived.eu). Diese Initiative soll die Gedanken des Buches in die Gesellschaft tragen und interessierten Menschen eine Plattform zum politischen Diskurs, zum Mitmachen, zum »Gehört-werden« bieten. Getragen sind wir von unserem gemeinsamen Willen, die freiheitliche Demokratie, den Pluralismus und den sozialen Frieden in Deutschland stärken zu wollen.

Alle Autorenerlöse dieses Buches gehen an die Initiative. Mein Dank gilt Manuel Herder, meinem Verleger, für seine Bereitschaft, dieses Projekt zu unterstützen.

Viel Freude beim Lesen wünscht
Ihr Walter Kohl

TEIL 1

Bestandsaufnahme

1.
Leben von der Substanz

Wie steht es um Deutschland heute? Wir leben in einem Land, dem es im globalen Vergleich wirtschaftlich, kulturell und gesellschaftlich augenscheinlich gut geht; unser Land hat sogar für viele andere Länder Vorbildcharakter. Zwischen Rhein und Oder genießen die meisten Menschen einen hohen Lebensstandard, nach dem Index der menschlichen Entwicklung (HDI) im Durchschnitt sogar den fünfthöchsten der Welt.[2] Ist Deutschland also – wie es der CDU-Wahlslogan zur Bundestagswahl 2017 formulierte – durchweg ein Land, »in dem wir gut und gerne leben«?

Es ist paradox: Einerseits erleben wir gerade die längste wirtschaftliche Wachstumsphase seit dem Zweiten Weltkrieg und andererseits gewinnen Parteien, die in ihrer Tradition »gegen das System« sind, ein Viertel der Sitze im Deutschen Bundestag. In Umfragen geben 53 Prozent der Deutschen an, unzufrieden mit dem Funktionieren unserer Demokratie zu sein. Das ist ein Zuwachs von 27 Prozentpunkten innerhalb von nur zwei Jahren.[3]

Wo anfangen mit der Ursachensuche für diese Entwicklung? Für einen Statik-Gutachter beginnt die Untersuchung eines Hauses mit der Blickdiagnose der an der Oberfläche sichtbaren Risse. Ähnlich möchte ich zuerst offensichtlichen Fehlentwicklungen in unserem Land ansehen und mich dann den tiefergehenden Problemen zuwenden.

Fangen wir also mit einem der offensichtlichsten Fälle von Staatsversagen in jüngerer Zeit in Deutschland an: dem Flughafen BER.

»Das heutige Deutschland ist ein Land, das nicht in der Lage ist, innerhalb von zwei Jahrzehnten in der eigenen Hauptstadt einen internationalen Flughafen zu bauen. Was ist übrig von den deutschen Tugenden?« Diese Frage stellte ein chinesischer Professor meinem Sohn während eines Auslandssemesters in Shanghai. Die für Chinesen bemerkenswert untypische Direktheit unterstreicht den kolossalen internationalen Gesichtsverlust, den Deutschland für die Blamage des Berliner Flughafenbaus hinnehmen muss. Der ursprünglich für das Jahr 2007 vorgesehene Eröffnungstermin wurde zunächst auf 2012 und dann mehrfach weiter verschoben. Ob der Flughafen tatsächlich wie zurzeit geplant im Oktober 2020 eröffnen wird, darauf mag wohl niemand mehr wetten. Gleichzeitig vervierfachten sich die Baukosten von knapp zwei auf über acht Milliarden Euro, wobei zu vermuten ist, dass damit noch nicht das Ende der Fahnenstange erreicht ist.[4]

Das BER-Desaster ist leider kein Einzelfall, sondern lediglich ein Beispiel für ein systemisches Problem, das noch viele andere Beispiele kennt: die Elbphilharmonie, der City-Tunnel Dresden, die U-Bahnlinie 5 in Berlin, Stuttgart 21, die Sanierung des Nord-Ostsee-Kanals oder die Bundesautobahn 20 in Mecklenburg – in nahezu jedem Bundesland lassen sich derzeit Großprojekte aufzählen, deren Zeitverläufe und Budgetentwicklungen alle Vorgaben um ein Vielfaches der Ausgangsplanung sprengten. Bei der Elbphilharmonie stiegen die Baukosten von ursprünglich geplanten 77 Millionen um den Faktor 11,2 auf 866 Millionen Euro.[5] Bei Stuttgart 21 von 2,4 Milliarden Euro bei Projektbeginn auf 9,8 Milliarden Euro im Jahr 2018, Ende offen.[6]

Dieser Realität steht der noch immer wirkmächtige Mythos vom Musterland Deutschland gegenüber. Doch wie lange ist diese Sicht auf unser Land noch haltbar, wenn bei jedem großen öffentlichen Infrastrukturprojekt massive Verzögerungen und Kostensteigerungen auftreten? Der Flughafen BER erinnert zunehmend an notorische Milliardengräber wie die süditalienische Autostrada A2, die durch Missmanagement und jahrelange Verzögerungen einst Spott in deutschen Tageszeitungen hervorrief. Der Reputationsschaden eines solchen Fiaskos ist für unser Land immens. So formulierte der britische *Telegraph* zu einer Meldung einer weiteren Bauverzögerung des BER: »Whatever happened to German efficiency?«[7] In anderen Nachrichtenmeldungen ausländischer Medien wird der Hauptstadtflughafen als Beispiel zur Wiederlegung des Mythos deutscher Effizienz angeführt.[8]

Wie konnte es so weit kommen? »Haben wir das Bauen verlernt?«, titelte der *Tagesspiegel* im Dezember 2018.[9] Liegt die Verantwortung bei deutschen Architekten und Bauingenieuren, die ihre Handwerkskunst plötzlich vergessen haben? Manfred Rettig, der Bauherr des Berliner Stadtschlosses und Leiter des Bonn-Berlin-Regierungsumzuges, sagte dazu: »Die Technik ist beherrschbar, das Problem sind organisierte Unverantwortlichkeit und politische Aufsichtsgremien ohne Sachverstand.«[10] Er führt die Missstände beim Hauptstadtflughafen BER darauf zurück, dass während der Bauplanung mehrfach aus politischen Gründen Pläne geändert wurden, auf Kosten von Zeit und Beherrschbarkeit des Projektes. Im Aufsichtsgremium unter dem Vorsitz des Berliner Regierenden Bürgermeisters Klaus Wowereit und unter maßgeblicher Beteiligung des brandenburgischen Ministerpräsidenten Matthias Platzeck saßen jedoch nur sehr wenige Bauexperten und umso mehr Politiker. Die Resultate sprechen für sich.

Anders gefragt: Sind vielleicht moderne Bauprojekte zu komplex geworden, um sie pünktlich und im ursprünglich geplanten Kostenrahmen fertigzustellen? Nein. Ein Blick über die Grenzen zeigt, dass es sehr wohl geht. In der Schweiz wurde nach einem positiven Volksentscheid der Bau des Gotthard-Basistunnels unter schwierigsten technischen Bedingungen nahezu vollständig im Zeitplan fertiggestellt. Was machen die Schweizer besser als wir? Wo liegt unser Problem?

Ein Faktor für die schnelle Umsetzung von Projekten in der Schweiz ist die direkte Demokratie. Anders als bei vielen Konsultationen, Bürgerinitiativen und Dialogforen in Deutschland beschleunigt die definitive Entscheidungsfindung durch das Volk den Bauplanungsprozess. Eine liberale Demokratie wie die Schweiz schafft es Projekte zeitnah fertigzustellen, eine Kommandowirtschaft wie China ebenfalls. Entscheidungsstärke ist also keine Frage des politischen Systems sondern des Vergaberechts. Anders als in Deutschland werden in der Schweiz Gewerke, also einzelne Bauaufträge, nicht grundsätzlich an den günstigsten Bieter vergeben.[11] In der Bundesrepublik führt diese Vergabepraxis häufig zu unrealistischen Angebotspreisen und langwierigen Nachverhandlungen. Darüber hinaus funktioniert das Risikocontrolling auch aufgrund starker Einbindung von fachlichen Experten bei den Eidgenossen häufig besser als hierzulande.

Die mangelhafte Umsetzung von Großprojekten ist nur ein Stein im Mosaik des Problems. Deutschland lebt heute von der Substanz vergangener Aufbauleistungen. Unsere Infrastruktur, eine wesentliche Grundlage unseres Landes, verfällt langsam, aber sicher. Nur 13 Prozent der über 50.000 Brücken und Brücken-Teilbauwerke in Deutschland sind aktuell in einem guten oder sehr guten Zustand.[12] Allein um die Verkehrsfähigkeit der bestehenden Brückenbauwerke zu erhalten, müsste die Bundesrepublik bis 2030 jährlich 9,3 Milliarden Euro investieren.[13] Der Infrastrukturnotstand lässt sich am Beispiel der Rheinbrücke auf der A1 bei Leverkusen illustrieren. Wie viele andere Infrastrukturbauwerke wurde sie in den 1960er-Jahren in Betrieb genommen. Ursprünglich für 40.000 PKW pro Tag geplant, befuhren sie bis zur sanierungsbedingten Teilsperrung täglich über 120.000 Autos und 22.000 LKW, ein Vielfaches der geplanten Belastung.[14] Trotz der absehbaren Überlastung des Bauwerks wurden über Jahre keine baulichen Maßnahmen ergriffen. 2012 schließlich musste die Brücke für LKW gesperrt werden, da Einsturzgefahr bestand. Im Ergebnis führt dies zu einem erheblichen volkswirtschaftlichen Schaden. So ist beispielsweise allein die Bayer AG auf die Fahrt von 500 LKW pro Tag über die Rheinbrücke angewiesen[15]. Durchschnittliche Umwege von über 20 Kilometer für jede Lieferung produzieren bei Just-in-time-Produktionsverfahren bereits nach kurzer Zeit beträchtliche Mehrkosten und belasten zudem die Umwelt erheblich.

Mängel in der Infrastruktur kosten viel Geld und schaden der Wettbewerbsfähigkeit, nur werden diese Kosten in der Öffentlichkeit nicht bewusst wahrgenommen. Während 2010 in Deutschland nach Angaben des ADAC 185.000 Staus gemeldet wurden, vervierfachte sich diese Zahl bis 2018 auf über 745.000 Staus.[16] Die Gesamtlänge an Staus auf deutschen Autobahnen ergab dabei eine Strecke, die 3,7-fach länger ist als die Entfernung zwischen der Erde und dem Mond.[17] Auf der A3 gab es im Jahr 2018 rechnerisch pro Autobahnkilometer 220 Kilometer Stau. Versucht man den volkswirtschaftlichen Schaden der Staus zu berechnen, ergeben sich pro Jahr Werte zwischen zehn Milliarden Euro im Minimum und 80 Milliarden Euro im Medianszenario.[18]

Die Investitionslücke in der Infrastruktur beschränkt sich jedoch nicht nur auf Straßenbrücken. Auch in anderen Sektoren wie der Schieneninfrastruktur ist der Verfall dramatisch. Nach einer Studie aus dem Jahr 2017 sind 1086 Eisenbahnbrücken der Deutschen Bahn in einem nicht mehr sanierungsfähigen Zustand. Über die Hälfte der schätzungsweise 25.000 Bahnbrücken in Deutschland sind älter als 80 Jahre, ein erheblicher Teil stammt noch aus der Kaiserzeit. Doch obwohl hier mittlerweile mehr Gelder in Sanierung und Neubau fließen, laufen die entsprechenden Programme nur äußerst zögerlich an. In der vergangenen Finanzierungsrunde »LuFV II« (2015–2019) war kurz vor Ende der Periode nur weniger als die Hälfte der 875 Sanierungsprojekte fertiggestellt. Die mögliche Vertragsstrafe für die Deutsche Bahn bei unzureichender Projektausführung ist mit 15 Millionen Euro wohl kaum abschreckend.[19] Bei den LuFV-II-Sanierungen handelte es sich nach Auskunft des Präsidenten des Bundesrechnungshofes im *Handelsblatt* jedoch nur um kleinere, für die Gesamtqualität des Streckennetzes nachrangige Brücken.[20] Der Sanierungsstau des DB-Netzes umfasst zudem auch Weichen, Bahnhöfe und Gleise.

Die Lage im Güterverkehr der Bahn ist nicht viel besser. Laut einer Anfrage der FDP im Bundestag kamen 2018 insgesamt 39,2 Prozent aller Güterzüge verspätet ins Ziel. Das ist die schlechteste Quote in diesem Jahrzehnt. DB Cargo musste zudem 2018 rund 5900 Anfragen für Sonderzüge ablehnen, weil Fahrzeuge und Personal fehlten.[21] Ein wesentlicher Hemmschuh für eine auch ökologisch mehr als wünschenswerte Reduktion des LKW-Transports sei das marode Schienennetz, so die Klage der privaten Güterbahnbetreiber. Demnach lägen die politischen Prioritäten auf der Straße und nicht auf der Schiene, zum Beispiel durch Förderung von Projekten wie LKW-Kolonnenfahrten (Platooning) oder Tests mit LKW an Stromleitungen wie aktuell auf der A5 zwischen Frankfurt und Darmstadt.[22]

Die sanierungsbedürftige Infrastruktur schwächt den Standort Deutschland. Bereits seit dem Jahr 2003 sind die staatlichen Nettoinvestitionen in der Bundesrepublik negativ. Das bedeutet, dass die jährliche Höhe der Abschreibungen die Höhe der staatlichen Neuinvestitionen übersteigt.

Wir leben also von der Substanz. Unsere Generation verzehrt das Erbe unserer Vorgänger und wir hinterlassen unseren Kindern und Enkeln gewaltige Versäumnisse und Lücken. Nach Schätzungen des Deutschen Instituts für Wirtschaftsforschung (DIW) betrug dieser Substanzverbrauch allein in der Dekade zwischen 2003 und 2013 rund 46 Milliarden Euro.[23] Hinzu kommt, dass die Investitionslücke zunehmend auch regionale Ungleichheiten verstärkt. So investieren bayerische Kommunen einen dreifach höheren Betrag als Gemeinden in Mecklenburg-Vorpommern, insbesondere nach dem Auslaufen des Solidarpaktes II. Gemessen am Bruttoinlandsprodukt sank die Investitionsquote des deutschen Staates zwischen 1996 und 2016 um ein Fünftel. Damit liegt Deutschland heute bei nur etwas mehr als zwei Drittel des Durchschnitts der OECD-Staaten, gerade auch im Vergleich mit Österreich oder skandinavischen Ländern.[24] Um dauerhaft wettbewerbsfähig zu bleiben, müsste nach Aussage des Ifo-Instituts der deutsche Staat seine Investitionen um 40 Prozent erhöhen, im Bereich Forschung und Entwicklung sogar um 70 Prozent.[25] Nach Schätzungen der Wirtschaftsprüfungsgesellschaft Ernst & Young (EY) liegt im Jahr 2025 der Gesamtinvestitionsbedarf, um vergangene Defizite aufzuholen und Deutschland im Zeitalter der Digitalisierung zukunftsfähig zu halten, von privaten und staatlichen Akteuren gar bei atemberaubenden 300 Milliarden Euro.[26] In Sektoren wie dem Gesundheitssystem, der Verkehrsinfrastruktur und dem Bildungswesen liegt die Bundesrepublik im europäischen Vergleich laut EY allenfalls leicht überdurchschnittlich im Mittelfeld.

Besonders problematisch ist der Zustand der deutschen Infrastruktur im digitalen Bereich. Hinsichtlich der Internetgeschwindigkeit bei mobilen Verbindungen belegt Deutschland weltweit Platz 45, hinter Mazedonien, Moldawien, Kuwait und Griechenland. Auch bei stationären Internetverbindungen ist die Geschwindigkeit in Deutschland (69 Mbit/s) im Durchschnitt geringer als in Panama (71 Mbit/s) oder Thailand (76 Mbit/s).[27] Bei der Breitbandabdeckung ist die Bundesrepublik europaweit eines der Schlusslichter. In der Konsequenz führt diese miserable Internetversorgung zu massiven Standortnachteilen, insbesondere für mittelständische Betriebe im ländlichen Raum und die Landwirtschaft.

Deutschland rühmt sich seines Mittelstandes, besonders der sogenannten Hidden Champions, also mittelständischen Weltmarktführern. Diese Unternehmen befinden sich zumeist nicht in den Ballungszentren, sondern im ländlichen Raum. Eine ungenügende Internetversorgung ist im Zeitalter einer vernetzten Industrie 4.0 schlicht zukunftsgefährdend. Die LTE-Abdeckung beim größten Netzanbieter, der Telekom, liegt mit 75 Prozent noch hinter Albanien, obwohl LTE der Mindeststandard für autonom kommunizierende Systeme ist.[28] Schlechte Voraussetzungen für Wettbewerbsfähigkeit und Arbeitsplatzsicherung jenseits der Ballungszentren.

Aus eigener Erfahrung kann ich berichten, dass es in Korea und China selbst in entlegenen Regionen kein Problem ist, im Zug klar verständliche Telefongespräche ohne Unterbrechung zu führen. In meiner Heimatregion Rhein-Main-Gebiet allerdings brechen selbst wenige Kilometer von der Frankfurter Innenstadt entfernt regelmäßig

Verbindungen zusammen. Konkret gibt es auch im Jahr 2019 noch immer 240 Gemeinden in Deutschland, in denen die Netzqualität als mangelhaft eingestuft wird.[29] Als »mangelhaft« gilt, wenn weniger als 20 Prozent der Mobilfunknutzer dort Netzempfang haben. Das bedeutet, dass in diesen Gebieten kein einziger der drei großen Netzanbieter (Telekom, Vodafone, Telefónica) in der Lage ist, ein flächendeckend akzeptables Mobilfunknetz anzubieten. Hunderte weiterer Gemeinden leiden unter partiellen Funklöchern, in denen ein oder zwei dieser Anbieter nicht verfügbar sind. Dabei handelt es sich nicht nur um kleine Dörfer, sondern auch um Kleinstädte wie Bad Säckingen (17.000 Einwohner) im baden-württembergischen Landkreis Waldshut. Die Kurstadt und ihr Umland sind in Teilen ein Funkloch, in welchem nur mit Glück Mobilfunk möglich ist.[30] Das hat spürbare Folgen für Unternehmer wie Bürger vor Ort. Für lokale Handwerksbetriebe sollte die Möglichkeit, in Kontakt mit ihren Kunden zu treten, keine Glücksfrage sein.[31]

Bei dem nun beschlossenen Roll-Out des erfolgskritischen neuen Mobilfunkstandards 5G besteht die akute Gefahr, dass Fehler der Vergangenheit, die zur aktuellen Lage geführt haben, erneut wiederholt werden. So verhinderten die großen Anbieter die Umsetzung eines National Roamings, welches Infrastrukturplattformen anbieterneutral geöffnet hätte.[32] National Roaming bedeutet, dass wie beim Roaming im ausländischen Fremdnetz auch Netze der Konkurrenz genutzt werden dürfen. Das Ergebnis wären deutlich besser genutzte Kapazitäten und entsprechend weniger Funklöcher gewesen. Außerdem bezahlen die Anbieter ähnlich wie bei den UMTS-Auktionen der Vergangenheit aufgrund der staatlichen Auktion erneut sehr hohe Preise für die Lizenzen zum Ausbau, wodurch ihnen der Fiskus Investitionskapital entzieht. Die staatliche Strategie der kurzfristigen Einnahmenmaximierung auf Kosten der Zukunftsfähigkeit wird sich besonders hier noch bitter rächen. Deutschland ist heute in weiten Bereichen ein digitales Entwicklungsland. Es steht zu befürchten, dass sich trotz der sehr ernsten Konsequenzen für unsere Volkswirtschaft dieser Zustand nur schleppend und im globalen Vergleich viel zu langsam verändern wird.

Ein zentrales Problem beim Ausbau der Infrastruktur in Deutschland ist die Genehmigungspraxis. Diese Problematik betrifft keineswegs allein Großprojekte, sondern es fängt bereits im Kleinen an. In Berlin gilt beispielsweise eine Verordnung, nach der innerhalb von vier Wochen eine Baugenehmigung erteilt werden soll.[33] Graue Theorie. Denn dieser Anspruch wird in der Realität dadurch obsolet, dass zu Beginn dieser Frist alle Genehmigungen, die für einen Bau notwendig sind, vorliegen müssen: Brandschutz, Lärmschutz, Tierschutz, Naturschutz, Arbeitsstättenschutz, Nachbarschutz und gegebenenfalls Denkmalschutz. Dabei kann es durchaus vorkommen, dass sich Vorschriften widersprechen oder nur schwer vereinbar sind. Dadurch verzögern sich selbst bei einfachen Wohnobjekten oft die Genehmigungszeiten um Monate. Bei komplexen Großbaustellen verlängern sich Bearbeitungszeiten der Bauverwaltungen exponentiell. Die Zahl der Bauvorschriften hat sich seit den 1990er-Jahren von 5000 auf über 20.000 mehr als vervierfacht.[34] Gleichzeitig wurden in Vorhersehung des demographischen Wandels Personalbestände in den örtlichen Baubehörden teilweise stark reduziert. Entsprechend ernst ist die Situation für Bauunternehmer oder Privatpersonen, die nicht über die Ressourcen eines Wohnungsbaukonzerns verfügen. Zusätzlich verkomplizieren sich gerade große Bauverfahren durch Klagen von Projektgegnern und jahrelange Verfahren vor Verwaltungsgerichten, die in Deutschland bedeutend länger dauern als zum Beispiel in den Niederlanden.

Nach einer Studie der Hertie School of Governance betrugen die durchschnittlichen Kostensteigerungen bei 117 untersuchten öffentlichen Großprojekten in Deutschland pro Projekt 73 Prozent.[35] Bei weiteren, noch laufenden 51 Großprojekten liegen die Kostensteigerungen bei 41 Prozent; diese Zahl wird bis zur Fertigstellung der Projekte vermutlich noch weiter ansteigen. Die Kernprobleme sind stets ähnlich gelagert: Aufsichtsgremien werden von Politikern, die nur wenig bis kein relevantes Fachwissen oder Erfahrung mitbringen, und nicht von Experten dominiert. Es gibt nur selten ein unabhängiges, externes Projektcontrolling, das bei Fehlsteuerungen frühzeitig eingreifen kann. Diese beiden Punkte führen zusammen mit einer Gesamthaftung des Steuerzahlers zu einem Phänomen, das in der Wirtschaftspsychologie »Moralisches Risiko« (Moral Hazard) genannt wird. Bei einem Moral Hazard entstehen Anreize zu leichtsinnigem und fahrlässigem Verhalten, da keiner der Entscheidungsverantwortlichen ein persönliches Risiko trägt.

Zusätzlich werden Ausschreibungen oft in eine Vielzahl an Gewerken und Projekten aufgeteilt, die zu einem exorbitanten Steuerungsaufwand führen und zu einer fortlaufenden Parallelität zwischen Bauen und Planen führen. So wurde der Bau des Berliner Flughafens in sieben Einzelgewerke unterteilt.[36] Sollten sieben Köche unter der Verantwortung eines Küchenchefs, der ohne Fachexpertise die Einstellung »macht mal« an den Tag legt, gemeinsam ein anspruchsvolles, mehrgängiges Abendmenü kochen, wären sie wohl kaum in der Lage, auch nur ein einfaches Essen zustande zu bringen. Einen Flughafen nach diesem Prinzip zu bauen, mutet nahezu abenteuerlich an. So verwundert es wenig, dass über Monate nicht einmal das Licht im unfertigen Flughafengebäude ausgeschaltet werden konnte, da »sich Mängel in der Leittechnik derzeit auch auf die Steuerung der Terminal-Innenbeleuchtung auswirken«, wie ein Flughafen-Pressesprecher verlauten ließ.[37] Das Berliner Flughafenfiasko begann jedoch bereits vor dem ersten Spatenstich. So führten Ausschreibungsfehler dazu, dass die erste Vergabeentscheidung an Hochtief von der Gerichtsbarkeit kassiert wurde. Eine zweite Ausschreibung, die zu einer Vergabe an ein von Hochtief geführtes Konsortium führte, endete in einer Vertragsstrafe von 40 Millionen Euro, für die der Steuerzahler aufkommen musste.[38] Die Länder Berlin und Brandenburg konnten sich mit dem Konsortium nicht auf eine Kostenaufteilung einigen.[39]

Solche immer wieder auftretenden Fehler sind ein Resultat mangelnder Professionalität bei der Planung und Umsetzung von Großprojekten in Deutschland. Dabei zeigt ein Blick in andere europäische Länder, dass es auch anders laufen kann. In Großbritannien kümmert sich eine »Major Projects Authority« (mittlerweile »Infrastructure and Projects Authority«), also eine zentrale Behörde für Großprojekte um deren landesweite Koordination und Überwachung. Diese ist in der Lage, ohne politischen Einfluss bei mit Steuergeld finanzierten Projekten zu intervenieren, wenn Fehlsteuerungen auftreten.

Damit komme ich zu Maßnahmen, die getroffen werden müssen, um Großprojekte künftig erfolgreich durchzuführen: Erstens, dem Aufbau eines bundesweiten Kompetenzzentrums für Planung, Ausschreibung, Wirtschaftlichkeitsberechnung und Projektdurchführung von öffentlichen Großaufträgen. Die Vorteile der Bündelung von Erfahrungswerten und von »Best Practice« gegenüber der redundanten Planung in Einzelbehörden auf Länder- oder Kommunalebene liegen auf der Hand. Eine Landesverwaltung in einem beliebigen Bundesland, die einmal alle zehn bis 20 Jahre ein Großprojekt durchführt, ist kaum in der Lage, Erfahrungsressourcen aufzubauen. Außerdem sind Aufsichtsgremien mit Personen zu besetzen, die über ausreichende Sachkompetenz verfügen – man kann sich nur wundern, dass dem bereits nicht selbstverständlich so ist. Mit einer dritten Maßnahme, nämlich der finanziellen Beteiligung privater Auftragnehmer an der Realisierungsgesellschaft (und damit auch an der Haftung), kann man das Problem des Moral Hazard in den Griff bekommen. Auch der Aufbau eines Qualifizierungssystems für Angestellte der öffentlichen Verwaltung in den Bereichen Planung, Projektmanagement und Controlling kann einen Beitrag dazu leisten, dass künftige Großprojekte seltener, ob in der Digitalisierung, der Infrastruktur oder dem Beschaffungswesen, in einem zeitlichen und fiskalischen Desaster enden.

Das Zehren von der Substanz zeigt sich nicht nur bei Bauwerken, sondern auch bei Institutionen. Ein repräsentatives Beispiel dafür – bei weitem jedoch nicht das einzige – ist die Bundeswehr. Eine der Kernaufgaben von Staatlichkeit ist die Gewährleistung von Sicherheit für die Bürger des jeweiligen Staates. Schon bei den Klassikern der politischen Theorie, beispielsweise in Thomas Hobbes' Leviathan oder bei Konfuzius, finden wir die Vorstellung, dass das Sicherheitsbedürfnis des Menschen die Grundlage für die Entwicklung von Staatlichkeit bildet. Auch heutzutage ist, davon bin ich überzeugt, die Fähigkeit, Sicherheit zu gewährleisten, eine zentrale Legitimationsquelle von Staatlichkeit. Dazu gehören nicht nur die innere Sicherheit und die Aufrechterhaltung der öffentlichen Ordnung, sondern auch die äußere Verteidigungsbereitschaft und mittlerweile auch die Gewährleistung von Cybersicherheit.

Nach dem Ende des Kalten Krieges in den 1990er-Jahren waren viele westliche Denker und Staatenlenker der Überzeugung, »Das Ende der Geschichte«, so der Titel des Buchs von Francis Fukuyama zur Thematik, sei erreicht. Durch Auflösung des großen Systemkonflikts zwischen Ost und West, so das damalige Denken, stünde nun das westliche Modell der liberalen Demokratie als unangefochtener Sieger der Weltgeschichte da. Dementsprechend sei es nur eine Frage der Zeit bis alle Staaten der Welt dieses Modell übernehmen würden.

Diese vereinfachte Geschichtstheorie führte zu einem systematischen Abschmelzen, zur Erosion der Verteidigungskapazitäten in Westeuropa. Bereits durch die Anschläge vom 11. September 2001 und die darauffolgenden Kriege im Nahen Osten wurde dieses Denken in Frage gestellt. Spätestens jedoch seit der Finanzkrise 2009 und der völkerrechtswidrigen Annexion der Krim durch Russland 2014 sollte uns klar sein, dass die Vorstellung von der künftig uneingeschränkten Vorherrschaft des westlichen Liberalismus ein vorschneller und fahrlässiger Trugschluss war.

Bei einer Betrachtung der Verteidigungsbereitschaft entwickeln sich starke Zweifel, ob Deutschland heute für einen Ernstfall vorbereitet ist. So reduzierte sich der Personalbestand der Bundeswehr von 486.000 Soldaten im Jahr 1989 auf 179.000 Soldaten im Jahr 2018.[40] Die Zahl der aktiven Kampfpanzer wurde im selben Zeitraum von über 3600 auf 244 reduziert.[41] Ebenso wurde die U-Boot-

Flotte von 30 auf sechs reduziert, ähnliche Verringerungen lassen sich in allen anderen Waffengattungen beobachten. Dieses numerische Problem verschärft sich, wenn man die tatsächliche Einsatzbereitschaft des vorhandenen Gerätes mit in Betracht zieht. So sind von 128 Kampfflugzeugen des Typus Eurofighter nur 39 einsatzbereit, von 72 CH-53-Hubschraubern nur 16.[42] Von den genannten sechs U-Booten ist ein einziges verfügbar.[43] Unterboten wurde dies noch vom Transportflugzeug A400M, bei dem von 14 kein einziges flugfähig ist. Diese Zahlen waren dem Bundesverteidigungsministerium offenbar selbst so unangenehm, dass es ab dem Berichtsjahr 2019 die entsprechenden Daten mit einer Geheimhaltungsstufe versah und so künftig dem Zugriff der Öffentlichkeit entzieht.[44]

Nachdem die fast schon grotesken Ausrüstungsmängel als politisches Problem identifiziert worden waren, versuchte die Bundeswehr in den vergangenen Jahren mit einer »Investitionsoffensive« Abhilfe zu schaffen. Deren Früchte sind jedoch bisher mager. Der Wehrbeauftragte Bartels konstatierte im Frühjahr 2018 im Deutschen Bundestag, dass die Probleme seither sogar zugenommen hätten.[45] Als die Bundeswehr sich im Herbst 2018 erstmals seit dem Ende des Kalten Krieges in größerem Umfang mit 10.000 Soldaten an einem Manöver der NATO in Norwegen beteiligte, musste das dafür benötigte Gerät aus der gesamten Armee zusammengeliehen werden.[46] Dennoch wurde das Manöver in Berlin als politischer Erfolg verbucht, denn man habe »die Einsatzbereitschaft der Truppe unter Beweis gestellt«, wie die damalige Bundesverteidigungsministerin Ursula von der Leyen verlautbaren ließ.[47]

Ein Kernproblem bei der Verbesserung des Ausrüstungsstandes der Truppe ist das Beschaffungswesen. 2018 kam der Fall Gorch Fock immer wieder in die Schlagzeilen. Bei dem Segelschulschiff der Bundeswehr waren ursprünglich 15 Millionen Euro für die Reparatur veranschlagt worden. Schlussendlich kostete die Sanierung den Steuerzahler jedoch 135 Millionen Euro, zumal die mit der Überholung beauftragte Werft während des Projektes Insolvenz anmelden musste.[48] Kaum ein Beschaffungsprojekt ging in den vergangenen Jahren reibungslos über die Bühne. Bei der Entwicklung des Mehrkampf-schiffes 180 sind seit der Konzeptionierung 2009 mittlerweile über zehn Jahre vergangen, ohne dass überhaupt eine fertige Ausschreibung vorgelegt werden konnte. Wegen des mangelhaften Wartungs-zustandes der Bundeswehr-Hubschrauber, schloss das BMVg im Jahr 2017 einen 21 Millionen Euro teuren Vertrag mit dem ADAC. Dieser soll sicherstellen, dass Bundeswehr-Piloten durch Training mit zivilen Maschinen auf eine ausreichende Zahl an Flugstunden kommen. So-gar Winterkleidung und Zelte fehlen der Truppe in einem »skandalö-sen Ausmaß«, wie der Wehrbeauftragte in seinem Jahresbericht 2018 feststellte. Grund dafür sei, dass bereits die Anschaffung von Wollso-cken ein wochenlanger Prozess mit der Einbindung mehrerer Behör-den sei.[49] So heißt es weiter: »Bürokratie bestimmt den Soldatenalltag zwischenzeitlich in einem außergewöhnlich hohen Ausmaß.«[50]

Dieser für den Status quo der Organisationskultur der Armee sehr aussagekräftige Satz, mag dazu beitragen, dass es der Bundeswehr zu-nehmend auch an Personal fehlt. So waren 2018 über 21.000 Dienst-posten oberhalb der Mannschaftsränge unbesetzt.[51] Dies ist eine Vakanzquote von über 20 Prozent. In Spezialistenberufen wie der Flugzeugmechanik liegt die Besetzungsquote bei 39 Prozent und da-mit auf einem akut funktionsgefährdenden Tiefstand. Die Entschei-dung zur Aussetzung der Wehrpflicht zum Juli 2011 bescherte der Bundeswehr eine neue Herausforderung. Seither muss sie sich als Ar-beitgeber auf dem Markt durchsetzen und steht in einem Wettbe-werb, den sie aufgrund von Bezahlung, Ausrüstung und Sozialpres-tige in ihrer jetzigen Form schwerlich gewinnen kann.

Und wie reagiert die Bundespolitik? Im Jahr 2015 rief die dama-lige Bundesverteidigungsministerin eine »Trendwende Personal & Fi-nanzen« aus. Nach Jahrzehnten des Einsparens sollten nun wieder neue Kapazitäten aufgebaut werden. Mangels ausreichend qualifizier-ter Bewerber senkte die Bundeswehr in der Folgezeit mehrfach ihre Rekrutierungsstandards. Gleichzeitig stieg die Abbrecherquote bei

angehenden Offizieren auf über 25 Prozent innerhalb des ersten Aus-
bildungshalbjahres an. Andere Faktoren wie die durch den vonseiten
der Ministerin erhobenen Rechtsextremismus-Generalverdacht zusätzlich geschwächte Moral der Truppe kommen erschwerend zu den
materiellen und personellen Defiziten hinzu.

Im Jahr 1962 löste ein *Spiegel*-Artikel mit der Überschrift »Bedingt abwehrbereit« eine Staatsaffäre aus. Müsste heute nicht ein ähnlicher Insider-Bericht über den Zustand der Bundeswehr mit dem Titel »Nicht abwehrbereit« versehen werden? Der derzeitige Zustand
der Bundeswehr ist ein Skandal. Doch der noch viel größere Skandal ist, dass diese Situation keinen öffentlichen Aufschrei verursacht.
Denn: Jedes Land hat eine Armee, entweder die eigene oder eine
fremde. Deutschland braucht glaubwürdige Streitkräfte, um seine
Bündnisverpflichtung in der NATO zu erfüllen und seinen Beitrag
zur Friedenssicherung in Europa zu leisten. Der Vorschlag von Annegret Kramp-Karrenbauer im Herbst 2019, nach der türkischen Invasion in den Kurdengebieten Nordsyriens eine Sicherheitszone auch
mit deutschen Soldaten zu errichten, wäre selbst bei entsprechendem
politischem Willen wohl kaum praktisch umsetzbar. In ihrem jetzigen Zustand kann die Bundeswehr zentrale Aufgaben nicht erfüllen.
Stattdessen steht sie als Institution – ebenso wie der Zustand unserer
Infrastruktur – repräsentativ für den Substanzverfall in Deutschland.

2.
Kernaufgaben von Staatlichkeit wieder erfüllen

Nur ein Staat, der seine Aufgaben erfüllt, kann den Respekt und die Loyalität seiner Bürger erwarten. Ich bin überzeugt, dass viele beunruhigende Wahlergebnisse eng mit der Frustration über wiederholtes Staatsversagen und der Schwäche des Staates verbunden sind. Ausufernde Großprojekte, verfallende Infrastruktur und eine verteidigungsunfähige Bundeswehr sind hier nur einige Beispiele. Zahlen wir nicht eigentlich in Deutschland hohe Steuern, damit unser Land gut funktioniert? Deutschland erhebt laut OECD von seinen Bürgern nach Belgien in der Welt pro Kopf die zweithöchsten Steuern und Abgaben, deutlich höher als die Niederlande, Norwegen, Schweden, die USA, Großbritannien oder gar die Schweiz. [52] »In Deutschland lag der durchschnittliche Steuersatz für einen gewöhnlichen Arbeitnehmer 2018 bei 39,7 Prozent«, so die Forscher der OECD. [53] Dies bedeutet, dass einem »normalen Berufstätigen hierzulande 60,3 Prozent von seinem Brutto bleiben, während es in der gesamten industrialisierten Welt im Schnitt 74,5 Prozent sind, so die Situation für Singles. Ein verheirateter Arbeitnehmer mit zwei Kindern verzeichnete in Deutschland 2018 unter Einbeziehung von Steuervergünstigungen (Kindergeld etc.) eine Belastung von 21,7 Prozent, im OECD-Durchschnitt sind es 14,2 Prozent.«[54]

Besonders ausgeprägt ist die Steuerlast für die Mittelschicht. Der aktuelle Spitzensteuersatz von 42 Prozent beginnt bei einem Jahreseinkommen von knapp 56.000 Euro, sodass rund vier Millionen Menschen den Spitzensteuersatz zahlen, obwohl sie sich keineswegs als reich empfinden. »In Deutschland zahlen schon gut ausgebildete Facharbeiter oft den Spitzensteuersatz. Die Politik muss diesen Missstand beseitigen, nur wirkliche Spitzenverdiener sollten auch den Spitzensteuersatz zahlen«, fordert daher Reiner Holznagel, Präsident des Bundes der Steuerzahler.[55] Am Beispiel des Einsetzens des Spitzensteuersatzes wird deutlich, in welch eklatanter Weise sich unser Steuersystem verschärft hat und wie sehr der Staat in die Vermögensverhältnisse der Bürger eingreift: 1960 galt der Spitzensteuersatz beim 15-fachen, 1980 beim 5-fachen, heute jedoch greift er bereits beim 1,5-fachen Verdienst des Durchschnittsbruttogehalts.[56]

Spannend ist die Frage, warum wir in Deutschland einerseits so hohe Steuern und Abgaben leisten und andererseits unsere Infrastruktur so schlecht ist. Ein Blick in den »Regierungsentwurf zum Bundeshaushalt 2020 und zum Finanzplan 2019–2023« des Bundesfinanzministeriums gibt erste Hinweise auf Ursachen. Wofür gibt unser Staat sein Geld aus? Rund die Hälfte aller Staatsausgaben entfallen auf Sozialleistungen. Das Ressort Arbeit und Soziales hat sich zu einem Superministerium entwickelt, in das allein rund ein Drittel des Haushaltes fließt. Zum Vergleich: Bildung, Forschung, Verkehr und Infrastruktur zusammen erhalten rund acht Prozent.[57]

Die Aufteilung zwischen Investitions- und Konsumausgaben führt uns zu einer zentralen Fragestellung: Was betrachten wir als Staatsaufgabe? Was nicht? Seit 1949 ist die Einnahmeseite des Bundeshaushaltes mit ganz wenigen Ausnahmen in jedem Jahr gewachsen. Seit der Finanzkrise sind die Gesamteinnahmen der öffentlichen Hand in Deutschland sogar im Durchschnitt um circa 50 Milliarden Euro pro Jahr angestiegen.[58] Auf der Ausgabenseite hat sich jedoch ebenfalls einiges getan. Die Sozialleistungsquote wuchs. Der Anteil von Sozialleistungen an der volkswirtschaftlichen Gesamtleistung liegt mittlerweile bei 29,6 Prozent. Damit machen Ausgaben für den Sozialstaat den größten Einzelposten in der volkswirtschaftlichen Gesamtrechnung unserer Republik aus. Seit 2011 ist die Sozialleistungsquote erneut um ein Prozent angestiegen, was vor dem Hintergrund einer anhaltenden Wachstumsperiode mit niedriger Arbeitslosigkeit eine bemerkenswerte Tatsache ist. Maßgeblich verantwortlich dafür waren Sozialprojekte der Großen Koalition wie die Mütterrente, die Rente ab 63 sowie hohe Ausgaben nach dem Asylbewerberleistungsgesetz.[59] Wenn die Sozialquote in wirtschaftlich guten Zeiten steigt, was passiert dann erst in schlechten Zeiten? Das wirft die Frage auf: Setzt der Staat also die richtigen finanziellen Prioritäten, wenn es um den Umgang mit unseren Steuereinnahmen geht?

Regulierungsversagen beenden

Diskussionen über Staatsausgaben und mögliche Einsparpotenziale sind unpopulär, schließlich leistet der Sozialstaat einen wichtigen Beitrag zum sozialen Frieden in unserem Land. Als Negativbeispiel für eine überzogene Kürzungspolitik lassen sich Margaret Thatchers Reformen im Vereinigten Königreich der 1980er-Jahre anführen, die zu einer massiven sozialen Spaltung des Landes geführt haben. Bevor wir uns der Ausgabenseite der Staatsfinanzen zuwenden, sollten wir einen kurzen Moment bei der Einnahmenseite verweilen. Hier werden eklatante Fehler und Ungerechtigkeiten seitens des Staates sichtbar, die nicht nur erhebliche wirtschaftliche Schäden produzieren, sondern auch die Glaubwürdigkeit und damit die Zukunftsfähigkeit staatlicher Autorität belasten.

Deutschland ist ein Hochsteuerland – doch beileibe nicht für alle. In der Praxis gibt es große Unterschiede in der effektiven Steuerlast zwischen »herkömmlichen« Unternehmen, die in Deutschland durchschnittlich mit 21 Prozent ihrer Gewinne besteuert werden, und international agierenden Digitalunternehmen, allen voran

Amazon, Apple, Facebook, Google und Microsoft. [60] Diese führen, bezogen auf ihr deutsches oder europäisches Geschäft, meist keine oder nur verschwindend geringe Steuern im unteren einstelligen Prozentbereich ab. Dies gelingt ihnen durch teilweise aufwändig konstruierte, internationale Unternehmensstrukturen mit Zwischenholdings in Ländern wie Irland oder den Niederlanden.

Der amerikanische Smartphone-Hersteller Apple ist ein besonders drastisches Beispiel für den dreisten Umgang mit europäischen Steuergesetzen. Im Jahr 2014 lag nach Angaben der EU-Kommission der effektive Steuersatz Apples in Irland bei 0,005 Prozent. [61] Das bedeutet, dass Apple für eine Million Euro Gewinn gerade einmal 50 Euro Steuern abführen musste. Aus Sicht eines deutschen Mittelständlers oder des normalen Steuerzahlers ist dieser Zustand ein Skandal, der nicht nur das Gerechtigkeitsgefühl vieler Menschen verletzt, sondern auch den Grundsätzen von Wettbewerbsgerechtigkeit und Gleichheit vor dem Gesetz widerspricht. Solche »Steuereffizienz« hat zudem einen wettbewerbsverzerrenden Vorteil zur Folge.

Die europäische Politik hat dieses Problem erkannt. So ließ die Europäische Kommission verlautbaren: »Die heute geltenden internationalen Steuervorschriften für Unternehmen sind im Hinblick auf die moderne globale Wirtschaft nicht mehr zeitgemäß und erfassen keine Geschäftsmodelle, mit denen ohne physische Präsenz in einem Land Gewinne erwirtschaftet werden können.« [62]

Um diesem Problem entgegenzuwirken, schlug die Kommission die Schaffung einer europaweiten Digitalsteuer vor. Doch diese wurde aufgrund nationalstaatlicher Interessen im Rat der EU verhindert. Irland (Europasitz von Google, Apple und Facebook), Schweden (Spotify), Dänemark und Finnland legten am 19. März 2019 ein Veto gegen die Einführung einer europäischen Digitalsteuer ein. In Steuerfragen herrscht auf EU-Ebene nach wie vor das Einstimmigkeitsprinzip.

Allerdings gilt es auch, mögliche Nebeneffekte einer möglichen Digitalsteuer zu beachten: Sie würde, zumindest in ihrer Ausgestaltung, über die im März 2019 abgestimmt wurde, Umsätze in Ländern außerhalb des Firmensitzes besteuern. Dieser Ansatz ist für ein exportorientiertes Land wie Deutschland nicht unkritisch, denn dann würden grundsätzlich auch Umsätze zum Beispiel deutscher Automobilkonzerne in den USA oder in China für eine mögliche Besteuerung zur Disposition stehen. Dennoch ist ein gemeinsamer europäischer Ansatz für eine faire Besteuerung von Großkonzernen, insbesondere in der Digitalwirtschaft, wünschenswert.

Als ernüchterndes Fazit bleibt, dass die gewünschte steuerliche Gleichbehandlung nicht absehbar ist. Dazu der Steuerrechtler Thomas Sendke passend: »Die Einführung einer Digitalsteuer in Deutschland ist zurzeit wenig aussichtsreich. Die Europäische Union kann nicht, Deutschland (allein) will nicht. Ohnehin war die Digitalsteuer nur als Zwischenlösung auf dem Weg zu einer globalen Lösung gedacht. Die Notwendigkeit, das internationale Steuerrecht systemkonform an die neuen Gegebenheiten einer digitalen Wirtschaft – beispielsweise durch Einführung einer digitalen Betriebsstätte – anzupassen, ist längst erkannt. Ein solches Vorhaben durchzusetzen wird allerdings schwer genug – zu sehr beharren die Länder auf ihrer Steuersouveränität, zu sehr sind sie allein auf ihren eigenen Vorteil bedacht. Die IT-Konzerne dürfte das freuen.«[63]

Die Debatte um die Digitalsteuer und ihr Scheitern mag auf den ersten Blick etwas technisch und abstrakt anmuten. Wesentlich ist aber, dass sie zeigt, wie vernetzt unsere Welt heute ist, wie gänzlich neue Themen im Zuge technischer Umbrüche wie der Digitalisierung aufkommen können und welche enorme wirtschaftliche und soziale Wucht diese Herausforderungen annehmen können. Es ist an uns, zu entscheiden, wie wir mit solchen Aufgaben umgehen und welche Wege die Lösung weisen: nationale Alleingänge oder eine gemeinsame, starke europäische Politik? Für mich steht fest, dass eine effektive Regulierung transnationaler Konzerne nur auf europäischer Ebene möglich ist. Dieser Frage widmen wir uns noch grundsätzlicher im Kapitel 6. Darüber hinaus müssen langfristig auch die USA darin eingebunden werden, jedoch ist es sehr unwahrscheinlich, dass dies unter der gegenwärtigen Administration in Washington gelingen kann. Hier gilt es einen langen Atem unter Beweis zu stellen und sich nicht beirren zu lassen.

Steuervermeidung ist nicht nur auf den digitalen Sektor beschränkt. Cum-Ex-Geschäfte haben durch Steuerausfälle in Milliardenhöhe in der Zeit von 2001 bis 2016 nach Berechnungen des Mannheimer Steuerprofessors Christoph Spengel erheblichen Schaden verursacht.[64] Es wird wohl nie möglich sein, die genaue Schadenshöhe zu beziffern, Experten gehen von über 30 Milliarden Euro aus.[65] Manche Schätzungen reichen sogar bis über 55 Milliarden Euro, wenn Schäden in anderen europäischen Ländern wie Belgien, Österreich und Dänemark mit einbezogen werden.[66] Doch unabhängig von der exakten Schadenshöhe lassen die gigantischen Ausmaße dieses Betrugs am Staat den Betrachter erblassen. Bezogen auf den Haushalt 2020 der Bundesrepublik Deutschland entsprechen 30 Milliarden Euro etwa dem Gesamtbudget des Bundesministeriums für Verkehr und Digitales, also dem Schlüsselministerium für Infrastruktur. Mit 30 Milliarden Euro könnten viele Brücken, Straßen und Autobahnen saniert und der bisher völlig unzureichende digitale Ausbau massiv befördert werden.

Cum-Ex-Geschäfte sind komplexe Kreisgeschäfte, bei denen sich drei Investoren und eine Bank zu einer Art Syndikat zusammenschließen, um durch eine sorgfältig orchestrierte Abfolge von Scheingeschäften Steuerrückzahlungen rund um den Dividendenzeitpunkt der Aktie eines Großunternehmens, zum Beispiel eines DAX-Konzerns, zu erreichen. »Die Folge der Karussellgeschäfte: Bescheinigungen über Kapitalertragssteuern und den darauf entfallenden Solidaritätszuschlag wurden mehrfach ausgestellt, obwohl sie nur einmal (seitens der Investoren im Syndikat) gezahlt wurden. Die Folge: Finanzämter erstatteten (dem Syndikat) dadurch mehr Steuern, als sie zuvor eingenommen hatten.«[67]

»Alles legal«, sagt einer der Inspiratoren der Cum-Ex-Geschäfte, Hanno Berger, ein ehemaliger Mitarbeiter der hessischen Finanzbehörden, der nun als Berater in der Schweiz lebt. Berger fühlt sich als Sündenbock der Politik, denn »es kommt darauf an, wie Sie Schaden definieren. Wenn Sie sich selbst ins Knie schießen, können Sie auch nicht sagen, ein anderer hätte Ihnen einen Schaden zugefügt. Wenn der Gesetzgeber ein bestimmtes Gesetz macht, dann ist er selbst schuld.«[68] Seine Aussagen untermauert Berger mit dem Hinweis auf verschiedene Bundesfinanzhofurteile aus den Jahren 1999, 2003 und 2007, auf die das Bundesfinanzministerium jedes Mal mit Nichtanwendungserlassen reagiert habe. »Das ist doch irre und es gibt insoweit keinen Steuerskandal, sondern politisches Versagen – und das ist der Skandal.«[69]

Die Sicht von Norbert Walter-Borjans, dem früheren Finanzminister von Nordrhein-Westfalen, dazu ist nachvollziehbar, wenn er sagt: »Es ist eindeutig, dass das [Cum-Ex-Geschäfte] gegen das Gesetz verstoßen hat – wie kann es legal sein, dass man etwas zwei oder dreimal zurückbekommt, was nur einmal bezahlt wurde?«[70]

2012 wurde dieses Steuerschlupfloch laut Bundesfinanzministerium geschlossen, doch niemand kann garantieren, dass nicht weiterhin Varianten von Cum-Ex-Geschäften praktiziert werden. Seit 2018 laufen erste Anklagen, so in Hessen gegen fünf ehemalige Mitarbeiter der HypoVereinsbank und einen Schadenswert von 113 Millionen Euro.[71]

Das Tempo des deutschen Finanzministeriums in der Klärung und Bearbeitung der Cum-Ex-Affäre ist – höflich formuliert – erstaunlich. So verweist ein Sprecher des Bundesfinanzministeriums im Mai 2018 darauf, dass die EU sich auf eine »Richtlinie für die Einführung eines automatischen Informationsaustausches über bestimmte grenzüberschreitende Steuergestaltungsmodelle« geeinigt habe. »Wir [das BMF] beraten derzeit mit den Ländern über die Umsetzung dieser Richtlinie in deutsches Recht.«[72] Erst bis Oktober 2020 soll es zu einem ersten Datenaustausch mit den Ländern kommen.[73]

Massive Vorwürfe werden auch der Bundesanstalt für Finanzdienstleistungsaufsicht (BAFIN), der zuständigen Bundesaufsichtsbehörde, gemacht, die wiederum dem Bundesministerium der Finanzen untersteht. So sollen Hinweise von Whistleblowern ignoriert worden sein. Zudem sollen die früheren Bundesfinanzminister Steinbrück und Schäuble die BAFIN mit ihrer diesbezüglichen Expertise nicht in die Lösung des Cum-Ex-Problemkreises einbezogen haben. Pikant ist, dass die heute zuständige Vizepräsidentin der BAFIN, Elisabeth Roegele, anscheinend in ihrer alten Stellung als Chefjuristin der DekaBank selbst Steuergutschriften in Millionenhöhe aus mutmaßlich illegalen Cum-Ex-Geschäften verteidigt hat.[74] Richtungsweisend ist die Erkenntnis des Grünen-Politikers Gerhard Schick, der den Cum-Ex-Untersuchungsausschuss forcierte: »Weil es keine europäische Finanzpolizei gibt und die Regierungen bei Steuerkriminalität nicht zusammenarbeiten, ist dieser Raubzug erst möglich geworden.«[75]

Was bleibt am Ende? Die Erkenntnis, dass das europäische und das deutsche Steuerrecht Lücken aufweisen, die von cleveren Akteuren ausgenutzt werden können. Als Steuerzahler wünscht man sich das nötige Problembewusstsein in der Politik und dass dieses auch entsprechenden Handlungsdruck erzeugt. Ein wirksamer Kontrollmechanismus für »Steuergestaltung« kann nur in enger Kooperation auf europäischer Ebene geschehen. In unserer zunehmend vernetzten Finanzwelt wird diese Aufgabe immer schwerer. Doch nur weil Sachverhalte komplex und kompliziert sind, dürfen sie nicht ignoriert oder auf die lange Bank geschoben werden. Diesen Eindruck vermitteln die deutschen Behörden. Die Beteiligten müssen benannt und zur Verantwortung gezogen werden. Entschiedenheit ist gefragt. Für den Bürger ist es inakzeptabel, dass solche Raubzüge gelingen und er aber brav seine Steuern schon mit Erhalt des Lohnzettels abführen muss.

Der Cum-Ex-Skandal ist aber keineswegs ein Einzelbeispiel für die Ausplünderung des Fiskus. Mehrwertsteuerkarusselle sind ein weiteres Beispiel. Pierre Moscovici, EU-Kommissar für Wirtschaft und Finanzen, Steuern und Zoll, erklärte im Mai 2019: »Mehrwertsteuerbetrug ist heute eines der größten Probleme für die öffentlichen Finanzen, und seine Bekämpfung sollte für die Regierungen der EU-Länder höchste Priorität haben.«[76] Und der britische Steuerfahnder Rod Stone äußert sich noch deutlicher: »Ich verstehe nicht, warum Leute irgendeine andere Form von Kriminalität wählen. Warum Drogengeschäfte machen, wenn man mit diesen [Mehrwert-]Steuerkarussellen so viel Geld verdienen kann?«[77]

Die Dimensionen sind in der Tat erschreckend. Jährlich gehen den Steuerbehörden der EU durch organisierten Mehrwertsteuerbetrug krimineller Netzwerke über 50 Milliarden Euro, davon allein in Deutschland mehr als 14 Milliarden Euro, verloren. Das entspricht bis zu zehn Prozent des gesamten Mehrwertsteueraufkommens von beispielsweise rund 175 Milliarden Euro in 2018.[78] Dieser Zustand existiert schon seit Jahren und nichts passiert, auch nicht, seit die Anzeichen immer deutlicher werden, dass ein Teil der Betrugsgelder zur Terrorismusfinanzierung verwendet werden.[79] Hauptgrund der politischen Passivität liegt im mangelnden Vertrauen der Finanzbehörden der einzelnen Mitgliedsstaaten untereinander, meint der ehemalige EU-Steuerkommissar Heinz Zourek, sodass aus politischen Gründen lieber auf Steuereinnahmen verzichtet wird, als dieses Thema anzufassen.[80]

Das komplexe europäische Mehrwertsteuersystem und seine Lücken sowie das Fehlen einer einheitlichen und schlagkräftigen EU-Mehrwertsteuerverordnung schaffen überhaupt erst das Biotop zu großangelegten, bandenmäßigen Betrügereien. Anhand eines vereinfachten, schematisierten Beispiels wird im Folgenden die Funktionsweise eines solchen Mehrwertsteuerbetruges so dargestellt, dass das Problem erkennbar wird, ohne aber Nachahmung zu ermöglichen.

Das Karussell dreht sich in vier Schritten und es gibt insgesamt fünf Beteiligte, der Einfachheit halber hier mit ihren jeweiligen deutschen und englischen Benennungen aufgeführt: den Ausgangsverkäufer (In/Out-Buffer), die Briefkastenfirma (Missing Trader), die Verschleierer (Buffer), den Rückexportierer (Distributor) und das in diesem Falle deutsche Finanzamt, ohne dessen Zahlungen der ganze Betrug keinen Sinn machen würde.[81]

Um die Funktionsweise zu erklären, nutze ich das Beispiel eines Verkaufs beziehungsweise Karussellgeschäftes von Elektronikartikeln wie Tablet-PCs. Diese Waren eignen sich besonders für solche Betrügereien, da sie leicht transportierbar und hochwertig sind und somit viel Geld- bzw. Transaktionsvolumen ermöglichen. Ähnlich lukrativ sind Luxusartikel, aber auch virtuelle Produkte wie CO_2-Zertifikate oder Strom, die digital gehandelt werden können.[82]

Nun zu den vier Durchführungsschritten, an deren Ende ein fetter Betrugsgewinn steht. Im ersten Schritt verkauft der Ausgangsverkäufer die Waren von einem EU-Land mehrwertsteuerfrei an den Buffer in einem anderen EU-Land. Nehmen wir also an, der In/Out-Buffer sitzt in Paris und verkauft an die Briefkastenfirma, den Missing Trader, mit Sitz in Berlin. Die Waren überqueren die Grenze und werden faktisch mehrwertsteuerfrei in Berlin durch die Briefkastenfirma erworben, die Briefkastenfirma zahlt nach Paris nur den Nettopreis der Waren, die 19-prozentige deutsche EU-Erwerbsumsatzsteuer wird sofort mit dem Vorsteuererstattungsanspruch der Briefkastenfirma verrechnet.[83]

Im zweiten Schritt verkauft die Berliner Briefkastenfirma, der Missing Trader, die Waren an eine andere in Deutschland ansässige Firma, einen sogenannten Buffer, beispielsweise in Frankfurt, weiter. Dabei optimiert er seinen Betrug, indem er so tut, als ob der Einkaufspreis ein Bruttopreis wäre. Nun werden 19 Prozent Mehrwertsteuer fällig, da es sich um ein innerdeutsches Geschäft handelt. Der Buffer (Verschleierer) zahlt die 19 Prozent an die verkaufende Briefkastenfirma. Somit hat die Briefkastenfirma zu diesem Zeitpunkt für Netto eingekauft und 19 Prozent Mehrwertsteuer vom Buffer erhalten, die sie aber nie, wie gesetzlich vorgeschrieben, abführen wird. Der Buffer wiederum manipuliert die Preise der Ware so, dass für das Handelsgeschäft im dritten Schritt nur eine geringe Mehrwertsteuer an das Finanzamt seines Bundeslandes abzuführen ist.[84]

Im dritten Schritt verkauft der Buffer nun die Waren an den Distributor, der ebenfalls in Deutschland, zum Beispiel in Hamburg, ansässig ist, weiter. Äußerlich handelt es sich wieder um ein ganz normales Handelsgeschäft, bei dem wieder 19 Prozent Mehrwertsteuer anfallen. Der Distributor macht nun gegenüber dem Finanzamt seines Bundeslandes die Vorsteuer geltend und erhält das Geld vom zuständigen Finanzamt seines Bundeslandes.[85]

Um den Kreis, also das Karussell zu schließen, verkauft der Distributor mit Sitz in Hamburg nun im vierten und letzten Schritt die Ware wieder an den In/Out-Buffer mit Sitz in Paris, also im steuerlichen Ausland. Die Ware hat sich nun einmal im Kreis gedreht und ist zum Ausgangsverkäufer (siehe Schritt 1) zurückgekehrt. Nach dieser einen Karussellumdrehung hat nun die Briefkastenfirma in Berlin, der Missing Trader, noch die Mehrwertsteuerüberweisungen des Buffers (Schritt 2) auf dem Konto und der Distributor die vom Finanzamt gezahlte Erstattung der Vorsteuer.

Jetzt wird Kasse gemacht, denn der Missing Trader, also der »fehlende Händler« aus Schritt 1, die Scheinfirma, wird rechtzeitig geschlossen und die erschlichenen Mehrwertsteuerbeträge werden vorzugsweise in Steueroasen und in die Geldwäsche transferiert. Das Karussell kann mit neuen Firmen erneut in Schwung gebracht werden. Offensichtlich bestehen solche professionell organisierten Betrugskartelle nicht nur aus den oben beschriebenen vier Firmen, sondern bedienen sich komplexer Firmengeflechte und Strohmänner. Richtig Geld wird durch große Volumina gedrehter Ware, schnelle Drehfrequenz, eine Vielzahl von Buffern sowie Schein- und Abdeckrechnungen verdient.[86] All dies ist kein Geheimnis, Anleitungen und Erklärungen für diese Form der Kriminalität finden sich offen im Internet, sogar in Form von Erklär-Videos bei YouTube.

Warum funktioniert diese Masche so gut? Dafür gibt es zwei Erklärungen. Auf europäischer Ebene existiert keine vollständig einheitliche Mehrwertsteuergesetzgebung und jedes Land erhebt unterschiedliche Sätze. In Deutschland ist die Mehrwertsteuer Aufgabe der Länder und wird somit dezentral erhoben und bearbeitet. Wenn einzelne Teile der Finanzverwaltung nicht optimal vernetzt sind und Abfragen aufgrund bürokratischer Erfordernisse monatelang dauern, entstehen zeitliche Freiräume, welche die Betrüger konsequent ausnutzen.

Was ist an diesem Beispiel so lehrreich? Es zeigt die Potenziale Europas genauso wie seine aktuellen Defizite. Wie in so vielen anderen Politikfeldern auch wird hier die Notwendigkeit einer konzertierten, entschiedenen Vorgehensweise auf europäischer Ebene deutlich. Einzelne Nationalstaaten allein können solche Probleme nur eindämmen, nicht aber lösen. Großbritannien beispielsweise hat sich national zu härterem Durchgreifen im Bereich des organisierten Mehrwertsteuerbetruges entschlossen. Diese britische Strategie beruht auf zwei Säulen: in Echtzeit arbeiten und ein feindlicheres Umfeld für solche Banden schaffen.[87] Steuerfahnder können in Großbritannien jederzeit ohne Vorankündigung verdächtige Firmen aufsuchen, in bestimmten Fällen Gelder einfrieren und zurückholen. Und das Strafmaß wurde verschärft: Für organisierten Mehrwertsteuerbetrug können lebenslange Haftstrafen ausgesprochen werden.[88] Dieses Beispiel zeigt wie in der Abwesenheit einer gesamteuropäischen Lösung, einzelstaatliche Schritte einen Zwischenschritt zur Lösung des Problems darstellen können.

In Deutschland machen wir es Betrügern nach wie vor viel zu leicht. Eine Mischung aus falsch verstandenem Föderalismus, nicht mehr zeitgemäßen Gesetzen und Arbeitsmethoden sowie politischem Desinteresse sorgen dafür, dass unser Land nicht an vorderster Linie für eine Verbesserung der Situation kämpft, sondern diese bremst und sich einer stärkeren europäischen Kompetenz verweigert. Kompetenzstreitigkeiten verhindern Lösungen, die Schaden von ehrlichen Bürgern und Steuerzahlern abwenden würden.[89] Hier liegt meiner Meinung nach das eigentliche Problem: Letztlich wird jeder solche Betrugsfall von gesetzestreuen Steuerzahlern gegenfinanziert, und unser Steuerrecht sollte nicht die Ehrlichen zu den Dummen machen.

Die Gesamtlösung liegt auf der Hand: Der Einstieg in ein EU-weites, gemeinsames Mehrwertsteuerrecht als Teil einer gemeinsamen Steuergesetzgebung ist durch die Harmonisierung des Umsatzsteuerrechtes bereits vor Jahren geschehen und müsste jetzt nur noch konsequent weitergeführt werden. Erneut stehen wir vor der Erkenntnis: Wenn wir ein funktionierendes Land wollen, dann brauchen wir verbindliche, einklagbare, einheitliche und transparente Lösungen – und zwar europaweit. Nur so werden wir Missbrauch effektiv stoppen können.

Neben digitaler Steuervermeidung, Cum-Ex-Geschäften und Mehrwertsteuerbetrug gibt es noch ein viertes fiskalpolitisches Thema, aus dem Deutschland für seine Zukunftsfähigkeit lernen sollte: konsequentes Riskomanagement bei Staatshaftung. Dafür gibt es ein Paradebeispiel: das Fiasko der deutschen Landesbanken. Da viele Verfahren und Umstrukturierungen noch laufen, ist ein endgültiger Schaden heute nicht absehbar, doch eine Gesamtschadenshöhe von mehr als 60 Milliarden Euro über alle Landesbanken, wenn einmal alles vorbei ist, ist wohl nicht unrealistisch. Fest steht: Selten in der Geschichte der Bundesrepublik haben so viele Steuerzahler für die Fehler und Verantwortungslosigkeit so weniger Vorstände und Politiker so geblutet wie durch das Desaster bei den Landesbanken. Wie konnte das geschehen und was sind Landesbanken überhaupt?

Landesbanken haben eine lange Geschichte, die teilweise bis ins 19. Jahrhundert zurückreicht. Während sie in der Nachkriegszeit eine wichtige Rolle für die Kapitalversorgung der Volkswirtschaft spielten, internationalisierte sich ihre Rolle ab den 1970er-Jahren immer stärker. Kritiker bezeichnen sie seitdem als »Zwitterwesen aus staatlicher Förderbank und privatwirtschaftlicher Universalbank.«[90] Als Hausbanken der Politik, insbesondere der jeweiligen Ministerpräsidenten, wurden sie zu Spielbällen politischer Interessen. Legendär ist die Zusammenarbeit des damaligen Ministerpräsidenten von Nordrhein-Westfalen, Johannes Rau, mit dem Chef der West-LB, Friedel

Neubert, die mit folgendem, oft zitierten Spruch charakterisiert wurde: »Der Friedel macht das schon.«[91]

Das eigentlich Problematische an dieser Entwicklung war das Fehlen von Risikokontrolle, denn Landesbanken sind Anstalten des öffentlichen Rechtes mit Gesellschaftern beziehungsweise Trägern wie Sparkassen, Bundesländern, Landschaftsverbänden. Diese heterogene Gesellschaftergruppe verband ein zentrales Merkmal: die Vollabsicherung durch den Fiskus. Denn dank der für alle diese Gesellschafter geltende Gewährträgerhaftung war von Anfang an klar, dass im Fall der Fälle stets der Steuerzahler für die Folgen von Bilanzverlusten geradezustehen hat.

Ein Traum für so manchen ehrgeizigen Manager oder Aufsichtsrat wurde wahr: eine Bank, die Hochrisikogeschäfte machen kann, ohne dabei eigenes Risiko einzugehen! Ein Alptraum für die Haftenden, den Steuerzahler. Hochspekulative US-Hypothekenpapiere, die Finanzierung internationaler Großprojekte, Merger & Akquisition – nichts schien für eine Landesbank in jenen Jahren zu riskant oder unmöglich. Die Ergebnisse dieser fehlgesteuerten Anreizstruktur lassen sich an vielen Beispielen ablesen.

Nehmen wir exemplarisch die HSH Nordbank, die 2003 aus einer Fusion der bisherigen Landesbanken Hamburg und Schleswig-Holstein mit einem Eigenkapital von rund 12,3 Milliarden Euro entstand. Auf dem Höhepunkt hatte die Bank rund 5000 Mitarbeiter, aktuell sind es noch 1700, Tendenz fallend. Nach dem Crash der Bank wurde die Privatisierung der HSH Nordbank beschlossen und nach langwierigen Verhandlungen mit den Käufern, den US-Fonds Cerberus und J.C. Flowers, Ende November 2018 ein Verkaufserlös von einer Milliarde Euro erzielt.

Doch um diesen Verkaufserlös zu erlangen, um die HSH Nordbank überhaupt verkaufsfähig zu machen, mussten Hamburg und Schleswig-Holstein der Bank zusammen rund 14 Milliarden Euro zuschießen.[92] Addiert man noch das verlorene Eigenkapital von 12,3 Milliarden Euro aus der Gründung sowie Haftungen, wie etwa für Pensionen der Mitarbeiter in Höhe von 1,8 Milliarden Euro bis zum Jahr 2041, hinzu, musste für den Verkaufserlös von einer Milliarde Euro für die HSH Nordbank im November 2018 ein Schaden von über 28 Milliarden Euro getragen werden – vom Steuerzahler in Hamburg und Schleswig-Holstein.

Den Schaden, den die WestLB dem Steuerzahler zufügt hatte, bezifferte schon 2012 der damalige NRW-Finanzminister mit 18 Milliarden Euro.[93] Genauere und aktuellere Angaben oder gar eine abschließende Bewertung sind mit öffentlich zugänglichen Quellen derzeit nicht möglich. Bis heute, Ende 2019, wurde für diese finanzpolitische Plünderung des deutschen Steuerzahlers niemand strafrechtlich zur Verantwortung gezogen. Ein Verfahren wegen des Vorwurfs der Bilanzfälschung gegen Vorstände der Landesbank Baden-Württemberg wurde gegen eine Auflage von 20.000 bis 50.000 Euro eingestellt.[94] Ebenso wenig gab es nennenswerte personelle Konsequenzen für Politiker und andere gesellschaftliche Vertreter in den Aufsichtsräten der Landesbanken.

Was folgern wir aus diesem Fiasko? Ich bin der Überzeugung, dass wir uns eingestehen müssen, dass Landesbanken in ihrer jetzigen Form keine Zukunft haben dürfen. Entsprechend sollten einzelne Landesbanken entweder privatisiert oder abgewickelt werden, je nachdem welche Lösung für den Steuerzahler günstiger ist. Zurzeit befinden sich noch die BayernLB, die Landesbank Baden-Württemberg, die Landesbank Hessen-Thüringen, die SaarLB und die NordLB entweder ganz oder teilweise in öffentlicher Hand. Eine wichtige Lehre muss sein, dass die deutsche Landespolitik nie wieder über steuergeldbesicherte Spielzeuge verfügen darf.

Was haben der Cum-Ex-Skandal, Steuerbetrug mit Mehrwertsteuerkarussellen und die Landesbanken bei all ihrer inhaltlichen Verschiedenheit gemeinsam? Diese Probleme konnten entstehen, weil Politik und Staat unzureichend Missbrauchsmöglichkeiten und Misswirtschaft reguliert haben. Letztlich sind alle drei Phänomene Ergebnisse staatlicher Nachlässigkeit auf Kosten der Allgemeinheit.

Fehlendes Risikomanagement, regulatorisches Desinteresse oder Unkenntnis der Materie müssen in der Zukunft mit Konsequenzen für die (nicht-)handelnden Akteure verbunden sein.

Den Bildungsnotstand beheben

Deutschland ist ein Land ohne nennenswerte Bodenschätze. Daher ist unser Wohlstand der Zukunft unmittelbar mit den Fähigkeiten, Talenten und der Innovationskraft der Menschen verbunden. Fachliche Qualität und Praxisrelevanz des Bildungssystems sind von zentraler Bedeutung für unsere Zukunftsfähigkeit. Bildung ist eine entscheidende Ressource für die Zukunft unseres Landes, insbesondere im Kontext der Digitalisierung.

Doch obwohl die Wichtigkeit von Bildung im Prinzip universell anerkannt wird, werden hierzulande endlose, ergebnisarme Debatten um das Bildungssystem geführt, und dies vor allem ideologie- statt qualitätsorientiert. Schlimmer noch, von Zukunftsfähigkeit wird, wenn überhaupt, nur am Rande gesprochen.

Während in Singapur und Finnland Programmieren bereits in der Grundschule auf dem Lernplan steht, verbringen in Deutschland noch immer die meisten Schüler ihre Schulzeit ohne eine einzige Stunde Informatikunterricht. Vielerorts herrscht an deutschen Schulen noch immer die »Kreidezeit«, sodass Klassenräume ohne adäquate digitale Ausstattung auskommen müssen. Der sogenannte Digitalpakt, durch den der Bund Finanzmittel für die Ausrüstung von Schulen mit digitaler Technik bereitstellt, wurde über Jahre von Kompetenzstreitigkeiten mit den Ländern blockiert. Auch in der beruflichen Bildung wird die digitale Revolution schlichtweg ausgeklammert. Über die Hälfte der Ausbildungspläne wurde in den letzten zehn Jahren nicht überarbeitet, dabei gibt es viele Berufe, die perspektivisch durch die Digitalisierung tiefgreifend transformiert werden.[95]

Doch die Probleme des deutschen Bildungswesens sind noch viel fundamentaler als eine mangelnde Anpassung an die Digitalisierung und den Arbeitsmarkt der Zukunft. Eine Untersuchung unter Drittklässlern in Berlin ergab, dass drei Viertel der Schüler schlechte oder sehr schlechte Lese- und Rechtschreibkenntnisse aufweisen.[96] Oftmals können sie selbst kürzere Texte wie beispielsweise kurze Zeitungsartikel nicht sinnerfassend lesen und verstehen.[97] In manchen Bundesländern wird nach wie vor Schülern Rechtschreibung nach der Methode »Lesen durch Schreiben« (medial oft auch als »Schreiben nach Gehör« bezeichnet) beigebracht, obwohl seit Jahren bekannt ist, dass dies zu langfristigen Rechtschreibschwächen führt.[98] In internationalen Vergleichen wie der PISA-Studie schneiden deutsche Schüler in Mathematik und in der Lesekompetenz eher mittelmäßig ab. Auch die Fremdsprachenkompetenz ist im Vergleich zu Schülern in den Benelux-Staaten oder Skandinavien messbar niedriger.[99]

Seit den 1970er-Jahren steigt die Abiturientenquote rapide an. Mittlerweile erwerben über 50 Prozent eines Jahrgangs das Abitur und damit die Hochschulzugangsberechtigung. Hier gibt es erhebliche qualitative Unterschiede zwischen Bundesländern wie Bayern und Sachsen einerseits sowie Bremen und Berlin andererseits. Der ehemalige Präsident des Deutschen Lehrerverbandes, Josef Kraus, forderte deshalb sogar 2016 die »anspruchsvolleren Bundesländer« auf, nicht mehr jedes Abitur aus Berlin anzuerkennen.[100] Dahinter steckt die Vermutung, dass die angestiegene Abiturientenquote nur durch eine Absenkung des Lehrniveaus erzielt werden konnte. Dabei stellt sich die Frage: Ist ein Abitur für jeden überhaupt wünschenswert, wenn wir gleichzeitig in vielen Ausbildungsberufen einen akuten Fachkräftemangel haben?

Eine der Folgen einer Akademisierungsinflation ist eine kontinuierlich steigende Studienabbrecherquote. Diese liegt in Summe bei allen Hochschulformen 2018 bei 29 Prozent, an Universitäten sogar bei 32 Prozent.[101] Insbesondere in den für die Zukunftsfähigkeit unseres Landes so entscheidenden MINT-Studiengängen (Mathematik, Informatik, Naturwissenschaft und Technik) liegt die Abbrecherquote an Unis bei über 40 Prozent. Der Hauptgrund für die Abbruchsentscheidung ist Umfragen zufolge »unbewältigte Leistungsanforderungen«.[102] Kann es sich Deutschland – gerade auch vor dem Hintergrund des demographischen Wandels und der zunehmend scharfen Konkurrenz um Innovation auf dem Weltmarkt – leisten, jeden dritten Studenten zu verlieren?

Bildungspolitik wurde in Deutschland jahrzehntelang entlang ideologischer Gräben diskutiert und gestaltet. Keiner weiß, wie viel Zeit, Geld und Ressourcen in den letzten Jahrzehnten mit sinnlosen und oft schädlichen Systemdiskussionen über den Fortbestand des dreigliedrigen Schulsystems oder der Einführung von Gesamtschulen verpulvert wurden. In manchen Bundesländern ist im Ergebnis ein verwirrender Dschungel an Schultypen entstanden, in Hessen etwa gibt es integrierte Gesamtschulen, kooperative Gesamtschulen, Mittelstufenschulen, Mittelpunktschulen und dazu das dreigliedrige Schulsystem. Gymnasien ist es mittlerweile selbst überlassen, ob sie Schüler in acht oder neun Jahren zum Abitur führen. Kaum ein Elternteil schafft es, ohne vorherige Beratung in diesem System den Überblick zu behalten. Aber setzen wir überhaupt mit ständigen Systemdiskussionen und entsprechendem Reformeifer die richtigen Prioritäten?

Neue bildungswissenschaftliche Studien belegen, was nach Hausverstand jedem bewusst sein sollte: Das wichtigste Kriterium für den Bildungserfolg eines Schülers ist die Qualität des Lehrers.[103] Eine Studie des Leibnitz-Instituts zeigt, dass jedoch gerade bei Gymnasiallehrern in den vergangenen Jahren ein Qualitätsverfall zu verzeichnen ist: »War das vorher eine relativ kleine, sehr leistungsstarke Gruppe, zog der Beruf nun auch weniger fähige und motivierte Menschen an. Die älteren Lehrer, das zeigt die Studie, hatten im Durchschnitt bessere Abiturnoten als ihre Nachfolger, und sie waren stärker intrinsisch motiviert, was leistungssteigernd wirkt.«[104]

Die Kombination aus sinkender Lehrqualität, ideologisch überlagerter Bildungspolitik und einer steigenden Abiturientenquote durch

Niveauabsenkung ist an und für sich bereits ein Problem für den Anspruch Deutschlands, weltweit eines der führenden Bildungssysteme zu unterhalten. Verschärfend kommt das vollständige Versagen des Bildungsföderalismus in seiner jetzigen Form hinzu. Die jahrelangen Diskussionen der Kultusministerkonferenz über die Einführung eines Zentralabiturs und deren Ergebnisse sind lediglich ein Beispiel dafür: Die Idee eines bundesweiten Zentralabiturs, für das alle Abiturienten auch wirklich die gleichen Aufgaben lösen müssen, darf nicht durch Egoismen einzelner Landeskultusministerien beschädigt werden. Nur durch gemeinsame Abschlussprüfungen sind eine inhaltliche Qualitätsverbesserung und eine bessere Vergleichbarkeit des Abiturs im Bundesgebiet herzustellen. Deshalb wurde unter der Betreuung des Instituts zur Qualitätsentwicklung im Bildungswesen (IQB) in Berlin ein Aufgabenpool eingerichtet, in den Bundesländer ihre Abituraufgaben einbringen und aus dem sie sich für die Abiturprüfungen bedienen können. Diese Idee entwickelte sich jedoch in der Praxis zum Schildbürgerstreich, da die meisten Länder genau jene Aufgabenstellungen aus dem Pool entnahmen, die sie zuvor selbst eingebracht hatten.[105]

Doch die Unzulänglichkeiten des jetzigen Bildungsföderalismus erstrecken sich auch auf formale Aspekte. Bei identischen Zeugnissen ergeben die Berechnungen des Gesamtnotendurchschnitts, Unterschiede zwischen den Bundesländern von bis zu 0,3 Notenpunkten, da verschiedene Teilleistungen (Grundkurse, Leistungskurse, Abiturprüfungen) des Abiturs unterschiedlich gewichtet werden.[106] Wenn man bedenkt, dass die Abiturnote als Numerus clausus für viele Studiengänge das entscheidende Zulassungskriterium für die Zulassung zum Studium bildet, ist dieser Zustand ein Skandal. Grundsätzlich sollte man überdenken, ob die Fixierung auf Noten für die Studienzulassung überhaupt sinnvoll ist. Andere Länder wie Großbritannien berücksichtigen Motivationsschreiben, ehrenamtliches Engagement und demonstriertes Interesse an dem jeweiligen Fachgebiet ebenso für die Zulassung.

Um die Zukunftsfähigkeit unseres Landes zu gewährleisten, brauchen wir dringend bundesweit hohe und international wettbewerbsfähige Bildungsstandards. Aus Vergleichsstudien ergibt sich, dass die Schulsysteme in Bayern und Sachsen die beste Qualität aufweisen. Daher sollten bayerische und sächsische Lehrpläne und Schulmodelle zum Vorbild in allen anderen Bundesländern werden, denn es sollte um Benchmarking zum Wohle der Kinder und nicht um ideologische Selbstverwirklichung von einzelnen Kultusministern und ihrer Parteifreunde gehen. Die Qualität der Lehrerausbildung muss zu einem vorrangigen Fokus der Bildungspolitik werden. Dazu gehört insbesondere, Lehrer anständig zu bezahlen und die Anforderungen des Lehramtsstudiums zu erhöhen.

Während in Berlin 54 Prozent der Schüler eines Jahrgangs das Abitur ablegen, sind es in Bayern nur 32 Prozent.[107] Nicht nur für das Leben jeden einzelnen Schülers, auch gesellschaftlich ist es fatal, Schülern und Eltern einzureden, dass nur eine allgemeine Hochschulreife und ein anschließendes Studium zum Bildungserfolg und einem gelingenden Leben führen. Gerade in Zeiten des Fachkräftemangels in handwerklichen Berufen und bei anderen qualifizierten Ausbildungen mutet diese Schwerpunktsetzung nahezu absurd an. Bildung *bildet* jedoch nicht nur mit einer Perspektive auf dem Arbeitsmarkt oder der staatsbürgerlichen Erziehung den Grundstein für eine zukunftsfähige Gesellschaft. Sie spielt auch eine entscheidende Rolle für das Gelingen von Integrationspolitik.

Migration und Integration zum Erfolg führen

Die Notwendigkeit höchster Qualität in der Bildung bringt uns zu einem weiteren Kernthema der Zukunftsfähigkeit. Kaum ein Thema hat Deutschland in den vergangenen Jahren so sehr politisch bewegt wie die Migrationskrise des Jahres 2015 und deren Folgen. Dieses Buch macht sich nicht zur Aufgabe, die ethisch-moralischen oder verfassungs- und völkerrechtlichen Dimensionen der Flüchtlingspolitik zu diskutieren. Vielmehr stellt es sich die Frage nach den realpolitischen Konsequenzen der Entscheidung, rund 1,1 Millionen Flüchtlinge in wenigen Monaten aufzunehmen. Da mangels Rückkehrperspektive ein Großteil dieser Menschen vermutlich mittelfristig eine Niederlassungserlaubnis in Deutschland erhalten wird, findet eine Trennung zwischen zeitlich befristeten, humanitären Schutz einerseits und Einwanderung in den Arbeitsmarkt andererseits de facto nicht statt.

Die gegenwärtige Datenlage wirft die Frage auf, ob die Integration von Flüchtlingen in den deutschen Arbeitsmarkt tatsächlich als geglückt bezeichnet werden kann. 74,9 Prozent der Flüchtlinge in Deutschland leben von Hartz IV.[108] Bei Syrern, von denen ein Großteil 2015/2016 nach Deutschland kam, liegt auch nach über drei Jahren die Beschäftigungsquote nur bei 27 Prozent.[109] Über die Hälfte der sozialversicherungspflichtigen Beschäftigten aus Asylherkunftsländern arbeitet in Berufen, die von der Bundesagentur für Arbeit als »Helfertätigkeit« qualifiziert werden.[110] In der Gesamtbevölkerung liegt dieser Anteil bei zwölf Prozent. Knapp zwei Drittel der beschäftigten Flüchtlinge erhält ein Einkommen unterhalb der Niedriglohn-Schwelle (2192 Euro brutto); dieser Wert ist dreimal so hoch wie im Bevölkerungsschnitt. Auch wenn sich diese Werte nach abgeschlossener Sprachausbildung bei einigen Flüchtlingen sicher noch verbessern werden, ist das Gesamtbild deutlich trüber, als die optimistische Stimmung im Jahr 2015 erwarten ließ.

Die gegenwärtige Beschäftigungssituation der übergroßen Mehrheit der Flüchtlinge ist prekär, in einer möglichen Rezession gefährdet und nicht alterssichernd. Dazu formulierte der Generalsekretär des CDU-Wirtschaftsrates, Wolfgang Steiger, in einem Interview mit dem *Handelsblatt* im Januar 2019: »Wir brauchen echte Fachkräfte und nicht Geringqualifizierte, die ihren Arbeitsplatz beim nächsten Konjunkturabschwung, vor dem wir leider gerade stehen, gleich wieder verlieren.«[111] Der Nettobeitrag für die Sozialkassen ist in diesem

Bevölkerungssegment auf absehbare Zeit negativ. Kernproblem ist nach Auskunft des Deutschen Städte- und Gemeindebundes das geringe fachliche und sprachliche Qualifikationsniveau der meisten Geflüchteten.[112]

Deutschland ist jedoch nicht nur Zuwanderungsziel für Niedrigqualifizierte, sondern auch zu einem Auswanderungsland für Fachkräfte geworden. Zielländer deutscher Auswanderer sind die Schweiz, Skandinavien und angelsächsische Länder, allen voran die USA, Kanada, aber auch Großbritannien und Australien. Auf der Rangliste der Länder mit den höchsten Heimatüberweisungen – ein klassisches Kennzeichnen von arbeitsbedingter Emigration – liegt Deutschland weltweit auf Platz 9. Studien zeigen, dass insbesondere Ärzte, Ingenieure und andere Fachkräfte unser Land verlassen, Menschen also, die wir dringend für unsere Zukunftsfähigkeit bräuchten.[113] Neben dem unmittelbaren volkswirtschaftlichen und gesellschaftlichen Schaden einer solchen Abwanderung verliert der Steuerzahler durch die hohen Ausbildungskosten in diesen Berufen doppelt. Hauptgrund für die Abwanderung von Wissenschaftlern und Akademikern ist das vergleichsweise niedrige Lohnniveau für Hochqualifizierte in Deutschland, hinzu kommen häufige Befristungen und mangelnde Perspektiven.

Hier wird eine schwere Fehlentwicklung deutscher Migrationspolitik deutlich: Deutschland ist auf die Zuwanderung von hochqualifizierten Fachkräften angewiesen, doch in der Realität wandern – das zeigen insbesondere außereuropäische Wanderungssalden – vor allem Niedrigqualifizierte ein und Hochqualifizierte ab. Das deutsche Migrationsrecht begünstigt diese Fehlentwicklung, da es hohe Hürden für die Zuwanderung von Fachkräften legt, andererseits bei der Beendigung des Aufenthaltes niedrigqualifizierter Arbeitskräfte und Arbeitsloser ein enormes Durchsetzungsdefizit an den Tag legt.

Laut Bertelsmann Stiftung liegt mittelfristig der deutsche Einwanderungsbedarf an Spezialisten bei mindestens 260.000 Personen pro Jahr.[114] Zuwanderung nach Deutschland speiste sich in den vergangenen

Jahren vor allem aus zwei Quellen: Asylsuchende aus dem Nahen Osten und Afrika, sowie Migration aus Ost- und Südosteuropa – gerade auch vor dem Hintergrund der in den EU-Verträgen verankerten Personenfreizügigkeit. Im Jahr 2018 kamen allein aus Rumänien über 238.000 Personen nach Deutschland, aus Polen 146.000 und aus Bulgarien über 80.000.[115] So erfreulich diese Zahl für die Bundesrepublik auf den ersten Blick sein mag, so dramatisch ist sie bei näherer Untersuchung. Einerseits kommen gerade aus Südosteuropa zu einem erheblichen Teil Menschen mit geringer fachlicher Qualifikation und geringen Sprachkenntnissen.[116] Andererseits trifft schon die Abwanderung von anteilig wenigen Fachkräften wie Ärzten und Krankenpflegern diese EU-Staaten besonders hart. So ist seit 1990 über ein Fünftel der erwerbsfähigen Bevölkerung Rumäniens nach Westeuropa und in die USA abgewandert.[117] In einzelnen Sektoren wie der Baubranche hat sich die Zahl der Arbeitskräfte zwischen 2008 und 2018 halbiert.[118] So wenig Zuwanderung mit geringer Qualifikation und geringen Sprachkenntnissen in unserem Interesse liegen kann, so wenig können wir an einer erheblichen Abwanderung qualifizierter Kräfte aus diesen EU-Staaten interessiert sein, da dies die Probleme der Ungleichheiten zwischen EU-Staaten verschärft und langfristig für eine Destabilisierung dieser Länder sorgen kann. Entsprechend sollte die Gewinnung von Fachkräften vorrangig aus Ländern erfolgen, für die sich daraus kein demographisches Problem entwickelt, beispielsweise in Lateinamerika oder Südasien. Aktuell sind keine gesamtheitlichen und nachhaltigen Steuerungskonzepte für bedarfsorientierte Einwanderung zu erkennen, höchstens rhetorische Absichtserklärungen oder punktuelle Ansätze wie die Bemühungen von Bundesgesundheitsminister Spahn um Pflegefachkräfte aus dem Kosovo, der Türkei oder aus Mexiko.

Auch das vom Bundestag im Sommer 2019 beschlossene Fachkräftezuwanderungsgesetz schafft hier nur wenig Abhilfe. Nach wie vor gibt es keine gezielte Strategie zur Gewinnung von Fachkräften im außereuropäischen Ausland. Sowohl Kanada als auch Australien und Neuseeland werben Fachkräfte durch ein sogenanntes Punktesystem an. Dabei können Einwanderer Punkte durch Sprachkenntnisse, Berufserfahrung, ein bereits vorhandenes Jobangebot im Land, Universitätsabschlüsse und Nachweise zu einer besonderen Bindung zum Land sammeln.[119] Mit einer Mindestpunktzahl ist es dann möglich, in das Zielland einzuwandern. In Deutschland hingegen müssen Fachkräfte ihre Zugehörigkeit zu einem Beruf auf einer sogenannten Positivliste nachweisen und viele bürokratische Hürden bereits bei einem Visa-Antrag überwinden. Die Positivliste umfasst zudem – so unglaublich es ist – keine Digitalberufe.[120]

In der Realität ist Deutschland bereits heute ein Einwanderungsland. Der OSZE zufolge leben mit Ausnahme der Vereinigten Staaten weltweit nirgendwo so viele Einwanderer wie in Deutschland.[121] In unserem politischen Selbstverständnis spiegelt sich das jedoch nicht wider. Noch gibt es Menschen, deren Großeltern einst nach Deutschland kamen und die ihr gesamtes Leben in Deutschland verbracht haben, in der Vorstellung, sie seien »Ausländer«. Politische Konflikte entbrennen vor allem immer wieder über Integrationsfragen, insbesondere bei muslimischen Einwanderern. Eine nüchterne und sachorientierte Debatte scheint bei diesem Thema mit seiner ideologischen und emotionalen Aufladung nur selten möglich zu sein.

Symptome, dass etwas im Argen liegt, sind aber schon länger sichtbar. Repräsentative Umfragen unter Türken und türkischstämmigen Deutschen, die im Jahr 2016 vom Exzellenzcluster »Religion und Politik« der Universität Münster erstellt wurden, zeigen bestehende Probleme auf.[122] So stimmen in der zweiten und dritten Generation 36 Prozent der Aussage zu: »Die Befolgung der Gebote meiner Religion ist für mich wichtiger als die Gesetze des Staates, in dem ich lebe«. 32 Prozent aller türkischen Muslime streben eine »Rückkehr in eine Gesellschaftsordnung wie zu Zeiten des Propheten Mohammed« an. 27 Prozent haben ein negatives oder sehr negatives Bild von Atheisten, 21 Prozent von Juden. Insgesamt lässt sich aus den Zahlen herauslesen, dass ein signifikanter Teil – sicher aber nicht die Mehrheit – der Türken und Türkischstämmigen in Deutschland einem

Werteverständnis anhängt, das sich nicht mit dem Selbstverständnis Deutschlands als europäischer Nation vereinbaren lässt. Gleichzeitig gibt die Studie auch interessante Einblicke in die Befindlichkeiten der ersten Generation Zugewanderter im Kontrast zur zweiten und dritten Generation: Während die persönliche Relevanz religiöser Praktiken zu sinken scheint (32 Prozent besuchen eine Moschee und 55 Prozent beten regelmäßig in der ersten Generation, 23 Prozent beziehungsweise 35 Prozent in den Folgegenerationen), nimmt das kulturelle Selbstbewusstsein und die Identifikation mit der »eigenen« Kultur in den nachgeborenen Generationen sogar zu. Mögliche Ursachen dafür sind Diskriminierungserfahrungen und das Gefühl mangelnder Akzeptanz; so stimmen etwa 54 Prozent der Aussage zu: »Egal wie sehr ich mich anstrenge, ich werde nicht als Teil der deutschen Gesellschaft anerkannt«.[123] Ein erschreckendes Ergebnis; es stellt der Politik der letzten Jahrzehnte ein Armutszeugnis aus.

Hierin liegt meiner Meinung nach ein Kernproblem deutscher Integrationsdebatten. Anders als klassische Einwanderungsländer wie die Vereinigten Staaten oder Kanada haben wir in Deutschland versäumt, ein Leitbild des inklusiven Patriotismus zu vermitteln. Dort ist es selbstverständlich, dass sich bereits in der ersten, auf jeden Fall aber in der zweiten Generation Menschen als Teilhaber einer Gesellschaft empfinden, auf die sie stolz sind und deren Identität sie sich aneignen können. In Deutschland fällt es der Mehrheitsgesellschaft schwer, ein solch positives Angebot eines sinnstiftenden Verfassungspatriotismus zu unterbreiten, nicht zuletzt aufgrund historischer Vorbelastung des Nationsbegriffes in unserem Land. Dieses Identifikationsvakuum wird folglich einerseits von rechten Kräften gefüllt, die ein völkisches Nationsverständnis versuchen wieder salonfähig zu machen. Andererseits haben dadurch islamistisch-nationalistische Kräfte wie Erdoğans AKP unter türkischstämmigen Deutschen leichtes Spiel, sie als »Türken« zu instrumentalisieren und gegen »die Deutschen« auszuspielen. Entsprechend verwundert es wenig, dass bei dem türkischen Verfassungsreferendum 2015 nahezu zwei Drittel aller Wähler in Deutschland die Linie Recep Erdoğans unterstützten – anders als beispielsweise in Großbritannien, der Schweiz oder Nordamerika, wo das »Nein«-Lager jeweils klar überwog.

Ich bin der Überzeugung, dass der deutsche Staat klare Identifikationsangebote als Gegenmaßnahme schaffen muss. Im öffentlichen Diskurs, medial wie politisch, müssen wir – beginnend mit der Wortwahl – die unsinnige Reduktion von türkischstämmigen Deutschen auf »Türken« oder »Ausländer« überwinden. Gleichzeitig müssen Institutionen geschaffen werden, die auch mit finanzieller Unterstützung aus dem Bundeshaushalt Einwanderern ein Zugehörigkeitsgefühl zu Deutschland vermitteln und ein europäisches Werteverständnis nahebringen.

Ein Teil des Problems sind in diesem Zusammenhang die bestehenden Verbandsstrukturen in muslimischen Gemeinschaften. DITIB, der größte islamische Verband in Deutschland, ist eine Tochtergesellschaft der staatlichen türkischen Religionsbehörde Diyanet, an deren Spitze Funktionäre von Erdoğans AKP-Partei stehen. Der zweitgrößte Verband, Millî Görüş, wird bis heute vom Verfassungsschutz als islamistisch betrachtet und beobachtet. Gleiches gilt bei schiitischen Verbänden, die dem Regime in Teheran nahestehen oder dem deutschen Arm der Muslimbruderschaft. Originär deutsche Islamverbände, in denen Deutsch die Predigtsprache ist, existieren hingegen kaum.[124]

Einzelprojekte wie die Ibn-Rushd-Goethe-Moschee der Berliner Imamin Seyran Ateş, die sich um die Entwicklung eines liberalen Reformislams bemühen, müssen viel stärkere Unterstützung durch Staat und Öffentlichkeit erhalten. Seyran Ateş eröffnete 2017 die erste Moschee, in der dezidiert feministischen und europäischen Werten Raum gegeben wird, und erhielt in der Folge Morddrohungen, die auf eine Diffamierungskampagne in arabischen und türkischen Medien zurückgingen. Dafür zahlt Frau Ateş bis heute einen hohen persönlichen Preis und muss unter ständigem Personen- und Polizeischutz leben.

Ebenso wie Berlin im 19. Jahrhundert zum Geburtsort eines modernen Reformjudentums wurde, sollte es im Interesse des künftigen Zusammenlebens zwischen Muslimen und Nicht-Muslimen sein, in Deutschland Zentren eines europäischen Reformislams aufzubauen. Noch immer findet die Ausbildung von Imamen überwiegend in der Türkei, Ägypten oder Saudi-Arabien statt und nicht an deutschen Universitäten oder Institutionen. Selbst wenn man sich dann dazu durchringt, an deutschen Hochschulen islamische Theologiefakultäten einzurichten, wie jüngst an der Humboldt-Universität Berlin, werden ausschließlich Vertreter von Ditib und anderen zweifelhaften Verbänden in den wissenschaftlichen Beirat berufen.[125] Es ist mehr als fraglich, ob dies im Interesse unserer Demokratie ist und ob so Integration gelingen kann.

Wie führen wir nun Einwanderung und Integration zum Erfolg? Wir brauchen eine Einwanderungspolitik, die auf Qualifikation abzielt und unbürokratische Anwerbemöglichkeiten für Fachkräfte aus bevölkerungsreichen Ländern schafft. Wenn wir akzeptieren, dass Deutschland inzwischen ein Einwanderungsland geworden ist, müssen wir auch entsprechende Identifikationsangebote für Einwanderer und deren Nachkommen schaffen. Wer Staatsbürger dieses Landes ist muss sich als Teil unserer Gesellschaft fühlen dürfen und stolz darauf sein können. Hier brauchen wir von allen Seiten des politischen Spektrums einen Kulturwandel. Gleichzeitig müssen wir Kräften die eine Spaltung unseres Landes entlang Herkunftslinien befördern, viel entschiedener entgegentreten, gerade auch wenn diese durch Autokratien aus dem Ausland finanziert werden.

3.
Gegen gesellschaftliche Verrohung

Das gesellschaftliche und politische Klima in Deutschland hat sich verändert, es wird wieder rauer. Der Höhepunkt politischer Verrohungsprozesse zeigt sich in der Gewalt gegen Andersdenkende. Der Mordversuch an der Oberbürgermeisterin von Köln, Henriette Reker, die Messerattacke auf den Bürgermeister von Altena, Andreas Hollstein, der tätliche Angriff auf Frank Magnitz in Bremen und im Juni 2019 schließlich der Mord an dem Kasseler Regierungspräsidenten Walter Lübcke sind traurige Beispiele für diese Entwicklung, die jeden Demokraten in unserem Land tief beunruhigen sollten. Erschütternd ist das juristische Ergebnis im Falle des Bürgermeisters von Altena, einem Städtchen im Sauerland, der aufgrund seiner Flüchtlingspolitik mit einem Messer angegriffen und schwer verletzt wurde. Der Täter bekam zwei Jahre auf Bewährung. Hasskommentare wie »das nächste Mal bekommst Du Volksverräter einen fachgerechten Kehlschnitt« oder »schade, dass Du lebst, Du Stück Scheiße« gehören inzwischen zum öffentlichen Alltag. [126] – Können wir das guten Gewissens zulassen, dürfen wir hier wegschauen?

Im September 2019 machte ein Gerichtsverfahren zur Beleidigung von Politikern bundesweit Schlagzeilen. Die Grünen-Politikerin Renate Künast war im Internet zuvor wüst als »Schlampe«, als »Stück Scheiße« und mit anderen Unflätigkeiten beschimpft worden.

Das Landgericht Berlin wertete diese Beleidigungen jedoch als »sehr weit überzogene Kritik«, die sich ein Politiker gefallen zu lassen habe.[127] Formulierungen, dass die Bundestagsabgeordnete als »Sondermüll zu entsorgen« oder eine »Geisteskranke« sei, schrieb das Gericht »Sachbezug« zu oder wertete sie als »Auseinandersetzung in der Sache«.[128] Dieses skandalöse Urteil hat Symbolcharakter für unseren gesellschaftlichen Umgang mit zunehmender Verrohung im öffentlichen Raum und zeigt das eklatante Versagen von Teilen der Justiz auf. Hier ist an Artikel 1 des Grundgesetzes zu erinnern: »Die Würde des Menschen ist unantastbar. Sie zu achten und zu schützen ist Verpflichtung aller staatlichen Gewalt.«

Immer wieder ist in Zeitungsberichten von Kommunalpolitikern zu lesen, die aufgrund ihrer Haltung in der Flüchtlingspolitik lebensbedrohliche Drohungen gegen sich und ihre Familie erhalten. Wenn frei gewählte Repräsentanten des Staates nicht mehr sicher sind, dann ist das mehr als ein ernstes Problem, es gleicht fast schon einem gesellschaftlichen Offenbarungseid. Daher ist es nur zu verständlich, wenn sich Menschen, die sich für die Allgemeinheit engagieren, unter dem Eindruck dieser Drohkulisse alleingelassen fühlen und in der Folge überlegen, ihr Engagement aufzugeben und sich aus der Öffentlichkeit zurückzuziehen.

Auch jenseits der Politik treten im öffentlichen Raum immer häufiger schockierende Verhaltensweisen und Umgangsformen auf. So sind vielerorts Angriffe auf Rettungs- und Hilfskräfte wie Feuerwehrleute und Sanitäter im Einsatz alltäglich geworden. Ein an sich aberwitziger Zustand, dass Menschen, die unter Einsatz ihrer Gesundheit und ihres Lebens helfen, angegriffen werden.

»Was noch vor einigen Jahren in verbaler Gewalt den Rettern gegenüber gebracht worden ist, ist jetzt auch zum Teil Gewalt mit Fäusten«[129], berichtet ein Rettungsschulleiter. Gerade unter Drogen- oder Alkoholeinfluss werden Retter angegriffen, bis hin zur Körperverletzung. So stieg die Zahl der im Einsatz körperverletzten Retter beispielsweise in Sachsen-Anhalt von zwölf Fällen in 2013 auf 46 Fälle in 2017.

In einer Studie in Nordrhein-Westfalen »gaben zum Beispiel etwa 80 Prozent der betroffenen Einsatzkräfte an, einen Übergriff gar nicht erst gemeldet zu haben. Die meisten hielten die Tat für nicht schlimm genug oder meinten, dass sich an der Situation ohnehin nichts ändern würde.«[130] Eine umfangreiche Anzeige auszufüllen bedeutet für die betroffenen Helfer nach einem anstrengenden und langen Einsatz eine zusätzliche Belastung. Daher dürfte die Dunkelziffer solcher Angriffe deutlich höher sein als die Zahl der durch das vorhandene statistische Material belegten Taten.

Ärzte in der Notaufnahme werden k. o. geschlagen, in Herten trainieren Busfahrer Selbstverteidigung.[131] Polizeibeamte leiden besonders unter dieser Verrohung der Sitten. Stichwesten und Bodycams zur Eigen- und Beweissicherung sind in vielen Städten traurige Notwendigkeit geworden. Interessant ist dabei das Fazit des Lagebildes 2017 des Bundeskriminalamtes zum Thema »Gewalt gegen Polizeibeamtinnen/-beamte«. Darin wird festgestellt, dass bei Tatverdächtigen gegen Polizeivollzugsbeamte diese statistisch gesehen mehrheitlich in Gemeinden ab 500.000 Einwohner auffällig sind, männlich, deutsch und über 25 Jahre alt sind, allein handeln, polizeilich bereits in Erscheinung getreten waren, unbewaffnet sind sowie unter Alkoholeinfluss stehen.[132]

Frust am Staat darf nicht an seinen Vertretern ausgelassen werden. Diese Menschen haben ein Recht darauf, ihre Arbeit zu tun, ohne beschimpft, bespuckt, beleidigt oder gar angegriffen zu werden. Was sagen dagegen solche Entwicklungen über uns als Kultur, als Gesellschaft und über unser Miteinander aus? Welche politischen Konsequenzen ziehen wir daraus?

Der Rechtsstaat muss die Gewalthoheit überall behalten. Das Gefühl persönlicher Sicherheit und Unversehrtheit ist die Grundlage eines friedlichen Zusammenlebens. Menschen haben ein Bedürfnis nach »ziviler Unaufmerksamkeit« (Civil Inattention). Civil Inattention ist ein Konzept des Soziologen Erving Goffman, das die Möglichkeit beschreibt, im öffentlichen Raum unaufmerksam mit Fremden in Zufallsbegegnungen interagieren zu können, ohne dabei Angst oder Besorgnis empfinden zu müssen. Konkret heißt das, dass man beiläufig Blickkontakt mit einem Fremden haben kann, ohne dass er darauf drohend die Frage »Was soll das?« stellt. Zivile Unaufmerksamkeit ist eine Grundbedingung für sicheres Leben besonders in großen Städten und eine Grundvoraussetzung für ein entspanntes kulturelles Leben in der Öffentlichkeit.

Seit 2015 ist in weiten Teilen der Bevölkerung trotz allgemein fallender Kriminalitätsraten das Unsicherheitsgefühl gestiegen. Hinsichtlich der inneren Sicherheit zeigt sich ein erheblicher Widerspruch zwischen Fakten und Wahrnehmung. Einerseits sinkt die Kriminalitätsrate seit Jahren auf neue Gesamttiefstände, andererseits nimmt das vom Bundeskriminalamt in Umfragen erhobene Unsicherheitsgefühl insbesondere seit 2015 messbar zu. Jede dritte Frau gibt an, sich in Deutschland allgemein unsicher zu fühlen, 42 Prozent meiden gelegentlich öffentliche Plätze.[133] Die Zahl der kleinen Waffenscheine, also der Berechtigungen, Schreckschusswaffen zu führen, ist von 262.000 im Jahr 2014 auf 610.000 im Jahr 2018 angestiegen.[134]

Dabei sind es nicht nur die eingangs erwähnten Taten von Rechtsextremen, die ein Problem darstellen. Besonders haben die Öffentlichkeit Taten wie die Morde an jungen Mädchen wie Susanna in Wiesbaden, Mireille in Flensburg, Maria in Freiburg oder Mia in Kandel oder das unfassbare Töten eines kleinen Jungen auf einem Bahnsteig im Frankfurter Hauptbahnhof durch einen eritreischen Flüchtling alarmiert. Hier zeigt sich ein Dilemma, denn signifikante Teile der verfassten öffentlichen Meinung verfallen infolge solcher Taten in ideologische Grabenkämpfe. Eine differenzierte, faktenorientierte Diskussion über das real existierende Phänomen der Gewalt und Kriminalität bei Flüchtlingen findet so kaum statt. Dadurch verlieren manche Leitmedien an Glaubwürdigkeit und es öffnen sich in der gesellschaftlichen Mitte Räume für rechtsextreme Hetze und Agitation, die zu einer weiteren Vergiftung des politischen Klimas in Deutschland beitragen.

Die häufig hörbare, pauschale Aufforderung, dass solche Taten von Flüchtlingen und Zuwanderern »nicht politisch missbraucht« werden sollen, wird leicht als Wegducken vor der Diskussion eines realen Problems verstanden. Die Tatsache, dass viele Täter aus Zuwanderungsmilieus bereits polizeibekannt oder gar vorbestraft waren und einen zweifelhaften Aufenthaltsstatus hatten, verschärft dieses Problem noch.

So heißt es in Art. 33 Abs. 2 der Genfer Flüchtlingskonvention: »Auf die Vergünstigung dieser Vorschrift kann sich jedoch ein Flüchtling nicht berufen, der aus schwer wiegenden Gründen als eine Gefahr für die Sicherheit des Landes anzusehen ist, in dem er sich befindet, oder der eine Gefahr für die Allgemeinheit dieses Staates bedeutet, weil er wegen eines Verbrechens oder eines besonders schweren Vergehens rechtskräftig verurteilt wurde.«[135] In der Praxis scheitern Abschiebungen rechtskräftig verurteilter Täter jedoch häufig an fehlenden Papieren, humanitären Abschiebeverboten beispielsweise in Länder, in denen Folter oder die Todesstrafe droht, oder an der fehlenden Kooperationsbereitschaft des Heimatlandes des Betroffenen. Befremdlich ist auch für viele Menschen, dass ein Land wie Marokko, das zu den bevorzugten Urlaubszielen von Europäern gehört, nicht als sicheres Herkunftsland eingestuft wird. Dabei bedeutet eine solche Einstufung ja nicht einmal einen Verzicht auf eine Einzelfallprüfung, sondern beschleunigt lediglich die meisten – sowieso aussichtslosen – Verfahren.

In der Folge entwickeln sich zahlreiche Intensivtäterkarrieren bei Personen, die als Flüchtlinge nach Deutschland kamen.[136] So gibt es allein in Bayern 7333 Flüchtlinge, die mindestens wegen zwei Straftaten verurteilt wurden.[137] Bundesweit wird diese Zahl auf circa 50.000 Personen geschätzt. Hierbei ist zu betonen, dass dies ein Bruchteil der Gesamtzahl der Flüchtlinge in Deutschland ist, weniger als fünf Prozent. Jedoch schafft es diese verhältnismäßig kleine Tätergruppe mit ihrem Verhalten, nicht nur das Sicherheitsgefühl der Bevölkerung massiv zu beeinträchtigen, sondern auch ganze Bevölkerungsgruppen in Verruf zu bringen.[138]

Ein fehlendes Durchgreifen des Rechtsstaates gegen bereits verurteilte Täter führt somit indirekt zu einer Anhäufung von Ressentiments gegen eine bestimmte Bevölkerungsgruppe und der Stärkung politischer Extreme. Der Staat schuldet daher nicht nur den Opfern solcher Straftaten, sondern auch der Mehrzahl der rechtstreuen Flüchtlinge eine konsequente Rechtsdurchsetzung. Wenn der Staat nicht mehr berechenbar in seinem Handeln ist, verliert er Autorität, Glaubwürdigkeit und verursacht gesellschaftliche Zersetzung.

Wenn bei Bürgern der Eindruck entsteht, dass in einigen Stadtteilen No-Go-Areas hingenommen werden, also Orte, an denen ein so umfassendes Unsicherheitsgefühl vorherrscht, dass man diese besser meidet, delegitimiert sich das Gewaltmonopol des Staates. Im Sommer 2019 waren immer wieder Meldungen aus Freibädern zu lesen, in denen große Gruppen von Jugendlichen »mit Migrationshintergrund« die Ordnung störten und teils zur Schließung von Bädern führten.[139] Prominente Beispiele waren hierbei das Düsseldorfer Rheinbad und das Karlsbad in Kehl, die aufgrund größerer Gruppen gewalttätiger Jugendlicher sogar geräumt werden mussten. Nach anfänglichen Relativierungen des Düsseldorfer Oberbürgermeisters stellte ein Untersuchungskommissionsbericht im September 2019 gravierende Vorfälle fest, die die anfänglichen medialen Berichte bestätigten.[140] Weder in Schwimmbädern noch in Duisburg-Marxloh oder in Berlin-Neukölln darf der Eindruck eines staatlichen Kontrollverlustes entstehen.

Lösungen für diese Durchsetzungsdefizite existieren, es fehlt jedoch der politische Wille, diese entschieden zu implementieren. So beschrieb die Neuköllner Jugendrichterin Kirsten Heisig in ihrem postum erschienen Werk »Das Ende der Geduld« Wege, wie durch vereinfachte Jugendstrafverfahren schnellere Rechtswirkung gegen jugendliche Straftäter zu erzielen sei. Die bis dato vorherrschende

Doktrin des »Zuwartens«, also strafrechtlicher Milde, die auf spätere Einsicht und Läuterung eines jugendlichen Täters setzt, sei bei gegenwärtigen Intensivtäter-Milieus ein vollkommen falscher Ansatz.[141] Wenn zwischen einer begangenen Tat und einem Urteil Monate vergingen, verliere der Staat schnell seine Abschreckungsfähigkeit und würde schlussendlich nicht mehr ernst genommen.

Auch bei nicht vollzogenen Abschiebungen kommt es so zu einem Autoritätsverlust des Staates. Eine Lösung bestünde in der Bündelung der Kompetenzen für Abschiebungen bei der Bundespolizei und einer deutlichen Erhöhung der Abschiebehaftkapazitäten, insbesondere für bereits straffällig gewordene Asylbewerber, deren Antrag abgelehnt wurde. So sind 2019 in Deutschland 235.000 Personen vollziehbar ausreisepflichtig, von denen 55.000 über keine Duldung verfügen. Dem stehen nur wenige Abschiebehaftplätze, beispielsweise 20 Plätze in ganz Hessen oder 140 Plätze in Nordrhein-Westfalen, gegenüber.[142] Auch die Nutzung von freien JVA-Haftplätzen für Abschiebungen, die durch das »Geordnete-Rückkehr-Gesetz« möglich geworden ist, löst dieses Problem kaum. In Bundesländern wie Bayern, den Stadtstaaten oder Rheinland-Pfalz lag 2018 die Auslastungsquote der Justizvollzugsanstalten bereits bei über 90 Prozent.[143] Gleichzeitig stieg der Ausländeranteil in den regulären Haftanstalten auf ein Rekordhoch von 32 Prozent, verglichen mit einem Anteil an der Gesamtbevölkerung von 9,2 Prozent. Im Verhältnis zu ihrem Bevölkerungsanteil fallen hier besonders Staatsbürger aus Tunesien und Libyen ins Gewicht.

Neben Gewaltkriminalität auf der Straße wird in Deutschland zudem zunehmend über den Einfluss von kriminellen Clans, insbesondere in Nordrhein-Westfalen, Bremen und Berlin, diskutiert. Bei der Mehrzahl der Clans handelt es sich um arabisch-libanesische oder kurdisch-libanesische Großfamilien, die im Zuge des dortigen Bürgerkriegs in den 1980er-Jahren in die Bundesrepublik einreisten. Studien des niedersächsischen Kriminologen Christian Pfeiffer zeigen, dass insbesondere Asylsuchende aus den Maghreb-Staaten zu vermehrter

Kriminalität neigen, im Gegensatz zu Flüchtlingen aus Syrien oder dem Irak.[144] Es entwickelten sich rasch kriminelle Strukturen, die teilweise Hunderte Personen umfassen können. In Berlin fielen Clans in den vergangenen Jahren durch spektakuläre Straftaten wie zwei Raubüberfälle auf das KaDeWe oder den Diebstahl einer Goldmünze aus dem Bode-Museum auf.[145] Der Migrationsforscher Ralph Ghadaban beschreibt in seinem Buch »Arabische Clans – die unterschätzte Gefahr« eindrücklich, wie die Langmütigkeit des Rechtsstaats von kriminellen Großfamilien als Schwäche ausgelegt wird. Erst seit Kurzem wird der Fahndungs- und Ermittlungsdruck gegenüber kriminellen Clans größer, insbesondere da die Beschlagnahmung von Vermögensmitteln vereinfacht wurde. Jedoch dauert es selbst bei diesen Maßnahmen oft unverständlich lange, bis polizeiliche Maßnahmen durch Justizurteile Wirkung entfalten können.[146] Einfach formuliert: Man muss den Clans ihr zusammengerafftes Vermögen wegnehmen, und zwar so schnell wie möglich.

Augenscheinlich bestehen zwischen Bundesländern wie Bremen und Berlin einerseits und Bayern andererseits trotz meist identischer Rechtsgrundlagen sehr unterschiedliche Rechtspraktiken. In bayerischen Großstädten wie München gibt es keine Clan-Strukturen, was der Polizeipräsident der Landeshauptstadt auf die Schnelligkeit, Präsenz und den hohen Fahndungsdruck der dortigen Polizei zurückführt. In einem Interview mit der *Frankfurter Allgemeinen Zeitung* betonte er dabei die Bedeutung eines starken Staates für die Durchsetzung von Rechtsstaatlichkeit: »Auch hier kann ich nur sagen: Es hat sich ausgezahlt, solchen Entwicklungen von Anfang an konsequent zu begegnen. Keine Toleranz! Und vor allem: keine Ghetto-Bildung!«[147]

Der zunehmenden Verrohung unserer Gesellschaft – sei es Gewalt gegen Rettungskräfte oder Kommunalpolitiker, durch Extremisten oder Clan – können wir nur durch eine wirksame Rechtsdurchsetzung begegnen. Konkret bedeutet das eine Umkehrung der Doktrin des Zuwartens gegenüber den genannten Tätergruppen, eine konsequente Ahndung von Rechtsverstößen durch eine Ausschöpfung des gesetzlich vorgesehenen Strafrahmens und einen konstant hohen Fahndungsdruck in der analogen wie digitalen Welt. Dazu gehört die Bereitschaft, mehr Geld in Polizei und Justiz zu investieren. Wir müssen vor allem aber den politischen Willen aufbringen, das Problem der Verrohung zu erkennen und mit allen Mitteln des Rechtsstaates entschieden zu bekämpfen.

4.
Bereit für Disruption?

Neben den hausgemachten Themen müssen uns die großen Veränderungen wie die rasante Digitalisierung oder die umfassende Globalisierung beschäftigen, denn ihre Bewältigung bildet eine zentrale Grundlage für unsere Zukunftsfähigkeit. Dabei sollten wir beachten, dass Disruptionen, also drastische Umbrüche, an sich nichts Neues sind. Schon 1942 schrieb der österreichische Philosoph und Sozialökonom Joseph Schumpeter über die Natur der Marktwirtschaft: »[Der] Prozess der ›schöpferischen Zerstörung‹ ist das für den Kapitalismus wesentliche Faktum. Darin besteht der Kapitalismus und darin muss auch jedes kapitalistische Gebilde leben.«[148] Die Zerstörung bestehender Geschäftszweige und das Aufkommen neuer Wertschöpfungsketten ist ein wesentliches Element des wirtschaftlichen und technischen Fortschritts, der unsere Welt in den vergangenen Jahrzehnten gekennzeichnet hat und weiter bestimmen wird. Die Pferdekutsche wurde einst vom Automobil abgelöst, die Schallplatte von der Compact Disc und diese wurde alsbald selbst durch digitale Formate überflüssig gemacht.

Mit dem Aufkommen der Digitalisierung greifen Disruptionsprozesse zunehmend auf traditionelle Branchen über und verändern diese von Grund auf. So führte das Aufkommen von Plattformmodellen wie Amazon oder Booking.com zu einer tiefgreifenden Verschiebung von Marktmacht zwischen Anbietern und Intermediären, denn plötzlich kontrolliert nicht mehr der Anbieter den Kundenzugang, sondern der Intermediär, also der Vermittler, und sichert sich dadurch Marktmacht. Hotelierverbände klagen beispielsweise über Provisionen von bis zu 15 Prozent und einer enormen Verringerung des Preisgestaltungsspielraums durch das Aufkommen von Internet-Buchungsplattformen.[149] Dort, wo Regulierung dies nicht verhinderte, revolutionierte die sogenannte Sharing Economy bestehende Wirtschaftszweige wie den Taximarkt durch Uber oder das Gastgewerbe durch Airbnb.

Im Bankwesen machen digitale Start-ups wie N26 klassischen Finanzinstitutionen zu schaffen. In China haben App-basierte Dienstleister wie WeChat-Pay und Alipay Kreditkarten de facto aus dem Markt verdrängt. Über eine Milliarde Menschen nutzen monatlich diese beiden Programme, deren Transaktionsvolumen mittlerweile den vergleichbaren US-Privatkundenmarkt von Kreditkarten übersteigt.[150] Auch Apotheken kommen durch das digitale Versandgeschäft in vielen Ländern zunehmend unter Druck, ebenso wie der Einzelhandel durch die Markt- und Datenmacht von Amazon. Die Liste solcher Umbrüche ließe sich noch ein ganzes Stück weiter fortsetzen.

Digitale Disruption führt zu tiefgreifenden Veränderungen von Wertschöpfungsketten in nahezu jeder Branche. Doch sie hat auch unmittelbare und weitreichende gesellschaftliche Folgen, beispielsweise auf dem Arbeitsmarkt. So kann die Sharing Economy zugunsten eines Preisvorteils für den Endverbraucher zu einer Prekarisierung ehemals gut bezahlter Jobs führen. Zudem kann die Digitalisierung durch den Einsatz von künstlicher Intelligenz erstmals auch umfangreiche Arbeitsplatzverluste bei Angestellten in so genannten White Collar Jobs nach sich ziehen, also unter Wissensarbeitern und Akademikern. Ein Beispiel hierfür sind Juristen. Bereits heute können maschinell lernende Algorithmen, mit gewissen Einschränkungen, Gesetzestexte und Referenzurteile besser auswerten als Anwälte.[151] Im Bereich der Rechtsberatung und -vertretung könnte der zunehmende Einsatz von künstlicher Intelligenz außerdem zu einem Preisverfall juristischer Dienstleistungen führen,[152] insbesondere in Ländern ohne gesetzlich vorgeschriebene Vergütungsmodelle wie in Deutschland.

Die Zahl der Beispiele ließe sich noch erheblich erweitern und sie münden in einem gemeinsamen Punkt: einer fundamentalen Umgestaltung unserer Arbeitswelt. Und diese Umgestaltung führt zu erheblichen gesellschaftlichen Umbrüchen und Verwerfungen.

Solche Umbrüche in der Arbeitswelt sind keineswegs neu, und jeder Umbruch wurde zu einem Spiegelbild der jeweiligen technischen und industriellen Entwicklung. Gefühlt leben wir heute in Ausnahmezeiten, doch umfassende technische und industrielle Veränderungen gab es schon früher. Daher hilft ein Blick auf die Entwicklung der bisherigen industriellen Revolutionen, um Erkenntnisse für den Umgang mit unseren heutigen Herausforderungen zu gewinnen:

- Erste industrielle Revolution: Mechanisierung menschlicher Kraft durch die Erfindung der Dampfmaschine (18./19. Jahrhundert)
- Zweite industrielle Revolution: Elektrifizierung und Akkordarbeit (frühes 20. Jahrhundert)
- Dritte industrielle Revolution: zunehmende Automatisierung durch Rechenmaschinen (ab der Mitte des 20. Jahrhunderts)
- Vierte industrielle Revolution: Digitalisierung, autonome Maschinen und künstliche Intelligenz (mit dem beginnenden 21. Jahrhundert, Gegenwart)

Ein besonderes Merkmal unserer heutigen Situation ist allerdings, dass die aktuellen Umbrüche viel schneller, vernetzter und komplexer ablaufen als jemals zuvor in der Geschichte. Eine rein ökonomische Betrachtung darf zudem nicht die fundamentalen gesellschaftlichen Veränderungen übersehen, die sich durch wirtschaftliche Disruptionen ergeben. Die soziale Frage des 19. Jahrhunderts und die daraus entstehende Arbeiterbewegung wären ohne die erste industrielle Revolution und die mit ihr verbundene Verelendung breiter Bevölkerungsschichten nicht denkbar gewesen. Auf Basis der Industrialisierungserfahrung entstand mit dem Marxismus sogar eine neue, radikale Weltanschauung, die dann die politische Landkarte unseres Planeten für über ein Jahrhundert wesentlich mitbestimmt hat. Gleichermaßen schuf erst die zweite industrielle Revolution die Produktionsvoraussetzungen für die Massengesellschaft der Moderne, sowohl im Konsum von standardisierten Produkten wie Automobilen, Elektrogeräten, Nahrungsmitteln oder Kleidung als auch in der industrialisierten Kriegsführung[153]. Die positiven wie negativen sozialen Folgen dieser historischen Umbrüche prägten die Gesellschaften tiefgreifend.

Parallel zu diesen Umbrüchen entwickelte sich stets auch eine Fundamentalopposition gegen den jeweiligen Fortschritt. Bereits 1811/1812 griffen Textilarbeiter, sogenannte Ludditen beziehungsweise Maschinenstürmer, mechanisierte Webstühle in England an, um zu verhindern, dass diese Innovationen die Arbeit der Handarbeiter ersetzen. Erst eine Intervention der britischen Armee konnte den Aufstand der Ludditen beenden. Schlussendlich setze sich der technische Fortschritt gegen die Maschinenstürmer durch.

Heutzutage erinnert die »Bring-back-our-jobs«-Rhetorik des amerikanischen Präsidenten an die Forderungen der einstigen Ludditen. Die nostalgische Idee einer Rückkehr von verlorengegangenen Arbeitsplätzen in der Stahl- und Kohleindustrie des sogenannten Rust Belts war ein zentrales Kampagnenthema Trumps, der damit die Hoffnung nährte, wieder in eine vermeintlich bessere, alte Zeit zurückkehren zu können. So publikumswirksam ein solches emotional vorgetragenes Wahlkampfversprechen auch sein mag, so sehr geht es an den Fakten vorbei und letztendlich wird es sich als Enttäuschung für die Wähler und als volkswirtschaftlicher Bumerang erweisen. Denn entgegen der öffentlichen Wahrnehmung ist ein Großteil der industriellen Arbeitsplatzverluste im Mittleren Westen der USA, es waren allein in Ohio zwischen 1969 und 2009 750.000, nicht auf eine Auslagerung nach Mexiko oder China, sondern auf die rasant fortschreitende Automatisierung zurückzuführen.[154]

Kurz nach dem Amtsantritt Donald Trumps besuchte dieser eine Fabrik des US-Klimaanlagenherstellers Carrier in Indianapolis, um die Verlagerung der dortigen Jobs nach Mexiko zu verhindern. Carrier wurde somit ungewollt zu einem Exempel. Ein Video mit der Ankündigung der Schließung des Carrier-Werkes hatte wenige Tage nach den Vorwahlen in New Hampshire weite Verbreitung im Internet gefunden und in der amerikanischen Öffentlichkeit zu empörten Reaktionen geführt. Tatsächlich konnten im Gegenzug für umfangreiche Subventionen 700 Arbeitsplätze zunächst erhalten werden. Nach wenigen Monaten stellte sich jedoch heraus, dass just diese Förderungsgelder zur weiteren Automatisierung der Produktionsanlagen investiert wurden, sodass im Endeffekt nur wenige Jobs für den Preis von vielen Millionen US-Dollar Steuergeld tatsächlich erhalten werden konnten.[155] Das Carrier-Beispiel zeigt, wie machtlos Politik letztlich gegen die disruptiven Kräfte und Dynamiken des Marktes ist.

Was heißt das für Deutschland? Unsere Herausforderung ist die Zukunftssicherung unserer hochindustrialisierten und exportorientierten Volkswirtschaft mit bisherigen Schwerpunkten im Maschinenbau und in der Automobilindustrie bei gleichzeitiger Verbreiterung unseres Angebotes mit neuen, digitalen Lösungen. Wir müssen gezielt Berufsbilder auf allen Ausbildungsebenen entwickeln, um im neuen digitalen globalen Wettbewerb bestehen zu können. Deutschland muss nicht nur das Land der Ingenieure sein, sondern auch zu einem Ort digitaler Weltmarktführerschaft werden. Die historische Erfahrung zeigt, dass sich Realitäten wirtschaftlicher Disruption nicht bekämpfen lassen, sie sollten vielmehr aktiv gestaltet werden. Die erfolgreiche Gestaltung der Digitalisierung kann nur auf einer Grundlage geschehen, nämlich durch die Schaffung richtiger Rahmenbedingungen. Dazu können Erfolgsgeschichten anderer Länder, wie beispielsweise Israel, als Inspiration dienen.

Mit seinen knapp neun Millionen Einwohnern, weniger als Baden-Württemberg, hat es das Land durch eine geschickte Verbindung von Maßnahmen in Wirtschaft, Forschung, Staat und Militär geschafft, neben dem Silicon Valley zu einem der großen digitalen Zentren unserer Tage zu werden. Die Zahlen des israelischen Digitalwunders sind beeindruckend. Das Land »hat 92 Firmen an die US-Börse Nasdaq gebracht, mehr als jedes andere außer den USA und China.«[156] Zum Vergleich: Deutschland kann nur acht Unternehmen vorweisen. Alle IT-Riesen wie Apple, Cisco, Google, Intel, Microsoft, IBM und auch die Deutsche Telekom unterhalten in Israel Forschungszentren. Israel gibt 4,1 Prozent seiner gesamten Wirtschaftsleistung für Forschung und Entwicklung aus, das sind im Verhältnis rund 40 Prozent mehr, als die Bundesrepublik.[157]

Was ist das Geheimnis dieses Erfolges? Und welche Aspekte sind übertragbar? Einige Erfahrungswerte der israelischen Story sind auch für Deutschland hilfreich. »Mir ist nirgendwo anders ein Hightech-Ökosystem begegnet, das spontan und ohne staatliche Hilfe entstanden wäre«, sagte Oren Gershtein, Vorsitzender eines israelischen Inkubators, dem deutschen Wirtschaftsmagazin *brand eins*.[158] »Nirgendwo kommen Gründer leichter an Geld (…) ›Für jeden privat investierten Dollar gab der Staat einen weiteren Dollar.‹ Dann zerbrach 1991 die Sowjetunion und eine Million sowjetischer Juden zogen nach Israel, darunter viele Ingenieure und Wissenschaftler – ›eines der größten Geschenke, die der Staat je bekommen hat‹.«[159] Um den vielen Einwanderern eine Perspektive zu bieten, legte die israelische Regierung ein Inkubatoren-Programm auf, um den Neuankömmlingen zu helfen, eigene Firmen zu gründen.[160] Dort können Jungunternehmer öffentliche Gelder auch für riskante Investitionen beantragen. Aktuell gibt es 24 solcher Inkubatoren, für die der Staat Darlehen in Höhe von bis zu jeweils 800 Millionen Dollar bereitstellt. Man stelle sich eine solche Infrastruktur in einem deutschen Bundesland der Größe von Niedersachsen oder Baden-Württemberg vor.

»Aus Sicht der Regierung klingt das irrsinnig: Scheitert das Start-up, zahlt der Steuerzahler; ist es erfolgreich, streichen private Investoren die Gewinne ein. Doch der Irrsinn hat Methode. Für je-

den Dollar, den der Staat zwischen 1991 und 2013 in das Inkubatoren-Programm gesteckt hat, investierten Unternehmer fünf bis
sechs Dollar. ›Wäre der Staat Israel ein Risikokapitalfonds, er wäre
erfolgreicher als jeder Fonds im Silicon Valley‹«, wird Israel-Experte
Gershtein weiter zitiert. [161] Der Zugang zu Risikokapital ist in Israel
deutlich einfacher als in Deutschland, das Volumen pro Einwohner
zehnmal höher als in Europa. Für Deutschland wäre es sehr interessant, den Zugang zu Risikokapital durch ein 1:1-Matching privater
Gelder ebenfalls massiv zu erhöhen.

Dabei sollten die Chancen, nicht die Risiken im Vordergrund
stehen. Von einer Bekannten, die auf einer Delegationsreise ein
Start-up-Zentrum in Israel bereiste, erfuhr ich, dass eine Erfolgsquote
von 20 Prozent der staatlichen Investments in Neugründungen kritisch gesehen wird. Nicht etwa, weil 80 Prozent des investierten Kapitals scheitert, sondern weil eine 20-Prozent-Erfolgsquote zu hoch
sei und sie auf zu geringe Risikobereitschaft in der Start-Up-Invest-
mentstrategie staatlicher Stellen hindeute. Eine solche Geisteshaltung
der öffentlichen Hand hierzulande ist unvorstellbar, doch sie würde
enorm helfen, zarte Pflänzchen einer neuen Gründerkultur gedeihen
zu lassen. Stattdessen werden inspirierte Ansätze allzu oft in bürokra-
tischen Prozessen, einer Regulierungsflut aus vermeintlichen Quali-
tätskontrollen und überproportionalen Businessplänen erstickt.

Die digitale Disruption erfasst und beeinflusst zunehmend unser privates und berufliches Leben. Wer sich dem verschließt, hat aus
den Erfahrungen der Maschinenstürmer nichts gelernt. Die Frage ist
nicht, ob wir diese Entwicklung mögen oder ablehnen. Die Frage lautet: Was müssen wir tun, um als Gesellschaft, Staat und Volkswirtschaft zukunftsfähig zu werden und zu bleiben? Denn wir stehen gerade auch durch die Effekte der Digitalisierung in einem verschärften,
globalen Wettbewerb. Alles, was wir nicht tun, wird jemand anderes
tun und die damit verbundenen Vorteile ernten. Deshalb sollten wir
Digitalisierung als Herausforderung und Chance verstehen, die es zu
nutzen gilt und für die wir uns optimal aufstellen sollten.

Was heißt in diesem Kontext »optimal aufstellen«? Unser Anspruch sollte sein, von den Besten zu lernen, diese dann zu überholen, eine globale Führungsposition konsequent einzunehmen und langfristig zu behaupten. Ich denke, die mentale Herausforderung der Digitalisierung ist mit der Situation vor 150 Jahren vergleichbar, als Deutschland sich aufmachte, eine führende Industrienation zu werden und das damals marktbeherrschende England einzuholen. Seinerzeit wurde Label »Made in Germany« zum Schutz des englischen Marktes vor minderwertigen Produkten aus Deutschland eingeführt.[162] Doch durch die Leistungen der damaligen Pioniere wie Siemens, Krupp, Thyssen oder AEG ist es zu einem weltweit geachteten Qualitätsstandard geworden.

Ein wichtiges Erfolgselement ist ein anderer Umgang, beispielsweise wie in Israel, mit unternehmerischem Scheitern, mit Insolvenz. Ist es in Ordnung für Unternehmer, zu scheitern? Jeder Unternehmer weiß, wie wichtig diese Frage ist, gerade in schwierigen Zeiten. Gilt unternehmerisches Scheitern auch als Scheitern der sozialen Existenz einer Person? Oder gilt es als Anreiz, es noch einmal zu versuchen?

Interessant ist in Israel auch die Verbindung zwischen Armee, konkret den Cybereinheiten, und der Start-up-Szene. Viele Start-ups entstehen aus Verbindungen, die Gründer in der Armee geknüpft haben, sodass ehemalige Kameraden später zu Gründerteams werden. Deutsche und europäische Streitkräfte haben akuten Nachholbedarf in Cyberkompetenzen. Warum tun wir uns so schwer, hier Verbindungen zuzulassen? Eine weitere Frage: Wollen wir es uns angesichts der Entwicklungen in China, den USA und Russland tatsächlich erlauben, diese Potenziale verkümmern zu lassen?

Die wichtigste Zutat für das Meistern der Herausforderungen durch die digitale Disruption sind die eigenen Bürger mit ihren Talenten und ihrer Ausbildung. Hierfür muss bereits im Schulalter eine Grundlage an digitalen Kompetenzen gelegt werden, beispielsweise durch ein Pflichtfach Informatik und das Erlernen von Programmiersprachen. Der Staat kann mit einer intelligenten Verbindung von Forschung, freier Wirtschaft und Regierungsinstitutionen wie beispielsweise dem Militär oder aber auch der öffentlichen Verwaltung zum Katalysator der digitalen Transformation werden. Wir brauchen eine digitale Bildungsinitiative, eingebettet in eine allgemeine Bildungsoffensive, die schon im Kindergarten und der Grundschule beginnt.

Während ich diese Zeilen schreibe, höre ich schon die Einwände gegen diese Vorschläge aus Sorge vor möglicher Überforderung unserer Kinder. Doch das Gegenteil trifft meiner Meinung nach zu. Wenn wir unseren Kindern und Enkeln nicht den optimalen Zugang zu dieser neuen Technologie ermöglichen, dann werden sie in ihrem Erwachsenenleben, in 20 oder 30 Jahren, bitter wegen dieser Defizite leiden müssen. Es ist meiner Meinung nach unverantwortlich, der digitalen Bildung nicht die oberste Priorität einzuräumen. Jeder Schüler muss relevante Programmiersprachen lernen und schulische Grundkenntnisse in maschinellem Lernen, künstlicher Intelligenz und Cybersicherheit erwerben.

Auf der Ebene der Universitäten müssen wir viel mehr KI-Exzellenzcluster aufbauen und zu Weltmarktführern machen. Dazu können auch Universitätsverbünde und Forschungsinstitute beitragen, wie beispielsweise durch eine finanziell viel besser ausgestattete Kooperation zwischen dem Karlsruher Institut für Technologie (KIT) und den Universitäten Kaiserslautern und Saarbrücken im Bereich künstliche Intelligenz.[163] Auch müssen überkommene Denkmuster überwunden werden. Fakultäten wie Rechts-, Wirtschafts-, Sozial- und Sprachwissenschaften müssen auch eine verpflichtende, abschlussrelevante digitale Ausbildung in ihre Studiengänge integrieren, bis hin zu einem verpflichtenden digitalen Semester, auch wenn dies die Studienzeit verlängern sollte. Dass man nicht Informatik studiert, darf keine Entschuldigung für digitales Analphabetentum sein. Die Erfolge und Entwicklungen in Israel und dem Silicon Valley sollten dabei unsere Orientierungspunkte sein, unser Ziel allerdings sollte eine Marktführerschaft in der Digitalisierung sein.

Deutschland muss aufhören, eine Digitalwüste zu sein. Der heutige Zustand von Netzabdeckung und Netzkapazitäten ist empörend.

Digitale Infrastruktur ist dabei nicht begrenzt auf Ausrüstung, Sendemasten, Datenkapazitäten. Sie muss auch das wichtigste Potenzial unseres Landes umfassen: das Potenzial der Menschen und ihr Knowhow.

Datenschutz und Cybersicherheit

Dies führt uns zu einem weiteren, für die digitale Transformation zentralen Thema: Datenschutz und Cybersicherheit. Als 1987 in Deutschland die Volkszählung durchgeführt wurde, gab es vehemente Proteste gegen das Anliegen des Staates, mehr über seine Menschen zu wissen, um zum Beispiel besser planen zu können. Tausende von Bürgern gingen damals auf die Straße und demonstrierten für einen strengen Datenschutz. Heutzutage geben wir auf den Social-Media-Plattformen selbst privateste Informationen freiwillig preis, ohne zu wissen, wer auf diese Daten zugreifen kann und was mit diesen privaten Daten geschieht. Offensichtlich sind wir deutlich unachtsamer im Umgang mit unseren Daten geworden. Bei der Abwägung zwischen Datenschutz und der Nutzung einer bestimmten Dienstleistung entscheiden sich die meisten Bürger gegen den Datenschutz.

Und so öffnen wir den amerikanischen Internetgiganten genauso die Tür zu unserem Privatleben wie wir uns Cyberkriminellen jedweder Couleur ausliefern. So bequem und attraktiv die Nutzung von Informationstechnologie für Unternehmen und Privatpersonen sein kann, so groß kann auch der Schaden sein, der durch den Missbrauch der Informationstechnologie entstehen kann. Eine Studie von Bitkom (Bundesverband Informationswirtschaft, Telekommunikation und neue Medien) vom November 2019 spricht von einem Gesamtschaden von 102,9 Milliarden Euro, der der deutschen Wirtschaft jährlich durch analoge oder digitale Angriffe wie Sabotage, Daten- bzw. Computerdiebstahl oder Spionage entsteht.[164] Damit ist dieser gesamtwirtschaftliche Schaden durch Cyberkriminalität mehr als doppelt so groß wie der Umsatz, den die Pharmabranche in Deutschland im Jahr 2018 gemacht hat, und größer als die Jahreswirtschaftsleistung von Schleswig-Holstein.[165]

Diese Größenordnung allein wäre ja schon Grund genug für die Politik, sich mit diesem Thema zu beschäftigen. Aber während sich die Cyberkriminalität exponentiell entwickelt (jeden Tag gibt es im Schnitt 347.945 neue Malware-Dateien[166]), fehlt vielen immer noch die realistische Einschätzung für die Dramatik dieser Entwicklung. Politisch versucht man, mit dem Einsatz von hochqualifizierten Mitarbeitern und weiteren Gesetzen das Problem in den Griff zu bekommen. Dieser Ansatz scheitert häufig daran, dass die gesuchten hochqualifizierten Beamten mit entsprechendem IT-Know-how auf dem Personalmarkt nicht zu bekommen sind, weil es zu wenige gibt oder diese Experten einen besser bezahlten Job in der freien Wirtschaft angeboten bekommen. So entwickelt sich die Cyberkriminalität zu einem einträglichen Geschäft für Einzeltäter, die organisierte Kriminalität und die Nachrichtendienste fremder Staaten. Die große Anzahl von sogenannten innovativen mittelständischen Weltmarktführern macht Deutschland vor diesem Hintergrund zu einem Eldorado für digitale Wirtschaftsspionage. Wenn wir es nicht schaffen sollten, die Cyberkriminalität in diesem Bereich entscheidend einzudämmen, wird die Innovationskraft Deutschlands und damit unsere Wirtschaftskraft dramatisch abnehmen und wir stehen am Ende als Verlierer dieses »Krieges« da.

Tatsächlich befinden wir uns längst in einem Cyberwar und dieser Realität werden wir nicht entfliehen können, auch wenn wir sie nicht wahrhaben wollen. Unsere Endgeräte, Netze und Rechenzentren werden laufend aus dem Internet heraus angegriffen. Während die Anzahl der Angriffe auf das Netz der Deutschen Telekom 2017 noch bei 2,5 Millionen und 2018 bei 8 Millionen Angriffen pro Tag lag, wurde am 1. April 2019 fast 46 Millionen Mal versucht, in das Netz der Deutschen Telekom einzudringen.[167] Prävention und Detektion von Cyberangriffen sind dabei die effektivsten Gegenmaßnahmen. Cyberkriminalität ist der am schnellsten wachsende Kriminalitätsbereich überhaupt. Er hat mit seinen Schadenssummen längst die Umsätze der Drogenkriminalität überholt. Dieses Problem haben die Strafverfolgungsbehörden erkannt. Auf Bundes- und auf Landesebene werden in Deutschland immer mehr IT-Experten für die Cybersicherheit bei den Behörden ausgebildet. Bis diese Ausbildung beendet ist und die Studenten erste Erfahrungen gesammelt haben, ist es jedoch noch ein weiter Weg. In den einzelnen Bundesländern werden bei den Staatsanwaltschaften ZACs (Zentrale Ansprechpartner Cyberkriminalität) auf- und ausgebaut, um im Angriffsfall den Unternehmen Hilfe zu leisten und die Ermittlungen zu koordinieren.

Deutschland muss jedoch mehr tun für den Schutz seiner kritischen Infrastrukturen vor digitalen Angriffen. Länder wie Estland sind uns voraus, wenn es um die effektive Bekämpfung von Hacker-Angriffen und den Schutz kritischer Infrastrukturen geht.[168] Dort sind größere Firmen gesetzlich verpflichtet, regelmäßig Risikoanalysen im Bereich der Cybersicherheit anfertigen zu lassen, und sie können bei Fahrlässigkeit in Mithaftung genommen werden.[169] Argumente, dass solche Maßnahmen Unternehmen zusätzliche Kosten bereiten, sind kurzfristig gedacht und angesichts des volkswirtschaftlichen Schadenspotenzials nicht haltbar.

Nachdem die Einführung der Europäischen Datenschutz-Grundverordnung im Frühjahr 2018 das Interesse der Unternehmen am Datenschutz und an Cybersicherheit erhöht hatte, hat es inzwischen wieder merklich nachgelassen. Nicht zuletzt, weil die Datenschutzvorgaben nur schwer überprüft und ganz selten Verstöße sanktioniert werden.

Neue Spielregeln für die Informationsgesellschaft

Braucht eine zunehmend digital orientierte und gesteuerte Gesellschaft neue Spielregeln für das gesellschaftliche Zusammenleben und den öffentlichen Diskurs? Nie war es so einfach für Menschen miteinander zu kommunizieren wie heute, noch nie hatte ein Einzelner die Möglichkeit, schnell, mit einfachen Mitteln und quasi umsonst die ganze Welt zu erreichen. Neben wirtschaftlichen und gesellschaftlichen Umbrüchen bringt die digitale Revolution noch eine weitere entscheidende Neuerung mit sich: die faktische Eliminierung von Kommunikationskosten. Heute kosten Telefongespräche im Durchschnitt nur noch 0,02 Prozent dessen, was sie im Jahr 1930 gekostet haben.[170] Das Aufkommen von sozialen Medien wie Facebook, YouTube, Twitter oder Instagram hat die Vernetzung zwischen Menschen globalisiert. Durch soziale Medien sinken die Grenzkosten (die Produktionskosten einer weiteren Einheit) von Informationen auf null. Anders als der Druck einer zusätzlichen Zeitung kostet das Verbreiten eines weiteren Tweets oder Posts kein Geld. Hinsichtlich der zwischenmenschlichen Kommunikation haben wir damit eine grundlegend neue Situation mit erheblichen gesellschaftlichen und politischen Auswirkungen.

Früher sicherte die Hoheit über die Druckerpressen politische Macht, man denke nur an die Propagandamaschinen der Nationalsozialisten, der KPdSU oder der SED. Heute jedoch kann jeder als Blogger oder Influencer Macht ausüben – zumindest solange das Internet nicht nach chinesischem Vorbild zensiert wird. Dadurch verschiebt sich die Diskursmacht von großen Organisationen hin zum Individuum. So erreichte in der Hochphase des Europawahlkampfs 2019 innerhalb weniger Wochen ein Video des Youtubers Rezo mehr als 15 Millionen Aufrufe, mehr als alle bis dato im laufenden Wahlkampf Wahlwerbespots zusammen.[171]

Zunächst wurde mit dieser Entwicklung die Hoffnung verbunden, dass die Gesellschaft durch eine Demokratisierung von Information insgesamt emanzipierter und freiheitlicher werden würde.[172] Der Arabische Frühling 2011 zeigte, dass Facebook & Co. Oppositionsbewegungen in Diktaturen die Macht verlieh, sich zu organisieren, und gleichzeitig Vertuschung von Regierungsgewalt unmöglich machen konnte. Eine neue Qualität von Transparenz, die viele

Hoffnungen weckte. Ebenso zeigt die sogenannte Kerzenrevolution im Winter 2016/2017 in Korea, wie soziale Medien Millionen Menschen in friedlichem Protest vereinen und somit politischen Wandel ermöglichen konnten. Doch der Euphorie folgte die Ernüchterung. Der deutsche Blogger und Journalist Sascha Lobo, eine der prominenten öffentlichen Stimmen in diesem Bereich, gestand bereits 2014 ein: »Das Internet ist nicht das, wofür ich es gehalten habe«, und erklärte es sogar für »kaputt«.[173]

Historisch betrachtet ist diese Entwicklung wenig überraschend, denn technische Umbrüche in der Kommunikation resultierten sehr häufig im Missbrauch dieser neuen Medien. So wurde während der Reformation, die zeitlich mit der Erfindung und Verbreitung des Gutenberg'schen Buchdrucks zusammenfiel, die damals neue Technologie des Buchdrucks zunächst überwiegend für den Druck von Propaganda-Pamphleten und beschimpfenden Karikaturen wahlweise der protestantischen oder katholischen Seite genutzt.[174]

Bis zur Verbreitung der Gutenberg-Presse waren die Scriptoren der Klöster die Herren der Informationswirtschaft gewesen. Sie hatten entschieden, welche Werke handschriftlich abgeschrieben wurden und aufgrund der enormen Kosten eine zumeist sehr begrenzte Verbreitung fanden. Die ökonomische Disruption durch Gutenbergs Druckerpresse hatte enorme gesellschaftliche Folgen. Mit ihrer Verbreitung brach sehr schnell das alte Monopol der Klöster zusammen und ein neues Produkt entstand: billige Flugschriften, die einfach an vielen unterschiedlichen Orten gedruckt und in großer Zahl unters Volk gebracht werden konnten. So produzierte Lucas Cranach im Auftrag von Martin Luther sogenannte Papst-Spottbilder, die auf Flugblättern rasche Verbreitung fanden. Gleiches galt für Darstellungen des Papstes als Esel, Ungeheuer oder Ausgeburt des Teufels. Ein Kommunikationsforscher der Universität Toronto bezeichnete diese Darstellungen passenderweise als »Twitter von 1517«.[175] Man war damals alles andere als zimperlich in der Wahl der Worte und Darstellungen. Erst nach und nach normalisierte sich die Wortwahl beim

Gebrauch der Druckerpresse für den Druck von Zeitungen und Büchern jenseits der Bibel.

Auch in der jüngeren deutschen Geschichte können wir am Beispiel des sogenannten Volksempfängers sehen, wie neue Kommunikationswege innerhalb kürzester Zeit zum Instrument von Propaganda und Desinformation werden können. Mit dem nur 78 Reichsmark teuren und für breite Bevölkerungsschichten erschwinglichen Radiogerät erreichten die Nationalsozialsten erstmals unmittelbar die Mehrzahl der Haushalte in Deutschland. Allein bis 1937 wurden 6,5 Millionen Geräte ausgeliefert und bildeten so das Rückgrat der Goebbels'schen Propagandamaschine.[176]

Vor diesem historischen Hintergrund ist es wenig verwunderlich, dass auch im Internet Propaganda und Desinformation rasch Verbreitung gefunden haben.[177] Neu ist jedoch die Intensität und Unmittelbarkeit des Ausgesetztseins gegenüber Informationen und Desinformationen. Laut des Global Web Index verbringen Erwachsene weltweit im Durchschnitt 2 Stunden und 22 Minuten pro Tag auf Social-Media-Plattformen. Bei 16- bis 24-Jährigen liegt dieser Wert sogar bei über 3 Stunden.[178] Darüber hinaus entstehen durch die Algorithmen sozialer Medien rasch sogenannte Echokammern und Filterblasen, also Räume, in denen ein hohes Maß an informationeller Einseitigkeit besteht, denn der Algorithmus liefert immer mehr Information ähnlicher Herkunft. Dadurch ergeben sich neue Möglichkeiten, Meinungen nicht nur zu manipulieren, sondern auch durch eine organisierte und gezielte »Dauerberieselung« zu verhärten und von der allgemeinen gesellschaftlichen Diskussion abzukapseln.

Eine funktionierende demokratische Gesellschaft lebt vom offenen Markt der Ideen. Die Entwicklung solcher geschlossenen und damit diskursunfähigeren Filterblasen beziehungsweise Milieus sind entsprechend bedrohlich für eine Demokratie. So wenig, wie wir physische Ghettos und Parallelgesellschaften in unseren Großstädten wollen, so wenig wünschenswert sind informationelle Parallelgesellschaften im digitalen Raum.

Die Eingriffe russischer Geheimdienste in die amerikanische Präsidentschaftswahl, gegen Emmanuel Macron in der letzten französischen Präsidentenwahl und in das Brexit-Referendum im Jahr 2016 demonstrieren anschaulich, welche neuen Risiken digitale Desinformationskampagnen für unseren demokratischen Prozess und damit die Glaubwürdigkeit unseres demokratischen Politikentwurfes bergen. Nicht nur das Hacking des E-Mail-Accounts von Hillary Clintons Kampagnenleiter, sondern auch die gezielte Beeinflussung der öffentlichen Meinung durch Bots und Trolle sind hier zu nennen. In St. Petersburg sitzt die sogenannte Internetforschungsagentur, in der über 1000 Mitarbeiter im Schichtbetrieb rund um die Uhr mehrsprachig pro-russische Kommentare auf den Facebook- und Webseiten westlicher Medienhäuser verbreiten.[179] Gleichzeitig kreieren Bot-Netze über algorithmische Verbreitung von Posts im Internet den fälschlichen Eindruck, die Mehrheit der Web-Nutzer stünden hinter einer spezifischen Überzeugung. Laut einer Studie amerikanischer Universitäten aus dem Jahr 2017 könnten bis zu 47 Millionen Twitter-Profile Fakes sein.[180] Zwischen neun und 15 Prozent der Twitter-Accounts würden Bot-ähnliches Verhalten zeigen, und diese seien vor allem im politischen Raum unterwegs.[181]

Konkret zeigen sich die Kapazitäten und die Wirkmacht dieser Bot-Infrastruktur bei neuralgischen Ereignissen, die in hohem Maß politische Interessen Russlands betreffen. Nach dem Abschuss des Flugzeuges MH17 über dem Osten der Ukraine durch mutmaßlich pro-russische Separatisten verbreiteten staatsnahe Kreml-Sender wie *Sputnik* und *Russia Today* Dutzende Verschwörungstheorien, die Zweifel an der Verantwortung der Separatisten säen sollten. Diese fanden durch eben jene Troll- und Bot-Netze rasche Verbreitung im Netz.[182] Ein weiteres prominentes Beispiel hierfür war der Fall Lisa F. im Januar 2016, bei der russische Staatsmedien eine erfundene Vergewaltigung eines deutsch-russischen Mädchens durch Flüchtlinge zu Propagandazwecken gegen die Bundesregierung missbrauchten. Verbreitet über die sozialen Netzwerke führte diese Falschmeldung zu

Demonstrationen von Deutsch-Russen in Berlin. Gegen einen Vertreter des russischen Staatssenders *Pervij kanal* ermittelte im Anschluss sogar die Staatsanwaltschaft Berlin wegen Volksverhetzung.[183]

Zu besonderer Berühmtheit gelangte der Fall der Datenanalyse-Firma Cambridge Analytica, die nach Aussagen eines Whistleblowers bis zu 50 Millionen Datensätze von Facebook-Nutzern speicherte.[184] Diese umfassten Präferenzen und Interessen der Nutzer, auf deren Basis Interessensprofile erstellt wurden. Die Profile wurden dann für sogenanntes Microtargeting, also gezielte, auf einzelne Nutzer zugeschnittene politische Werbung genutzt. Kunden waren unter anderen die Leave-Kampagne während des Brexit-Referendums und das Wahlkampfteam von US-Präsident Trump. Ob Cambridge Analytica wirklich beide Urnengänge entschieden hat, bleibt fraglich. Aber unabhängig davon, wie stark der Einfluss der Firma auf das Endergebnis wirklich war, zeigt sich an dem Skandal, wie sehr die digitale Transformation zu Manipulationsanfälligkeit im Herzen des demokratischen Prozesses, bei Wahlen, führt.

Paradoxerweise ermöglicht das Internet neben neuen Formen der Transparenz ebenso neue Wege der Verschleierung von Informationsherkunft und verdeckter Propaganda. Bis heute bestehen offensichtliche Regulierungsdefizite im Internet fort. Mit Google und Facebook haben zwei Privatunternehmen ohne juristische Neutralitätsverpflichtung und mit sehr begrenzten Transparenzauflagen eine nahezu unbegrenzte Diskursmacht in unseren Öffentlichkeiten. Eine Vielzahl an Studien belegt den unmittelbaren Einfluss von sozialen Medien auf die menschliche Psyche und das Verhalten.[185] Daher kann es nicht im Interesse westlicher Demokratien sein, dieses Feld dem Propaganda-Apparat feindlicher und totalitärer Staaten oder anderer Interessengruppen zu überlassen.

Als offene und tolerante Demokratie ist Deutschland ein leichtes Ziel für Propaganda, Fake News und Filterblasen und diese Schwäche wird zurzeit von totalitären Gegnern ausgenutzt. Gerade die großen

Internetkonzerne wie Facebook und Google müssen verpflichtet werden, Verantwortung und Haftung für die auf ihren Plattformen verbreiteten Inhalte zu übernehmen. Das Netzwerkdurchsetzungsgesetz (NetzDG) ist in dieser Hinsicht ein gut gemeinter, aber schlecht umgesetzter Versuch[186], Rechtsdurchsetzung im Internet sicherzustellen. Die Ankündigungen von Mark Zuckerberg, Lügen und Falschnachrichten in politischer Werbung auf Facebook nicht kuratieren zu wollen, zeigt das ein notwendiges Umdenken im Silicon Valley leider nicht stattgefunden hat.[187] Warum? Weil es letztlich nicht im Interesse profitorientierter, börsennotierter Unternehmen liegt oder liegen kann, sich selbst zu beschränken. Schließlich käme auch wohl niemand auf den Gedanken, die Sicherheitsstandards im Straßenverkehr allein in die Hände der Autoindustrie zu legen. Gerade im Wirbelwind des digitalen Umbruchs dürfen Einzelinteressen nicht vor Allgemeinwohl gehen.

Weil das Primat des Allgemeinwohls eine zentrale Grundlage für eine friedliche, freie und funktionierende Gesellschaft ist, müssen wir Umbrüche wie Digitalisierung und Globalisierung sowie die ökologischen Herausforderungen des Klimawandels auch als eine volkswirtschaftliche Herausforderung betrachten. Welches Wirtschaftssystem brauchen wir also, um in diesen disruptiven Zeiten zukunftsfähig zu sein, also sowohl Wohlstand zu fördern und zugleich nicht den Ast, auf dem wir sitzen, abzusägen?

5.
Aufbruch in eine ökologisch-soziale Marktwirtschaft

Der Juni und der Juli 2019 waren die heißesten Monate seit Beginn der Wetteraufzeichnungen.[188] 2018 war nicht nur ein Rekord-Hitzesommer in Deutschland, sondern auch ein trauriges Rekordjahr für unser Klima. Weltweit wurden 2018 rund 37,1 Milliarden Tonnen CO_2 in die Atmosphäre ausgestoßen, ein historischer Höchstwert.[139] Um es als Zahl zu verdeutlichen: 37.100.000.000 Tonnen. Das entspricht dem Gewicht von über 3,7 Millionen Eiffeltürmen mit einem Einzelgewicht von je 10.000 Tonnen. Mehr als die Hälfte dieser Gesamtsumme entfallen zusammen auf China, die USA, die EU mit ihren 28 Mitgliedstaaten und Indien, wobei 2018 Chinas Emissionen um 4,7 Prozent, die der USA um 2,5 Prozent und Indiens um 6,3 Prozent stiegen. Die Emissionen der EU-28 wuchsen nicht, wurden aber auch nicht reduziert.[190]

Vor dem Hintergrund dieser alarmierenden Fakten sind die Pariser Klimaziele von 2015 ein zukunftsweisender Auftrag, denn zum ersten Mal hat sich die Weltgemeinschaft auf verbindliche Zielvorgaben zur Lösung dieser Menschheitsaufgabe geeinigt. »Die Erderwärmung soll im Vergleich zum vorindustriellen Niveau auf deutlich unter zwei Grad Celsius, idealerweise auf 1,5 Grad begrenzt werden.«[191] 2016 verständigten sich 175 Staaten, darunter die USA, China und Deutschland, völkerrechtlich verbindlich auf gemeinsame Ziele und ein gemeinsames Handeln. Anders als im Kyoto-Protokoll von 1997, in dem nur die Industriestaaten Verpflichtungen eingingen, wurde in Paris eine weltweite Absicht erklärt. Hintergrund ist eine substantielle Verschiebung der CO_2-Emissionen. »1990 verursachten Industrieländer noch 60 Prozent der globalen Emissionen, heute ist es nur noch ein Drittel. 2030 werden Entwicklungsländer für rund drei Viertel der jährlichen globalen Emissionen verantwortlich sein.«[192]

Der Ausstieg aus den fossilen Energieträgern wie Öl, Gas, Braun- und Steinkohle ist in Bezug auf den Klimawandel eine der Schicksalsfragen unserer Zeit. Ohne eine massive Dekarbonisierung und damit verbundene Senkung des CO_2-Ausstoßes mit dem Ziel einer CO_2-Neutralität werden wir unseren Planeten ruinieren, so der wissenschaftliche Konsens.

Deutschland ist heute mit einem Anteil von knapp zwei Prozent der sechstgrößte Emittent von Treibhausgasen auf der Welt. Rund 27 Prozent des globalen Ausstoßes entfallen auf China, 14 Prozent auf die USA und 12 Prozent auf die gesamte Europäische Union, das sind zusammen also über 50 Prozent der globalen Emissionen – also auch über die Hälfte der Herausforderungen, die zu bewältigen sind.[193] Anders herum gedacht: Wenn wir Lösungen für diese Hauptverursacher finden, dann haben wir das Problem zu einem guten Teil gelöst, weil sich dann auch andere Emittenten an diesen Lösungen orientieren können.

An diesen Zahlen zeigt sich, dass wir vor einer grundsätzlichen Entscheidung stehen: Ziehen wir uns auf das kurzfristig vermeintlich bequeme Argument zurück, dass Deutschland mit seinen zwei Prozent Anteil für sich genommen nicht dem Weltklima helfen kann? Oder strengen wir uns an, eine innovative, praxisorientierte und lösungsorientierte Vorreiterrolle im Klimaschutz einzunehmen, durch die wir dann einen signifikant größeren Anteil an der globalen Problemlösung erzielen, als nur unsere zwei Prozent Emissionsanteil zu vermeiden. Die Frage an jeden von uns muss lauten: Wollen wir aktiver Teil der Lösung sein, oder wollen wir die Augen verschließen und hoffen, dass alles noch mal gut geht?

Klimaleugner argumentieren, dass der Klimawandel überhaupt nicht abschließend wissenschaftlich belegt und die ganze Diskussion nur ein Ausdruck von Hype, mysteriösen Einzelinteressen und Hysterie sei. Folglich bestehe auch kein Handlungsbedarf. Diese Argumentation ist unverantwortlich, denn sie ignoriert nicht nur einen bestehenden wissenschaftlichen Konsens, sondern führt zu einer Debatte auf der Grundlage falscher Prämissen. Statt immer wieder Einzelmeinungen aufzubauschen, die einen menschengemachten Klimawandel leugnen, sollten sich Klimaleugner eine andere Frage stellen: Können wir uns das Risiko erlauben, die Wahrscheinlichkeit zu ignorieren, dass der Klimawandel besteht und menschengemacht ist? Ein solcher probabilistischer Ansatz führt, selbst wenn man der wissenschaftlichen Mehrheitsmeinung kein Gehör schenken möchte, zur Einschätzung, dass ein »Weiter-wie-bisher« in Bezug auf Treibhausgase ein untragbares Risiko darstellt. Um unserer Verantwortung für kommende Generationen gerecht zu werden, müssen wir diese Risiken minimieren. Wie auch in anderen Lebensbereichen ist hier kluges Vorsorgen die beste Lösung. Wir nutzen Airbags und Sicherheitsgurte und sind bereit, für diese verpflichtende Vorsorge Geld zu bezahlen, schließlich ist das Risiko eines Unfalls real und in den möglichen Schäden unkalkulierbar. Genauso verhält es sich mit dem Klimawandel: Wir müssen heute aktiv werden, damit wir morgen keine unkalkulierbaren Schäden haben.

Zurück zu der Datenlage. Wie setzt sich der zweiprozentige deutsche Anteil an Treibhausgasen zusammen? Die Zahlen für 2017 lauten: Den größten Anteil der Emissionen verantwortet die Energiewirtschaft mit knapp 39 Prozent, was einer Menge von etwa 308 Millionen Tonnen CO_2 entspricht. Auf dem zweiten Platz stehen das verarbeitende Gewerbe und die Industrie mit knapp 23 Prozent, gefolgt vom Straßenverkehr mit knapp 21 Prozent, zusammen machen diese drei Hauptfaktoren über 80 Prozent des Gesamtproblems aus.[194] Daraus folgt, dass es nur eine wirksame Lösung für das Erreichen unserer Klimaziele gibt: eine gesamtheitlich abgestimmte Energiewende und die Mobilitätswende.

Deutschland stößt pro Kopf und Jahr durchschnittlich rund neun Tonnen CO_2 aus, deutlich mehr als beispielsweise die Pro-Kopf-Emissionen von Großbritannien, Frankreich, Italien oder der Schweiz. Eine Ursache ist sicher der hohe Industrialisierungsgrad, aber das darf keine Entschuldigung sein, denn wenn wir von anderen produktionsorientierten Ländern wie China signifikante Fortschritte in der Dekarbonisierung erwarten, haben wir diese auch selbst zu leisten. Wir sollten sogar alles daransetzen, mit gutem Beispiel und zukunftsfähigen Lösungen voranzugehen. Unsere Innovationsführerschaft in Schlüsselindustrien steht hierbei auf dem Spiel.

So viel zu der puren Notwendigkeit, sich dem Thema Energie- und Mobilitätswende zu stellen und gemäß dem Anspruch des Pariser Abkommens und Deutschlands Selbstverpflichtung unseren Beitrag zu den 1,5- beziehungsweise 2,0-Grad-Zielen zu leisten. Doch wie sieht heute, fünf Jahre nach Paris, die Realität bei Deutschlands Energie- und Mobilitätswende aus?

Gut gemeint heißt noch lange nicht gut gemacht. So könnte eine verkürzte Bilanz der bisherigen deutschen Politik zur Mobilitäts- und Energiewende lauten. Die Energiewende ist neben der Digitalisierung eine der zentralen Schicksalsfragen unserer Zeit und ihr Erfolg ist untrennbar mit dem Gelingen der Mobilitätswende verbunden – doch heute sind beide Projekte in der praktischen Umsetzung weitgehend entkoppelt. Dabei wusste schon 1997 die damalige Bundesumweltministerin Angela Merkel: »Was die CO_2-Reduzierung angeht, stellt der Verkehr das größte Problem dar.«[195]

Umso erstaunlicher ist es, dass es heute, mehr als 20 Jahre später, immer noch keine zentrale politische Steuerung und keinen einheitlichen gesetzlichen Rahmen für dieses wohl größte und wichtigste Projekt seit der Wiedervereinigung gibt. Auf Bundesebene sind die Kompetenzen zwischen dem Umweltministerium, das sich für maximales

Tempo einsetzt, dem Wirtschaftsministerium, das besonders auf Arbeitsplatzverluste achtet, und einem Kanzleramt, das keine Richtlinienkompetenz ausübt, aufgeteilt.[196] »Allein im Wirtschaftsministerium sind 287 Beamte (…) in vier Abteilungen und 34 Referaten mit dem Thema befasst. Daneben existieren noch mindestens 45 Gremien in Bund und Ländern.«[197]

Die Reaktorkatastrophe im japanischen Fukushima im März 2011 wirkte als Katalysator für Maßnahmen hinsichtlich der Energiewirtschaft. Damals entschied die Bundesregierung, für viele Beobachter überhastet und getrieben von kurzfristigen politischen Erwägungen, den Ausstieg aus der Kernenergie. Auslösendes Moment war dabei weniger die Katastrophe von Fukushima selbst, sondern die Angst weiter Teile der CDU, die damals anstehenden Landtagswahlen in Baden-Württemberg zu verlieren. Im Ergebnis wurde eine politische Entscheidung von extremer und langfristiger Tragweite abrupt und unausgegoren gefällt. Das Ergebnis war ernüchternd: Die damalige Landtagswahl ging aus Sicht der CDU an die Grünen verloren und Deutschland laboriert seitdem an einer dysfunktionalen Energiewende.

2011 wurde beschlossen, dass es keine Laufzeitverlängerung für Kernkraftwerke mehr geben würde sowie deren Abschaltung bis zum Jahr 2022. Gleichzeitig wurde der Ausbauanteil erneuerbarer Energieträger auf 80 Prozent bis zum Jahr 2050 festgesetzt. Der Zwischenbedarf sollte, so der Plan, bis dahin vor allem durch andere fossile Energieträger wie Stein- oder vor allem Braunkohle gedeckt werden.

Die konkrete Umsetzung der Energiewende jedoch hat zu enormen sozialen Verwerfungen geführt. Von 2000 bis 2019 hat sich der Strompreis pro Kilowattstunde für einen Haushalt mit einem Jahresbedarf von 3.500 Kilowattstunden von rund 14 Cent auf rund 30 Cent mehr als verdoppelt.[198] Interessant dabei ist, dass die Produktion und Lieferung von Strom, also Netzentgelte und der Betrieb von Messstationen, gerade einmal 47 Prozent des Preises pro Kilowattstunde ausmachen und der Anteil für Umlagen und Steuern rund

48 Prozent beträgt.[199] Damit hat die Bundesrepublik den höchsten Strompreis der Welt und dieser besteht etwa zur Hälfte aus Abgaben aller Art. Neben den unmittelbaren Wettbewerbsnachteilen, die diese Politik für energieintensive Industrieunternehmen erzeugt, verschärft ein verteuerter Strompreis auch soziale Klüfte. Zwischen 2011 und 2015 stieg die Zahl der Stromsperren für Haushalte, die ihre Stromrechnung nicht mehr bezahlen konnten, um 14 Prozent auf über 350.000.[200] In Frankreich führten Pläne zur Einführung einer CO_2-Steuer 2018 zu den sogenannten Gelbwesten-Protesten und rapide sinkenden Umfragewerten für den französischen Staatspräsidenten Emmanuel Macron.

Bisherige Ideen zur Einpreisung von CO_2 wurden oft nur halbherzig umgesetzt. 2005 führte die EU den Emissionsrechtehandel ein. An dem Handelssystem partizipieren circa 11.000 Anlagen, die um eine definierte Zahl an Zertifikaten im Wettbewerb stehen. Eine Grundmenge an CO_2-Zertifikaten wird kostenlos zugeteilt, darüberhinausgehende Verschmutzungsrechte müssen von Unternehmen dazugekauft werden. So entstehen zweiseitige Anreize für Unternehmen, da sie mit dem Verkauf von überschüssigen Zertifikaten zusätzliche Gewinne erzielen können. Nach der Erstausgabe entwickelte sich der Basispreis für ein Zertifikat von etwas über zehn Euro im Jahr 2005 auf 30 Euro im Sommer 2006. Kurz darauf setzte jedoch ein rapider Preisverfall ein, der dazu führte, dass eine Tonne CO_2-Emmission bereits für unter einem Euro zu erwerben war. Auch wiederholte Reformversuche, beispielsweise durch eine Verknappung der Zertifikateausgabe, führten nur dazu, dass sich zwischen 2011 und 2018 die CO_2-Preise im einstelligen Bereich einpendelten. Dieser zu niedrige Preis für CO_2-Zertifikate führt eine ursprünglich gute Idee ad absurdum, beschädigt ihre Akzeptanz und macht sie in der Praxis wirkungslos.

So besteht so gut wie kein marktwirtschaftlicher Anreiz zur weiteren Emissionsreduktion bei Unternehmen. Die Ursachen für diese Entwicklung sind umstritten. Fest steht jedoch, dass bereits die anfangs festgelegte Ausgabemenge von Zertifikaten deutlich zu hoch angesetzt war. Ein zweites Problem war die Zieldefinition des 2005 beschlossenen Systems. Lediglich die jeweiligen nationalstaatlichen Ziele des Kyoto-Protokolls sollten erfüllt werden, nicht jedoch ein globales Grad-Ziel mit einem wissenschaftlich definierten Budget an Treibhausgasen. Folglich erfasst der bestehende Zertifikatehandel nur 45 Prozent der Gesamtemissionen der Europäischen Union[201] – viel zu wenig, um die Pariser Ziele zu erreichen.

Neben dem Zertifikatehandel und dem Ausbau erneuerbarer Energien ist ein wesentlicher Bestandteil der Energiewende die Mobilitätswende, das heißt der Abschied von fossilen Verbrennungsmotoren. Nach aktuellen Schätzungen des Verbands der Automobilindustrie (VDA) sind zur »Betankung« beziehungsweise Aufladung der geplanten Elektroautoflotte von dann 54 Prozent der Neuzulassungen bis 2030 knapp eine Million Ladestationen in Deutschland nötig.[202] Aktuell existieren rund 21 000 solcher Stationen, das heißt für den Erfolg der Mobilitätswende müsste die Zahl der E-Tankstellen in den nächsten zehn Jahren um den Faktor 47 erhöht werden. Mir ist kein realistischer Plan bekannt, wie dieses enorme Wachstum mit der bestehenden deutschen Stromnetzinfrastruktur erreicht werden kann, die auf deutlich weniger Starkstromanbindungen ausgelegt ist.

Was nützen E-Fahrzeuge, wenn sie mit extrem CO_2-belastetem Strom aus Braunkohle betrieben werden? Schlimmer noch, nach Angaben des Verbandes der Automobilindustrie (VDA) sind die CO_2-Emissionen inklusive Upstream, also des CO_2-Verbrauches für die Stromgewinnung, bei kohlebasierter Stromgewinnung höher als der CO_2-Abdruck eines konventionellen Benziners. Der VDA nennt hier einen CO_2-Ausstoß für Benziner von 144 g/km, für Dieselfahrzeuge von 128 g/km und für Elektromotoren auf kohlebasierter Elektrizität von 148 g/km. Ganz anders sieht das Bild bei Elektromotoren mit Elektrizität aus regenerativen Energien aus, hier nennt der VDA einen CO_2-Abdruck von nur 6 g/km, also weniger als ein Zwanzigstel der zuvor genannten Optionen.[203]

An diesen wenigen Zahlen wird klar, dass die Energie- und die Mobilitätswende zwei Seiten einer Medaille sind. Heute liegen die Emissionswerte im Verkehr auf dem Niveau von 1990, denn die Verbesserungen im Verbrauch wurden durch ein Mehr an Verkehr und Fahrzeugen wieder aufgefressen.[204] »In Deutschland sind rund 47 Millionen PKW zugelassen, jährlich werden rund 3,4 Millionen neu verkauft. Selbst wenn die Hälfte dieser Neuwagen mit einem Elektroantrieb ausgestattet wäre – was unrealistisch ist –, kämen Ende der Zwanzigerjahre kaum mehr als rund 15 Millionen alternativ angetriebene PKW zusammen.«[205]

Im Oktober 2019 stellte die Bundesregierung der Öffentlichkeit das von vielen heiß ersehnte »Klimaschutzprogramm 2030« vor, mit klaren Aussagen zu den Zielsetzungen für die Jahre 2030 und 2050. »Es muss rasch und entschlossen gehandelt werden, um den Anstieg der durchschnittlichen Erdtemperatur deutlich zu begrenzen«, heißt es gleich zu Beginn unter ausdrücklichem Verweis auf die Pariser Klimaziele, also die Erderwärmung »deutlich unter 2 °C und möglichst auf 1,5 °C zu begrenzen sowie spätestens in der zweiten Hälfte des Jahrhunderts weltweit Treibhausgasneutralität zu erreichen.«[206] Zudem soll in Europa der Ausstoß von Treibhausgasen bis 2030 um mindestens 40 Prozent gegenüber 1990 verringert werden und bis 2050 setzt sich Deutschland für das Ziel der Treibhausgasneutralität in Europa ein.[207]

Um diese Ziele zu erreichen, wurde ein Maßnahmenpaket mit einer Reihe von Bausteinen beschlossen, so die Einführung einer CO_2-Bepreisung, die Entlastung von Bürgern und Wirtschaft sowie Maßnahmen für Gebäude, den Verkehr, die Land- und Forstwirtschaft, die Industrie, die Energiewirtschaft, die Abfallwirtschaft und schließlich weitere Maßnahmen beispielsweise in Forschung und Entwicklung, im Planungsrecht oder der Entwicklung bis hin zur Umsetzung einer Strategie für nachhaltige Finanzen (Sustainable Finance Strategy).[208]

Unter dieser Vielzahl von Einzelmaßnahmen fanden besonders zwei Aspekte öffentliche Wahrnehmung. Erstens, die Einführung einer CO_2-Bepreisung ab dem Jahr 2021 mit Zertifikaten zu einem Festpreis von zehn Euro pro Tonne CO_2, der dann schrittweise bis zum Jahr 2025 auf 35 Euro pro Tonne steigen soll. Ab dem »Jahr 2026 erfolgt die Auktionierung der Zertifikate in einem Korridor zwischen einem Mindestpreis von 35 Euro pro Tonne CO_2 und einem Höchstpreis von 60 Euro pro Tonne CO_2.«[209] Zweitens, im Sektor Verkehr sollen »in Deutschland bis 2030 insgesamt 1 Million Ladepunkte zur Verfügung stehen« und »7 bis 10 Millionen Elektrofahrzeuge zugelassen sein.«

Das mediale Echo auf diesen Entwurf des Klimakabinetts war ernüchternd. »Mogelpackung, völlig unambitioniert«, waren noch die harmloseren Reaktionen; Opposition, Klimaaktivisten und Ökonomen zeigten sich flächendeckend enttäuscht.[210] Besonders die vorgeschlagene stufenweise Anhebung des Preises für CO_2-Zertifikate erntete viel Kritik, wurde als zu spät und im Preis viel zu niedrig bewertet. Meiner Meinung nach zu Recht, denn der Klimawandel verdient mehr als Absichtserklärungen. Es ist gut, Ziele zu formulieren, aber ohne konkrete und verbindliche Umsetzungspläne gepaart mit wirksamen Sanktionsmechanismen entsteht Unglaubwürdigkeit; wird guter Wille und Vertrauen verspielt. Zu spät einsetzende und zu niedrige CO_2-Zertifikatpreise verunsichern. Mancher fühlt sich an die früheren Versprechen, dass es 2020, also heute, eine Million Elektroautos auf unseren Straßen gebe werde, erinnert. Die Realität der Elektromobilität sieht anders aus.

Aufgrund dieser Situation und dieser Erfahrungen sollte über vier Punkte nachgedacht werden:

Erstens sollte ein Neustart unserer Klimapolitik in Form einer integrierten Energie- und Mobilitätswende 2.0 erfolgen. Voraussetzung für das Gelingen ist die zentrale Projektkoordination und die Zielsteuerung auf Bundesebene durch ein starkes Energieministerium, das seine Führungsverantwortung in der Praxis auch tatsächlich wahrnimmt.

Zweitens müssen gemeinsame europäische Lösungen wie die Nutzung norwegischer Wasserkraft oder spanischer Solarkapazitäten Vorrang vor nationaler Energieautarkie erlangen. Heute akzeptieren wir mit Selbstverständlichkeit enorme Abhängigkeiten von russischen Öl- und Gaslieferungen. Nun gilt es einen Wandel herbeizuführen, bei dem alternative Energieträger aus politisch unbedenklicheren Ländern Teil der Lösung werden. Es gilt, die Möglichkeiten und Ressourcen unseres Kontinents intelligent zu erschließen, zu vernetzen und zu nutzen.

Ein dritter Punkt betrifft die technologische Offenheit gegenüber Alternativen zur Elektromobilität wie »Power2Gas«, also die Umwandlung von Grünstrom zu konventionellen Antriebsmitteln. Da wir heute noch nicht die besten Lösungen kennen, ist eine technologieneutrale Förderung ein zentraler Erfolgsfaktor für eine gelingende Energie- und Mobilitätswende und zugleich ein wichtiger Treiber zu Innovation. Deutschland war immer dann erfolgreich, wenn wir uns vorbehaltlos dem Wettbewerb um die besten Ideen und Technologien gestellt haben, und dies sollten wir im Rahmen einer Energie- und Mobilitätswende 2.0 wieder beherzigen.

Ein viertes Kernprinzip einer koordinierten Energie- und Mobilitätswende 2.0 sollte der Vorrang von dezentralen Lösungen sein. Energiegenossenschaften und lokale Kleinkraftwerke können einen maßgeblichen Beitrag zur Versorgungssicherheit und Resilienz der Energiewende leisten. In der IT-Branche ging die Entwicklung so vonstatten: Vor Jahrzehnten war die Welt geprägt von Großrechnern. So sagte der legendäre IBM-Chef Thomas Watson 1943, als die ersten Computer aufkamen: »Ich denke, dass es einen Weltmarkt für vielleicht fünf Computer gibt.«[211] Die heutigen Innovationssprünge in der Digitalisierung und Automatisierung wurden jedoch erst mit der flächendeckenden Ausbreitung von PCs, Internet und Cloud-Lösungen möglich. Altes Denken wurde durch neue und innovative Netzlösungen ersetzt. Ich denke, dieser gedankliche Ansatz kann auch eine erfolgreiche Energie- und Mobilitätswende befeuern.

Wirtschaften ehrlicher machen

Die ökologischen Herausforderungen unserer Zeit sind mehr als eine rein technische Herausforderung, sie provozieren weitere fundamentale Fragen. Nicht nur technische Lösungen müssen auf den Prüfstand, sondern genauso wichtig ist es, unser heutiges ökonomisches Denkmodell, unsere heutigen betriebs- und volkswirtschaftlichen Überzeugungen auf ihre Zukunftsfähigkeit kritisch zu überprüfen. Müssen Marktwirtschaft und Ökologie weiterhin scheinbar unvereinbare Antipoden sein, wie es manchmal behauptet wird? Oder gibt es neue, marktorientierte Lösungen für ökologisches und soziales Wirtschaften?

Meiner Meinung nach liegt in einer innovativen Verbindung von Marktwirtschaft und Ökologie das größte Potenzial für die Lösung unserer Probleme. Doch bevor ich auf meinen Vorschlag einer ökologisch-sozialen Marktwirtschaft detaillierter eingehe, ist es mir wichtig, zu zwei Ansätzen Stellung zu beziehen, die immer wieder die Schlagzeilen füllen und die ich für nicht zukunftsfähig halte: die heute weitverbreitete Verbotskultur mit ihren Symboldebatten einerseits sowie Verstaatlichungen andererseits.

Die Diskussion über ökologisches Handeln geht heute oft mit einer Verbotskultur einher. Immer wieder werden gerade auch in Deutschland emotional aufgeheizte Symboldebatten in der Klimapolitik geführt, etwa über SUVs oder das Flugverhalten einzelner Politiker. In Schweden hat sich bereits das Wort *flygskam*, »Flugscham«, etabliert, um die Effekte des sozialen Drucks auf Menschen, die das Flugzeug nutzen, zu beschreiben.[212] Ich halte solche Debatten, die keine Lösungen im Großen anstreben, sondern sich nur mit dem mehr oder minder tugendhaften Verhalten eines Einzelnen beschäftigen, für irrelevant und gesellschaftlich unwirksam; zudem lenken sie vom eigentlichen Thema ab. Wer sich in Nebenthemen verzettelt, verliert den Fokus und wird das Klima nicht retten. SUV-Diskussionen können hilfreich sein, um Aufmerksamkeit zu erreichen, aber sie bieten keinen Beitrag zur Lösung unserer Aufgabe. Das große Ziel muss heißen: Wir brauchen eine klimaneutrale Mobilität, ob mit Kleinwagen, SUVs oder Elektrorollern. Die Unwirksamkeit eines solchen moralisierenden Ansatzes zeigt sich darin, dass trotz Umweltbewegungen wie Fridays for Future die Zahl der Flugreisen in Deutschland weiter ansteigt.[213]

Zum zweiten Ansatz, der uns nicht weiterbringt: Verstaatlichungen im großen Stil sind meiner Meinung nach ein absurder Griff in die Mottenkiste gescheiterter Gesellschaftsentwürfe. Gerade sozialistische Wirtschaftssysteme haben eindrücklich ihre miserable Umweltbilanz bewiesen. Man denke nur an den sauren Regen aufgrund der (nicht vorhandenen Umweltstandards) sowjetischer Fabriken oder die Vergiftung ganzer Städte und Landstriche wie Bitterfeld durch die kollektivistische Planwirtschaft der damaligen DDR-Industrie. Wer die DDR von 1988 kennt, weiß, was ich meine. Die milliardenteure Sanierung von ökologischen Altlasten in Ostdeutschland sollte uns in dieser Hinsicht eine Mahnung sein. Das Scheitern des Sozialismus bedeutet auch die Lektion, dass man menschliche Gier nicht »aberziehen« kann, dass die Utopie vom neuen Menschen gescheitert ist. Vielmehr muss es Staatsaufgabe sein, Triebkräfte wie Gier durch gezielte Maßnahmen in geordnete – in diesem Fall klimaneutrale – Bahnen zu lenken.

Daraus folgt, dass wir den Klimawandel auch wesentlich aus der Perspektive *wirtschaftlicher* Fragestellungen verstehen, ihn als wirtschaftliches Problem begreifen sollten. Und dies führt uns zur Gretchenfrage: Kann eine Marktwirtschaft wirtschaftlich erfolgreich und zugleich ökologisch nachhaltig wirtschaften? Ich bin überzeugt: Ja – vorausgesetzt, wir entwickeln unsere bestehende soziale Marktwirtschaft zu einer ökologisch-sozialen Marktwirtschaft weiter.

Die Dimension der Herausforderung möchte ich an einem fiktiven Beispiel aus der Autoindustrie aufzeigen: Stellen Sie sich vor, Sie sind Hauptaktionärin und Vorstandsvorsitzende eines großen Reifenherstellers für die Automobilindustrie. Ihr Unternehmen produziert im Jahr 100 Millionen Reifen und verkauft diese (der Einfachheit halber) alle zum gleichen Stückpreis von 50 Euro an den Handel beziehungsweise die Automobilhersteller. Ihr Jahresumsatz beträgt also rund fünf Milliarden Euro. Typischerweise hat einer Ihrer Reifen eine Lebensdauer von durchschnittlich 30.000 Kilometer und Ihre Firma liefert sowohl Winter- als auch Sommerreifen.

Es ist Montagmorgen, Sie sitzen in Ihrem Büro. Die Geschäfte laufen gut, Ihr Börsenkurs steigt – Ihre Welt ist in Ordnung. Am späten Vormittag meldet sich Ihr Entwicklungschef völlig unerwartet und aufgeregt bei Ihnen und sagt, dass er Sie sofort sprechen müsse. Im Gespräch eröffnet er Ihnen folgende Neuigkeiten: »Nach vielen Anstrengungen ist es unserer Entwicklungsabteilung soeben gelungen, eine völlig neue, ja revolutionäre Materialmischung für PKW-Reifen zu entwickeln. Neue Reifen mit dieser Mischung halten nun 300.000 Kilometer, also zehnmal länger als bisher. Zudem ist die Mischung so temperaturunempfindlich, dass man künftig nur noch einen Ganzjahresreifen benötigt, der leidige Wechsel zwischen Winter- und Sommerreifen entfällt. Und jetzt«, sagt Ihr Entwicklungsleiter mit einem stolzen Grinsen im Gesicht, »kommt der absolute Hammer: Wir können den Reifen sogar billiger als die bisherigen Modelle produzieren, also unsere Preise senken, ich schätze mal auf 35 bis 40 Euro pro Reifen, also über 20 Prozent billiger als bisherige Reifen.« Der Entwicklungsleiter lehnt sich in seinem Stuhl zurück und schließt seinen Bericht mit den Worten: »Unsere Reifen sind ein Segen für die Umwelt, eine Revolution in der Technik und bahnbrechend in der Schonung von Ressourcen. Autos können künftig mit einem Zehntel der Reifen auskommen, man stelle sich nur die eingesparten Müllberge vor.« Sie sind beeindruckt und fragen, ob es Patentschutz für dieses neue Reifenmaterial und die dazugehörende Technik gäbe. »Leider nein«, antwortet der Entwicklungsleiter, »wenn wir die ersten Reifen verkauft haben, kann jeder Wettbewerber die neue Mischung in seinem Labor leicht entschlüsseln und dann kopieren.« Ihr Entwicklungsleiter schaut Ihnen eindringlich ins Gesicht und sagt dann: »Einen wirksamen Patentschutz kann ich mir hier nicht vorstellen, aber das ist doch egal bei dem Gewinn für die Umwelt, nicht wahr?« Eine nachdenkliche Pause entsteht. Erwartungsvoll blickt der Entwicklungsleiter Sie an, denn Sie sind schließlich die Vorstandsvorsitzende und Hauptgesellschafterin, die oberste Instanz. Und nun, wie reagieren Sie?

Ich habe dieses Beispiel einigen Menschen mit unternehmerischer Verantwortung oder in Managementpositionen in meinem Umfeld vorgetragen und sie nach ihrer Reaktion als Vorstandsvorsitzende gefragt. Nach kurzem Zögern habe ich stets die gleiche zweiteilige Antwort bekommen.

Im ersten Teil würde man dem Entwicklungsleiter zu seinem bahnbrechenden Erfolg gratulieren, nur um ihn dann im zweiten Teil der Antwort auf die katastrophalen Auswirkungen dieses Erfolges auf das weitere Unternehmensschicksal hinzuweisen. Der Umsatz des Unternehmens würde um mehr als 90 Prozent einbrechen, der Aktienkurs würde ins Bodenlose abstürzen, die Produktionsanlagen wären nicht mehr ausgelastet, plötzlich wären viel zu viele Mitarbeiter im Unternehmen, die gesamte bisherige Organisation würde zusammenbrechen, kurz gesagt: eine unternehmerische Katastrophe. Einige meinten sogar, dass sie dem Entwicklungsleiter einen hohen Bonus zahlen und ihn zugleich knallhart vertraglich zu lebenslangem Stillschweigen und der Vernichtung aller relevanten Unterlagen verpflichten würden, weil sie sonst die Risiken für das Unternehmen nicht vertreten könnten.

Und nun, liebe Leserinnen und Leser, was würden Sie in der Rolle der Vorstandsvorsitzenden dem Entwicklungschef antworten, was würden Sie tun? Egal, welche Antwort Sie geben, im Rahmen unseres heutigen Denkens werden Sie stets von einem Dilemma heimgesucht: der scheinbaren Unvereinbarkeit von Ökonomie und Ökologie. Solche technischen Entwicklungssprünge wie im Reifenherstellerbeispiel, die ein Segen für die Umwelt wären und die Sie wahrscheinlich aus vollstem Herzen begrüßen würden, werden in unserem derzeitigen Wirtschaftssystem bestraft. Weiterhin zeigt dieses Beispiel, dass die übliche Antwort »Solche Themen reguliert der Markt beziehungsweise der Wettbewerb« hier versagt. Im Ergebnis: Altes Denken verhindert somit Innovationen und neue Antworten, insbesondere ökologische Verbesserungen. Warum ist das so?

Zunächst gilt es zu verstehen, dass der bisherige Konflikt zwischen Ökologie und Marktwirtschaft vor allem ein Konflikt rivalisierender Ziele und Definitionen ist. Dieser Zielkonflikt hat historische Wurzeln. Unser heutiges betriebswirtschaftliches Denken stammt in wesentlichen Teilen aus einer Zeit lange vor der heutigen ökologischen Debatte und Problemlage. So stammt der Kern unserer heutigen Buchhaltung von dem italienischen Mönch Luca Pacioli aus dem späten 15. Jahrhundert.[214] Unser heutiges Marktkonzept mit der unsichtbaren Hand als Steuerungsmotor, den Angebots- und Nachfragemechanismen des Marktes und der Idee des komparativen Vorteils stammt von Adam Smith, einem Schotten, der vor rund 250 Jahren wirkte.

Ich möchte ausdrücklich betonen, dass diese Konzepte gut und zukunftsfähig sind, aber – und das ist der entscheidende Punkt – sie sind in Bezug auf die heutigen ökologischen Herausforderungen unvollständig, sie müssen weiterentwickelt werden. Diese Unvollständigkeit hat einen einfachen Grund: Zu Zeiten der beiden genannten Denker gab es keine ökologische Diskussion und kein ökologisches Bewusstsein. Warum auch, es gab ja genügend Ressourcen und unser Planet war nicht so dicht bevölkert wie heute. Deshalb sind wir heute gefordert, eine zukunftsfähige Weiterentwicklung unserer Marktwirtschaft zu schaffen und Bewährtes zu bewahren.

Meiner Meinung nach ist die Herausforderung klar: Unser heutiges, konventionelles wirtschaftswissenschaftliches Denken muss um die ökologische Dimension so erweitert werden, dass dieser bisherige Zielkonflikt aufgelöst wird. Ziel einer neuen ökologisch-sozialen Marktwirtschaft muss es sein, dass ökologisches Handeln im Markt und in der Gesellschaft belohnt wird und nicht länger als lästige oder

mühselige Zusatzverpflichtung oder gar wie im Beispiel des Reifenherstellers als existenzgefährdend erlebt wird. Nur wenn ökologisch
wert- und sinnvolle Innovationen und dementsprechendes Handeln marktwirtschaftlich honoriert werden, wird sich ein echter Gesinnungswandel durchsetzen. Durch diesen Gesinnungswandel wird
dann die Macht des Marktes zum wichtigsten Unterstützer ökologischer Anliegen – eine Umkehrung der heutigen Verhältnisse. Aus
dem alten Problemthema Ökologie kann so ein neues Chancenfeld
für Wachstum und Wohlstand entstehen. Heute stehen wir am Anfang einer Entwicklung. Auch wenn es noch keine abschließende,
universell einsetzbare Lösung gibt, die die bestehende Widersprüchlichkeit auflöst, so ist doch klar, dass hier der Schlüssel zur Lösung
der Klimaproblematik liegt. Deshalb möchte ich im Folgenden meine
Ideen und Ansätze für die Entwicklung einer zukunftsfähigen ökologisch-sozialen Marktwirtschaft darstellen.

Ein erster Baustein sind neue betriebswirtschaftliche Bewertungsmodelle, so wie es schon im Beispiel des Reifenherstellers angeklungen
ist. Heute werden Unternehmen, ob an der Börse oder im außerbörslichen An- oder Verkauf, weitgehend und einseitig nach finanziellen
Parametern bewertet. Diese Bewertungsmaßstäbe sind zumeist Cash-
Flow-basierte Modelle oder Methoden, die an Multiplikatoren gewisser Kennzahlen wie Gewinn vor Zins und Steuern (EBIT) festgemacht werden. In der Konsequenz hat dieses Denken zu einer völlig
einseitigen Bewertung von Unternehmen am Kapitalmarkt geführt,
getrieben von Erwartungen und vom sogenannten Shareholder Value
(Marktwert des Eigenkapitals).

Der Shareholder-Value-Ansatz (SV) entstand in den 1970er-Jahren durch den Gedanken, dass es »die soziale Verantwortung des
Unternehmens sei, seine Gewinne zu vermehren (…) und den
Profit für seine Besitzer, die Aktionäre, zu steigern.«[215] Der Shareholder-Value-Ansatz dient, wie schon der Name sagt, vor allem den Interessen der Shareholder, also der Aktionäre beziehungsweise Anteils-

eigner. Er ist also eine weitgehend einseitige Bewertungsgröße, bei der das Wohl der Shareholder – ausgedrückt durch einen möglichst hohen Börsenkurs oder Anteilswert – im Mittelpunkt des Wirtschaftens zu stehen hat. Das Ziel eines Unternehmens ist demnach die Maximierung des Wertes des Eigenkapitals, sprich des Aktienpreises; alle anderen Aspekte, wie ökologische Notwendigkeiten oder Innovationen, spielen keine Rolle oder sind zweitrangig. Im Ergebnis heißt dies: Der Kapitalmarkt definiert den Unternehmenserfolg und seine kurzfristigen, zumeist quartalsorientierten Bewertungsmaßstäbe treiben die Wirtschaft.

Grundüberzeugung des Shareholder-Value-Ansatzes ist, dass der Markt und seine Teilnehmer rational handeln und somit bestmögliche Entscheidungen treffen, eine unrealistische Vorstellung, wie die verschiedenen Krisen der letzten Jahrzehnte wiederholt zeigen. Der Kapitalmarkt hat heute somit eine wesentliche Steuerungsfunktion für die gesamte Volkswirtschaft – und wir alle wissen, dass Kapitalmärkte sich nicht um Ökologie scheren.

In den 1990er- und 2000er-Jahren erlebte der Shareholder Value wahren Kultstatus. In den USA war Jack Welch, der legendäre Chef von General Electric, lange ein Hauptverfechter des Shareholder Values. Welch selbst erkannte später die Gefahren des Shareholder Values und bilanzierte 2009: »Das war eine dumme Idee.«[216]

Doch dumme Ideen können sich hartnäckig halten. Auch wenn im Sommer 2019 der einflussreiche *Business Round Table*, ein Zusammenschluss bedeutender amerikanischer Wirtschaftskapitäne, erklärte, dass Shareholder Value nicht mehr die einzige Größe unternehmerischen Handelns sei,[217] ist der Einfluss des Konzepts noch immer sehr stark und hat entsprechende Folgen für Unternehmensbewertungen.

Ein drastisches Beispiel für meiner Meinung nach fehlgeleiteten Shareholder Value und ein extrem erwartungsgetriebenes Unternehmen ist TESLA Motors, der Vorreiter der Elektromobilität aus Kalifornien. Elon Musk, der CEO von TESLA, schaffte es, in mehreren

Kapitalrunden seit 2012 über elf Milliarden US-Dollar von Investoren einzuwerben, und dies obwohl TESLA seit 2012 einen aufaddierten Verlust von rund sechs Milliarden US-Dollar erwirtschaftet hat.[218] Noch bemerkenswerter ist die Börsenbewertung pro verkauftem Fahrzeug im Sommer 2019: Hier schlägt TESLA Motors die Konkurrenz um Längen. So beträgt der Börsenwert pro verkauftes Auto bei TESLA sagenhafte 140.000 Euro. Zum Vergleich die Werte der Konkurrenz: Toyota mit 17.500 Euro pro Auto, BMW mit 14.600 Euro pro Auto, Daimler mit 13.300 Euro pro Auto, VW mit 6600 Euro pro Auto und Fiat mit 3700 Euro pro Auto.[219]

In der Konsequenz heißt dies, dass sich ein Top-Manager eines börsennotierten Unternehmens, der sich nicht um die kapitalmarktmäßige Optimierung des Unternehmens kümmert und den Shareholder Value ignoriert, ins eigene Fleisch schneidet. Wir sollten uns daher nicht wundern, dass in einem solchen Umfeld kaum Platz für ökologische Anliegen bleibt. Ich habe in meiner beruflichen Tätigkeit immer wieder erlebt, dass gerade Banken nach außen gerne den Eindruck vermitteln, dass ihnen ökologische Anliegen wichtig sind, dann aber im konkreten Geschäft konsequent die alten finanzzahlengetriebenen Methoden anwenden. Im Ergebnis bleibt alles beim Alten, denn Umweltthemen werden als störend empfunden, schließlich behinderten sie eine möglichst vollständige Umsetzung des Shareholder Values und die Berücksichtigung eigener finanzieller Interessen.

Hier tut sich aus Sicht der Ökologie ein Teufelskreis auf. Unternehmen werden vor allem auf Basis von Finanzkennzahlen bewertet, also wird das Management auf eine Maximierung des Börsenwertes ausgerichtet, der wiederum nur auf Basis der Finanzkennzahlen zustande kommt. Erst langsam erkennen wir, dass die heute übliche einseitige Ausrichtung wirtschaftlichen Handelns am Shareholder Value enorme gesellschaftliche und ökologische Kollateralschäden mit sich bringt, da Shareholder Value keinen Platz für andere Anliegen jenseits der engen Definition von maximalen Börsenkursen und Profitmaximierung lässt. Deshalb müssen neue Bewertungsmodelle etabliert werden, weg vom bisherigen Shareholder Value-Dogma, hin zu einer mehr gesamtwertorientierten Bewertung von Unternehmen. Ich bin überzeugt, dass der Irrsinn reiner Eigenkapitalwertorientierung der letzten vier Jahrzehnte so schnell wie möglich gestoppt werden muss.

Inzwischen wird immer mehr erkannt, dass sich allein auf Basis traditioneller betriebswirtschaftlicher Konzepte keine ökologischen Ziele verwirklichen lassen. Glücklicherweise entwickeln sich heute weltweit eine Vielzahl von Initiativen, die das Ziel verfolgen, sich aus der Zwangsjacke von Finanzzahlen und SV-getriebenen Unternehmensbewertungen und -strategien zu befreien. Aber diese Entwicklungen stehen noch am Anfang und sind heute – leider – noch weit davon entfernt, nationale oder gar globale Akzeptanz zu finden.

Ich persönlich halte eine wie auch immer geartete Umsetzung neuer betriebswirtschaftlicher Methoden, die breiter denken und bewerten, für den zentralen Schlüssel, um unsere Umweltprobleme nachhaltig zu lösen. Denn wenn wir wichtigen Themen wie Ökologie oder gesellschaftliche Wohlfahrt keinen wirtschaftlichen Wert beimessen, dann dürfen wir uns nicht wundern, wenn diese auch keine Wertschätzung im harten Wettbewerb erfahren und bei strategischen Unternehmensentscheidungen ignoriert werden. Der alte Pfälzer Kalauer »Was nix koscht, is a nix wert« feiert hier fröhliche Urstände.

Um diese Diskussion zu unterstützen und breiter bekannt zu machen, möchte ich im Folgenden kurz zwei Initiativen aus der aktuellen Diskussion um Alternativen vorstellen, die Total-Value-Methode der Value Balancing Alliance und den True-Value-Ansatz der Wirtschaftsprüfungsgesellschaft KPMG.

Gegenwärtig werden Unternehmen ausschließlich nach der Höhe ihres finanziellen Gewinns bewertet, der – vereinfacht dargestellt – das Ergebnis einer »Umsatz minus Kosten ergibt Gewinn«-Rechnung darstellt.[220] Der True-Value-Ansatz erweitert dieses konventionelle Denken, indem er drei weitere Faktoren zu der Unternehmensbewertung hinzufügt, die bisher keine Rolle spielen: volkswirtschaftliche Auswirkungen, gesellschaftliche Auswirkungen und ökologische

Auswirkungen. Dies geschieht durch eine mehrstufige Berechnung, in die die jeweiligen positiven und negativen Auswirkungen der drei genannten Faktoren im Rahmen der Unternehmenstätigkeit eingebracht werden. Diese Methode soll nun vereinfacht am Beispiel eines Mobiltelefonherstellers dargestellt werden.

Die Annahme ist, dass das Unternehmen, also der Mobiltelefonhersteller, einen finanziellen Gewinn erzielt. Dieser finanzielle Gewinn, bisher alleinige Grundlage der Unternehmensbewertung, wird dann um die jeweils positiven und negativen volkswirtschaftlichen, gesellschaftlichen und ökologischen Beiträge der Mobiltelefonproduktion erweitert:

- Positive volkswirtschaftliche Beiträge sind zum Beispiel die Steuern und die Löhne, die das Unternehmen bezahlt. Negative volkswirtschaftliche Beiträge sind unfaire Steuersparmodelle wie bei Apple, Bestechungsgelder etc.
- Positive gesellschaftliche Beiträge sind Ausgaben für Gesundheit, Weiterbildung der Mitarbeiter oder anderes gesellschaftliches Engagement, beispielsweise wohltätige Aktivitäten, Spenden etc.
- Positive ökologische Beiträge umfassen beispielsweise die Nutzung erneuerbarer Energien, Recycling-Quoten oder die Rekultivierung von Böden. Negative ökologische Beiträge sind CO_2-Emissionen, Wasser- und Luftverschmutzung, Ressourcenverschwendung.

Im Ergebnis wird durch die Verbindung mit den gesellschaftlichen und ökologischen Kosten und Nutzen eine nachhaltigere und gesamtheitliche Beurteilung des wahren Unternehmenswertes ermöglicht. Diese gesamtheitliche Form der Gewinn- beziehungsweise Verlustdarstellung belohnt Unternehmen und damit ihr Management für anderes Denken und Handeln mehr als bisher. Es entsteht ein wirtschaftlicher Anreiz, ökologisch, gesellschaftlich und volkswirtschaftlich verantwortungsbewusster zu handeln, denn sowohl die Aktionäre als auch das Management profitieren von dem dadurch steigenden Unternehmenswert.[221]

Ein zweiter Ansatz findet sich in der sogenannten Value Balancing Alliance, einem Zusammenschluss mehrerer Großunternehmen wie der BASF, Bosch, SAP und anderen, die neue Messgrößen von Wertbeiträgen für Umwelt, Gesellschaft und Wirtschaft entwickeln wollen. Ziel ist es, in den nächsten Jahren ein betriebswirtschaftliches Modell zu schaffen, welches Teil der gesetzlichen Berichts- und Veröffentlichungspflichten werden kann. Dieser neue Standard würde es dann erlauben, die Kräfte des Marktes für die Anliegen von Umwelt und Gesellschaft produktiv tätig werden zu lassen. Dazu sagt Saori Dubourg, Mitglied des Vorstands der BASF: »Es geht darum, den Blickwinkel auf die Unternehmensleistung zu erweitern. Mit einem ganzheitlichen Werteverständnis möchten wir in der Bilanzierung umfassend die Auswirkungen auf die Umwelt, Gesellschaft und Wirtschaft berücksichtigen. Das Schaffen langfristiger Werte ist die Grundlage für nachhaltigen Geschäftserfolg.«[222]

So gut es ist, dass eine Reihe von Ansätzen entwickelt wird, so wichtig ist es, dass diese Ansätze zu einem internationalen neuen Standard zusammenfließen, der sich dann auch als neuer Maßstab etablieren kann.

Doch es sind nicht nur neue Konzepte, die uns helfen können, dem Klimawandel mit wirtschaftlichen Methoden entgegenzutreten. Für einen weiteren Vorschlag möchte ich den Blick zunächst auf einen altertümlichen Begriff, die Allmende, lenken. Die Allmende war im Mittelalter ein Gemeinschaftseigentum in Dörfern, das von jedermann genutzt werden konnte, beispielsweise Dorfwiesen oder Dorfwälder. Theoretisch konnte jeder in solch einen gemeinschaftlichen Dorfwald gehen und dort für sich Holz schlagen. Bei der Nutzung der Allmende kommt es vor allem auf das Einhalten von Absprachen an. Wenn also der erste Nutzer so viel Holz schlägt, dass der Wald sich nicht regenerieren kann und für die folgenden Nutzer nicht genügend Holz übrigbleibt, dann ist die Allmende schnell verbraucht und die Dorfgemeinschaft zerstört. Aufgrund der Nicht-Ausschließbarkeit der Nutzung des Waldes würde dieser aber unvermeidlich übernutzt werden. Das Phänomen, dass Gemeingüter, deren Verfügbarkeit endlich sind, durch Einzelne übernutzt werden, nennt man daher in den Wirtschaftswissenschaften ein »Allmendeproblem«. Schon Aristoteles wusste, dass »dem Gut, das der größten Zahl gemein ist, die geringste Fürsorge zuteilwird. Jeder denkt hauptsächlich an sein eigenes, fast nie an das gemeinsame Interesse.«[223]

Bereits im Mittelalter versuchte man gegenzusteuern. So ist in der Grafschaft Kyburg bei Winterthur ein Dokument erhalten, in dem es heißt, Holz dürfe nur in einer solchen Menge geschlagen werden, dass »unsere kind und nachkomen och mogint geniessen«, dass also unsere Kinder und Nachkommen auch morgen noch genießen beziehungsweise nutzen können.[224] Die Lösung, die darin festgehalten wird, ist noch heute für Allmendeprobleme gültig: gemeinsame und verbindliche Regeln zur Nutzung von Gemeingütern, die auf Ressourcenschonung, Nachhaltigkeit und Gemeinwohl ausgerichtet sind.

Die Ressourcen dieses Planeten sind eine Allmende der Menschheit. Wir alle sind aufgefordert, mit den natürlichen Lebensgrundlagen unseres Planeten so umzugehen, dass diese auch kommenden Generationen erhalten bleiben. Entsprechend brauchen wir verbindliche Regeln, die diese Nachhaltigkeit sichern und zugleich Raubbau durch Einzelne so bestrafen, dass solches Verhalten nicht profitabel ist. Über diese Notwendigkeit ist sich, so glaube ich, auch ein Großteil unserer Gesellschaft einig.

Eingangs beschrieb ich, dass wir den Schutz der Umwelt als wirtschaftliches Problem verstehen sollten. In jedem wirtschaftswissenschaftlichen Lehrbuch wird Wirtschaften als der »rationale Umgang mit knappen Gütern zur Befriedigung menschlicher Bedürfnisse« verstanden.[225] Vereinfacht gesprochen, bedeutet ein rationaler Umgang mit Gütern, diese Güter in Produkte und Dienstleistungen richtig einzupreisen. Übertragen auf unsere Thematik sind wir also aufgefordert, unsere natürlichen Lebensgrundlagen richtig zu bepreisen, wenn wir sie erhalten wollen.

Das mag manch einen Leser zunächst irritieren, denn oft wird der Begriff Preis mit Käuflichkeit und dem »Verscherbeln« von etwas assoziiert. Daher möchte ich darauf hinweisen, dass Preise hilfreiche Schutzmechanismen sein können. Wenn beispielsweise der Preis von einem Gut so hoch ist, dass es nicht mehr nachgefragt wird, spricht man in der Volkswirtschaftslehre von einem Prohibitivpreis, also einem Preis, der die Nachfrage verhindert. Die Gretchenfrage für den Umweltschutz und eine neue Verbindung von Ökologie und Marktwirtschaft ist daher nicht, *ob* Güter einen Preis haben, sondern *wie* dieser zustande kommt und welche Wirksamkeit der jeweilige Preis erreicht. Der Marktpreis, also der tatsächlich von einem Verkäufer verlangte und einem Käufer bezahlte Preis, bildet nämlich nicht immer die tatsächlichen Kosten und Erträge einer Ware ab. Das führt uns nach dem Umgang mit unserer Allmende, den Ressourcen unseres Planeten, zu einem zweiten wirtschaftswissenschaftlichen Konzept: den externen Effekten.

Externe Effekte entstehen durch eine Diskrepanz zwischen privaten und sozialen Kosten beziehungsweise Erträgen. Eine Diskrepanz liegt vor, wenn der wirtschaftliche Vorteil eines Einzelnen durch Kosten erkauft wird, die die Gemeinschaft tragen muss. Ein Beispiel für solche negativen externen Effekte ist die Verschmutzung des Rheins, wie ich es in meiner Heimatstadt Ludwigshafen in den 1970er-Jahren erleben musste. Zu Recht galt der Fluss damals als die Kloake Europas. Baden im Fluss war völlig undenkbar und der Verzehr von im Rhein gefangenen Fischen galt als großes Gesundheitsrisiko. Ich erinnere mich noch gut an manche Spaziergänge in meiner Kindheit, entlang der Rheinwiesen, wobei auf dem Rhein manchmal bis zu ein Meter hohe bunte Schaumkronen zu bewundern waren, die zudem ein besonderes Geruchserlebnis boten.

Eine Hauptursache für die Verschmutzung war die Einleitung un-
geklärter Abwässer aus ansässigen Fabriken. Genauer: Die Verschmutzung des Rheins war das Ergebnis falscher Preisbildung. Der Preis dafür, dass eine Fabrik beispielsweise in Ludwigshafen ungeklärt den
Rhein verschmutze, enthielt nicht die Kosten für die Klärung des Ab-
wassers – schließlich wurden die Abwässer ohne Aufwand für die Klärung in den Fluss geleitet. Die Kosten der industriellen Verschmutzung trug nicht der Verursacher, sondern vielmehr die Allgemeinheit:
Fischer verloren ihre Existenz, weil der Rhein biologisch starb, Gesundheitskosten stiegen, da eine ungesunde Umwelt zu mehr Erkran-
kungen führte, und die Kloake Rhein wurde zu einer großen sozialen
Belastung. Wären diese Kosten auf Produkte der verschmutzenden
Fabrik umgelegt worden, wären diese unbezahlbar teuer geworden.

Die Lösung des Problems lag in der Schaffung von Einpreisungsmechanismen: Gesetze wurden erlassen, welche die Industrie zu einer
besseren Abwasserreinigung zwangen. Kläranlagen wurden gebaut.
In Politik und Gesellschaft gab es ein Umdenken. Niemand konnte
mehr ungefiltert seine Abwässer in den Fluss leiten, ohne empfindli-
che Strafen zahlen zu müssen. Dadurch wurden die Vermeidungskos-
ten niedriger als die Verschmutzungskosten und das Unternehmen
hatte ein finanzielles Interesse, Produktionsalternativen und Technologien mit weniger giftigen Stoffen zu entwickeln.

Heute gilt der Rhein als saniert und seine Wasserqualität sowie sein
Artenreichtum entsprechen etwa wieder dem Stand von 1900. Ein
großartiger Erfolg, wenn man bedenkt, wie schlimm die Ausgangs-
lage vor einigen Jahrzehnten war. Und ja, im Rhein kann man wieder gut schwimmen, ich tue dies jedenfalls gerne und jeden Sommer.

An diesem Beispiel sehen wir, wie negative externe Effekte und
somit Umweltschäden vermieden werden können, indem Kosten
vollständig im Preis abgebildet werden. Auch heute gibt es zahlreiche Geschäftsfelder, in denen negative Externalitäten, also Folgen für
die Allgemeinheit, nicht in die Angebote der Unternehmen einge-
preist werden. Wer heute mit einem Kreuzfahrtschiff beispielsweise

von Hamburg nach New York fährt, der zahlt, anders als bei einem kerosinbesteuerten Langstreckenflug, nicht den Preis für den mit der Überfahrt verbundenen realen CO_2-Ausstoß. Wer heute im Supermarkt Palmöl aus Indonesien kauft, der bezahlt die Produktions- und Transportkosten des Herstellers sowie die Margen der Händler, aber nicht die mit der Herstellung verbundenen Externalitäten wie die Zerstörung von ökologisch wichtigen Regenwäldern. An diesen Beispielen zeigt sich, dass es nicht um eine Verteuerung geht, sondern um eine Zuordnung der wahren Kosten für ein Produkt (Palmöl) oder eine Dienstleistung (Kreuzfahrt).

Damit man mit etwas wirtschaften kann, muss man zunächst einmal realisieren, dass es sich um ein knappes Gut handelt. Das Gegenteil von knappen Gütern sind freie Güter. Diese sind unbegrenzt für jedermann verfügbar. Der Preis eines freien Gutes ist daher immer null. Als Adam Smith diese Unterscheidung zwischen knappen und freien Gütern traf, nannte er Wasser und Luft als Beispiel für ein freies Gut. Während im bevölkerungsarmen und regenreichen Schottland des 18. Jahrhunderts, wo Smith aufwuchs, Wasser wahrscheinlich wirklich ein freies Gut war, ist dem heute nicht mehr so. Würden wir mit Wasser nicht wirtschaften, ihm also keinen Preis geben, würden wir immer mehr verschwenden und verbrauchen, als wir zur Verfügung haben.

Auf den Klimawandel übertragen bedeutet dies, dass wir CO_2 als knappes Gut begreifen müssen. Wenn wir die Erderwärmung auf 1,5 Grad beschränken möchten, bleibt uns nach Schätzungen des Weltklimarats (IPCC) im Winter 2019/20 ein Budget von knapp 340 Milliarden Tonnen CO_2.[226] Bei der aktuellen Verbrauchsrate von 1300 Tonnen pro Sekunde, ist dieses Budget 2028 aufgebraucht. Soll die Erderwärmung auf zwei Grad beschränkt werden, bliebe uns ein Budget von etwas mehr als 1000 Milliarden Tonnen, das unter Berücksichtigung geplanter Reduktionen schätzungsweise 2045 verbraucht wäre.[227] Nach 2028 beziehungsweise 2045 müssten die Nettoemissionen der gesamten Welt dann bei null liegen. Dieses Budget kann man ebenso für kleinere Einheiten wie die Bundesrepublik Deutschland oder die Europäische Union anteilig nach Wirtschaftsleistung und Bevölkerungsgröße berechnen.

Eine Lösung der Klimakrise besteht also darin, dieses verfügbare Budget in Zertifikate aufzuteilen. Nur mit einem entsprechenden Zertifikat wäre es dann zulässig, CO_2 zu emittieren – und zwar unabhängig davon, ob es sich um Benzin im Auto, Kerosin im Flugzeug oder Kohle bei der Stromerzeugung handelt. Eine solche absolute Mengenbegrenzung ist der einzige realistische regulatorische Weg, um tatsächlich sicherzustellen, dass Deutschland und die EU ihre Klimaziele einhalten, denn dem globalen CO_2-Gesamtbudget ist es egal, aus welcher Quelle CO_2 wann oder warum ausgestoßen wird.

Wer hinter diesem Ansatz bloß eine steuerähnliche Verteuerung von Produkten und zusätzliche Bürokratie sieht, verkennt, dass wir bei der Sicherheit oder gesundheitlichen Verträglichkeit eines Produktes niemals Preis gegen Verträglichkeit eintauschen würden. Kein Autohersteller kann heute ein neues Modell ohne eingehende Sicherheitsprüfungen auf den Markt bringen, jeder Haartrockner braucht eine Zertifizierung. Sicherlich wären Bremsen aus Plastik günstiger und ein Auto, das nicht den Sicherheitskriterien einer TÜV-Prüfung entsprechen müsste, würde ebenfalls im Preis billiger werden. Doch für keine noch so hohe finanzielle Vergünstigung würden wir unsere Gesundheit und Sicherheit aufs Spiel setzen. Wieso sollte man dann nicht auch die ökologische Verträglichkeit einpreisen, die mittelbar ebenso direkte Auswirkungen auf die Gesundheit und Sicherheit von Menschen haben kann?

Wir können Wirtschaftswachstum nicht dauerhaft auf Kosten der natürlichen Ressourcen unseres Planeten produzieren. Eine wachsende Weltbevölkerung und der Wunsch vieler Menschen in den Entwicklungsländern, zu unserem Lebensstandard aufzuschließen, verschärft die Ressourcenfrage weiter. Heute schon erleben wir die ersten Auswirkungen der globalen Erwärmung durch häufigere Naturkatastrophen und steigende Gesundheitskosten; wir zahlen die gesellschaftliche Rechnung für kurzfristiges und nicht nachhaltiges Wirtschaftshandeln. Rückversicherer melden in den vergangenen Jahren immer häufiger: »Die gesamtwirtschaftlichen Schäden durch Naturkatastrophen steigen weltweit«.[228] Daher ist es in einer ökologisch-sozialen Marktwirtschaft nicht wirtschaftsfeindlich, eine konsequente Bepreisung von Treibhausgasen in Form eines CO_2-Budgets mit Zertifikatehandel umzusetzen, sondern eine Notwendigkeit zur Sicherung unserer Zukunftsfähigkeit.

Dafür muss man das zuvor erwähnte bestehende europaweite Emissionshandelssystem (ETS) auf sämtliche Emissionsquellen ausweiten – denn aktuell werden, wie bereits aufgezeigt, nur etwa 45 Prozent aller Emittenten erfasst. Darüber hinaus dürfen keine kostenfreien Zertifikate mehr vergeben und auch keine staatlichen Mindest- beziehungsweise Höchstpreise festgesetzt werden.

Das von der Bundesregierung im Herbst 2019 auf den Weg gebrachte Klimaschutzgesetz verzerrt dagegen mit Fixpreisen von zehn Euro pro Tonne CO_2, die dann schrittweise angehoben werden, die Preisfindung. Im Ergebnis wird bei einem zu niedrigen Preis entweder weiterhin zu viel CO_2 ausgestoßen oder aber Produkte werden bei einem zu hohen Preis durch zu hohe Einsparungen unnötig verteuert. Bei dem von der Bundesregierung genannten Preisrahmen ist vor allem Ersteres zu befürchten. Aus demselben Grund sind CO_2-Steuern abzulehnen, denn auch hier wird der Preis in Form eines Steuersatzes von staatlicher Seite festgelegt.

Was aber geschieht, wenn Deutschland seine CO_2-Kosten einpreist und andere Länder wie China dies nicht oder nur unzureichend tun? Zu Recht sorgen sich hierzulande viele Unternehmen, insbesondere in energieintensiven Branchen, dass konsequenter Umweltschutz zu Standortnachteilen und Wettbewerbsnachteilen führen kann. Eine Lösung hierfür wäre die völkerrechtliche Verankerung von CO_2-Preisen. Eine Koalition von Staaten, die sich ernsthaft dem Klimaschutz verschrieben haben, wie beispielsweise die EU, Südkorea, Japan und Kanada, könnte vereinbaren, Klima-Zölle gegenüber Importen von Staaten zu verhängen, die ihre Emissionen nicht einpreisen.

Für jede Ware könnte ein CO_2-Tarif eingeführt werden. Nehmen wir als Beispiel die Automobilindustrie. Die Herstellung eines Autos verbraucht etwa fünf Tonnen CO_2.[229] Wenn dieses, unter vereinfachten Annahmen, vollständig in Deutschland gebaut würde und eine Tonne CO_2 zehn Euro kostet, würde sich entsprechend die Herstellung um 50 Euro verteuern. In China wird eine Tonne CO_2 im Jahr 2019 allerdings nur mit 1,50 Euro bepreist,[230] auf das gesamte Auto gerechnet also 7,50 Euro. Bei einer Herstellung in China würden für den Hersteller entsprechend 42,50 Euro weniger CO_2-Abgaben anfallen. Um einen unlauteren Standortvorteil zu verhindern, müsste Deutschland einen Zoll in eben dieser Höhe auferlegen.

An diesem Beispiel wird der Unterschied zwischen Symbolpolitik und wirksamer CO_2-Bepreisung sichtbar. Wenn die Produktion eines PKWs, der als Neuwagen 30.000 oder 40.000 Euro kostet, mit CO_2-Abgaben von weniger als 100 Euro belastet wird, dann wird ein solch »mickriger« CO_2-Kostenpunkt keinen wesentlichen Einfluss auf unser Kauf- und Mobilitätsverhalten haben. Wenn aber zusätzlich die Nutzung des Autos, also jeder mit Benzin oder Diesel gefahrene Kilometer mit spürbarer CO_2-Bepreisung belastet wird, dann werden sich die Angebote der Hersteller schnell in Richtung CO_2-neutrale Mobilitätslösungen entwickeln. Ähnliches geschah schon nach den Ölpreisschocks der 1970er-Jahre, als der Rohölpreis und in der Folge die Preise von Benzin und Diesel stiegen. So verbrauchte ein VW Käfer 1302, Baujahr 1972, mit 50 PS damals rund elf Liter pro 100 Kilometer.[231] Heute verbraucht ein VW Polo, Baujahr 2017, mit fast doppelt so viel Motorleistung, nämlich 95 PS, rund die Hälfte, also vier bis fünf Liter pro 100 Kilometer.[232] Dieses Beispiel zeigt, dass der Preismechanismus wirkt. Zugleich muss aber unmissverständlich klar sein, dass im Fall der CO_2-neutralen Mobilität die Umsetzungs- und Verbesserungskurve deutlich schneller und steiler sein muss.

In einer durch Handel vernetzen Weltwirtschaft könnte sich so auf Dauer keine relevante Volkswirtschaft der Einführung von realistischen CO_2-Bepreisungsmechanismen entziehen, vor allem nicht angesichts der kombinierten Marktmacht der Europäischen Union, Japans und im Falle eines Regierungswechsels eventuell auch der Vereinigten Staaten. Das Recht der Welthandelsorganisation (WTO) müsste dementsprechend aktualisiert werden, denn aktuell sind solche Handelsbeschränkungen nur aufgrund inländischer Umwelt- und Gesundheitsregularien erlaubt. Innovative Ansätze zur Bindung von CO_2, auf die wir bei unserem Rennen gegen die Zeit ebenfalls setzen müssen, würden zudem durch ein solches Einpreisungssystem finanziell viel rentabler werden. Gerade in einer Zeit in der die WTO durch die Trump-Regierung lahmgelegt wird und Multilateralismus auf dem Rückzug scheint, ist hier die Führung durch die Europäische Union gefordert.

Massive Aufforstung als Mittel zur CO_2-Bindung

Während wir einerseits den CO_2-Ausstoß reduzieren müssen, gilt es andererseits, Wege zu finden, wie wir bisher schon emittiertes CO_2 wieder aus der Atmosphäre zurückgewinnen können. Über die Photosynthese binden Bäume und Pflanzen CO_2 und wandeln es zu Traubenzucker und Sauerstoff um.[233] Eine 35 Meter hohe, 100 Jahre alte Fichte speichert rund 2,6 Tonnen CO_2; eine 35 Meter hohe und 120 Jahre alte Buche nimmt aufgrund ihrer höheren Holzdichte schon 3,5 Tonnen CO_2 auf.[234] Wälder können – aufgrund ihrer höheren Dichte insbesondere in den Tropen – in enormem Ausmaß Kohlenstoffdioxid aus der Atmosphäre waschen.

Meinen Vorschlägen zur Entwicklung einer ökologisch-sozialen Marktwirtschaft möchte ich eine Idee hinzufügen, die aus einer Studie des Crowther Labs an der ETH Zürich aus dem Jahr 2019 stammt.[235] Diese Studie hat mich tief beeindruckt, denn sie zeigt, wie einfach und klar Lösungen sein können. In der Studie »Wie Bäume das Klima retten können« rechnen die ETH-Forscher Folgendes vor: Ihrer Schätzung zufolge befinden sich infolge menschlicher Aktivitäten seit Beginn der industriellen Revolution heute etwa 300 Gigatonnen oder 300 Milliarden Tonne CO_2 in der Atmosphäre. Davon könnten etwa 205 Milliarden Tonnen CO_2, also rund zwei Drittel, »ausgewaschen« werden, wenn es durch eine solche globale Aufforstungsinitiative gelänge, weltweit eine Fläche von der Größe der USA, also rund 900 Millionen Hektar (entsprechend neun Millionen Quadratkilometern), aufzuforsten.[236]

Eine solche Fläche lässt sich allerdings nicht durch Idealismus aufforsten. Pro eingesparter Tonne CO_2 könnte aus den Einnahmen des Emissionshandels Geld an aufforstende Personen, Unternehmen und Staaten ausgezahlt werden. Mit demselben Mechanismus ließen sich die Lungen der Erde, wie der Amazonas-Regenwald in Brasilien oder andere Urwälder in Afrika, Indonesien und Sibirien, konservieren. Abholzung in den Tropen und in der Taiga rechnet sich heute, weil der Wert des Holzes und die Erträge aus der nachfolgenden Plantagenwirtschaft ökonomisch attraktiver sind als Wald ohne bisherigen Wert, da der ökologische Schaden in keiner Kostenrechnung auftaucht.

Eine solche massive Aufforstung könnte laut der ETH-Studie zu mehr als der Hälfte durch nur sechs Länder abgedeckt werden: Kanada, USA, China, Russland, Brasilien und Australien.[237] Diese Länder gehören zugleich zu den großen CO_2-Emittenten, entweder durch ihre schiere Größe (China, USA), durch ihre Karbonproduktion (Russland, USA, China) oder durch ihren hohen Pro-Kopf-Verbrauch (Australien, Kanada). Starten wir also ein solches Programm auf nationaler, europäischer und auf der Ebene der Vereinten Nationen!

Zusammenfassend ist festzuhalten, dass die Herausforderungen unserer Zeit uns zwingen, Ökologie und Ökonomie innovativ zu verbinden, Marktwirtschaft weiterzuentwickeln und wo nötig, alte, überholte Konzepte und Überzeugungen über Bord zu werfen. Wenn wir die Kräfte des Marktes richtig nutzen, dann können wir die anstehende ökologische Krise nicht nur bewältigen, sondern auch einen enormen Qualitätssprung im bewussteren und nachhaltigeren Umgang mit unseren Ressourcen und unserem Planeten erreichen.

»Wohlstand für alle«: Wirtschaft und sozialer Frieden

Eine Ökologisierung des Wirtschaftsmodells Deutschlands muss im Einklang mit dem sozialen Frieden geschehen, sonst drohen auch hierzulande Gelbwesten-Proteste wie in Frankreich. »It is the economy, stupid«, zu Deutsch: »Es ist die Wirtschaft, Dummkopf!« Mit diesem inzwischen legendären Slogan zog Bill Clinton 1992 gegen George Bush senior in das Rennen um die US-Präsidentschaft, und – zur Überraschung vieler – er gewann. So lapidar der Slogan zunächst klingen mag, so viel Wahres steckt in ihm. Deshalb muss, wenn über eine neue ökologisch-soziale Marktwirtschaft gesprochen werden soll, auch die soziale und marktwirtschaftliche Komponente betrachtet werden. Gerade die deutsche Geschichte der letzten 100 Jahre liefert Beispiele, die den engen Zusammenhang zwischen dem volkswirtschaftlichen Zustand unseres Landes und der jeweiligen Demokratieentwicklung belegen, im Guten wie im Schlechten. Die Erkenntnis ist: Die politische Zukunftsperspektive eines Landes ist untrennbar mit seiner wirtschaftlichen Lage und Zukunftsfähigkeit verbunden.

Die Hyperinflation von 1923 und die durch den Börsencrash am Schwarzen Freitag 1929 ausgelöste Weltwirtschaftskrise hatten fundamentale Auswirkungen nicht nur auf die Demokratieentwicklung in Deutschland, sondern in ganz Europa. Wirtschaftlicher Niedergang, das Gefühl großer Bevölkerungsteile, keine Zukunftsperspektiven zu haben, Arbeitslosigkeit, Armut, Ungleichheit und der daraus folgende Verlust von Vertrauen in den demokratischen Staat sowie Hoffnungslosigkeit waren das Gebräu, das schließlich zur Machergreifung der Nationalsozialisten mit Totalitarismus und Krieg führten.

Nach dem Desaster des Zweiten Weltkrieges wurde dann Ludwig Erhards Motto »Wohlstand für alle« zusammen mit der gelungenen Umsetzung des Konzepts der sozialen Marktwirtschaft zur Grundlage des Wirtschaftswunders und des Wiederaufbaus der noch jungen Bundesrepublik. Das Wirtschaftswunder der 1950er- und 1960er-Jahre führte nicht nur zur Überwindung der Kriegszerstörungen, zur Integration von Millionen Flüchtlingen aus den Ostgebieten, sondern auch zu einem bisher unbekannten Wohlstand für weite Teile der westdeutschen Bevölkerung. Nur auf dieser Grundlage konnte sich ein stabiles und belastbares Demokratieverständnis in Deutschland entwickeln. Die für uns heute selbstverständliche Stabilität Deutschlands wäre ohne diese für breite Bevölkerungsschichten erfahrbaren volkswirtschaftlichen Erfolge kaum denkbar gewesen.[238]

Und heute? Wie glaubwürdig ist das Versprechen »Wohlstand für alle« noch? Der individuelle Erfolg von Menschen ist für die Akzeptanz unseres politischen und wirtschaftlichen Systems entscheidend. Das wusste bereits einer der Väter der sozialen Marktwirtschaft, Alfred Müller-Armack: »Unsere Theorie ist abstrakt, sie kann öffentlich nur durchgesetzt werden, wenn sie einen konkreten Sinn bekommt und dem Mann auf der Straße zeigt, dass sie gut für ihn ist.«[239]

Worin besteht diese Theorie aber eigentlich? Das gesellschaftliche Leitbild Ludwig Erhards war das einer »formierten Gesellschaft«. Geprägt durch die Erfahrungen der zweiten Industrialisierungswelle und des Fordismus im frühen 20. Jahrhundert, war er der Überzeugung, dass arbeitsteilige Wertschöpfung sich nur unter der Mitwirkung aller Beteiligten erfolgreich gestalten lässt. Statt Verteilungskämpfe zwischen sozialen Gruppen, wie Arbeitnehmern und Arbeitgebern, zu forcieren, strebt eine formierte Gesellschaft nach der Erfüllung des gemeinsamen Interesses – dem »Wohlstand für alle«. Diese erhardsche Maxime, die ich teile, ist übrigens auch ein zentrales Argument gegen den Shareholder Value, der ja nur die Interessen einer kleinen Gruppe von Aktionären bedient.

Im Verständnis der sozialen Marktwirtschaft ist der Staat keine Umverteilungsmaschine im Sinne von sozialistischen Vorstellungen, sondern vor allem eine Art oberster Schiedsrichter bei wirtschaftlichen Tätigkeiten. Als Schiedsrichter muss der Staat permanent abwägen zwischen einerseits den Notwendigkeiten für soziale Gerechtigkeit und andererseits der Leistungs- und Wettbewerbsfähigkeit der Wirtschaft, sodass die Gesellschaft gestärkt wird. Beides stellt der Staat insbesondere durch eine funktionierende Rechtsordnung und Geldwertstabilität sicher. Erhard zog Grenzen für steuerfinanzielle Umverteilung und für Sozialversicherungen wie auch bei der Einflussnahme der Staatstätigkeit, die über eine gute Ordnungspolitik hinausgeht.

Die beste Sozialpolitik ist – nach Erhard – immer noch eine gute Wirtschaftspolitik, denn erfolgreiche Wirtschaftspolitik schafft die Grundlagen für eine ausgewogene Sozialpolitik. Grundlage dieser Überlegung war die auch heute unverändert richtige Erkenntnis, dass eine stabile Wirtschaft zugleich die Demokratie stabilisiert. Dabei ist der Gedanke »Wohlstand für alle« im Rahmen der sozialen Marktwirtschaft allerdings nicht gleichzusetzen mit unbegrenzten sozialen Leistungen, mit dem Aufbau eines vollständigen Versorgungsstaates mit Perfektionsanspruch. Ein Vollversorgungsstaat ist auf Dauer nicht finanzierbar und auch nicht international wettbewerbsfähig. Der Staat ist vielmehr aufgerufen, für Rahmenbedingungen zu sorgen, in denen sich die Menschen frei und selbstbestimmt entwickeln können, Eigenverantwortung übernehmen können, nicht in Bürokratie ersticken und auch die Früchte ihrer Arbeit ernten können.

Mein Eindruck ist, dass dies in Deutschland heute zu wenig möglich ist. Wie in Kapitel 1 ausgeführt, tragen deutsche Arbeitnehmer innerhalb der OECD die zweithöchste Steuerlast. Nur in Belgien bleibt für den durchschnittlichen Arbeitnehmer noch weniger Netto vom Brutto. Der vom Bund der Steuerzahler jährlich berechnete Steuer-

zahlergedenktag war 2018 der 18. Juli. Vereinfacht gesagt arbeitet ein
Arbeitnehmer also mehr als die Hälfte des Jahres für den Staat, bevor
er Geld »für sich« verdient. Im Ergebnis fällt die Vermögensbildung
aus Lohnarbeit vielen Deutschen immer schwerer.

Bei der Vermögensverteilung hingegen liegt die Bundesrepublik
bei Mittelwertvergleichen unter den ärmsten Ländern Westeuropas.
»In Deutschland liegt der Medianwert des geldwerten Vermögens für
Erwachsene bei 47.000 Dollar, in Griechenland bei 55.000 Dollar,
in Frankreich bei 120.000 Dollar und in Italien sogar bei 125.000
Dollar«, so die Aussage einer Studie der Schweizer Großbank Credit
Suisse.[240] Die Überraschung ist groß, wenn man erfährt, dass im Median[241] ein Grieche über deutlich mehr Vermögen als ein Bundesbür-
ger verfügt. Die Gründe dafür sind vielfältig. Zum einen hat Deutschland eine geringe Wohneigentumsquote (51,4 Prozent), entsprechend
gering ist das Immobilienvermögen eines Durchschnittsdeutschen. In
Italien und anderen Staaten Südeuropas sind Immobilienbesitzquo-
ten von über 70 Prozent keine Seltenheit. Der EU-Durschnitt liegt
bei 69 Prozent.[242] Im Umkehrschluss forciert die hohe Mietquote
auch die Vermögensungleichheit in Deutschland, schließlich wird
kontinuierlich Einkommen von einem gesellschaftlich überproportional hohen Anteil an Mietern an vergleichsweise wenige Immobilien-
eigentümer umverteilt.

Darüber hinaus setzen die Deutschen aufgrund ihrer ausgeprägten Risikoaversion wegen schlechter Erfahrungen – etwa in Zeiten
des Neuen Marktes und mit der Performance der sogenannten Tele-
kom-Volksaktie – eher auf sichere, aber dadurch auch renditeschwa-
che Anlageformen. Auch unser Bildungssystem legt kaum Wert auf
die Vermittlung wirtschaftlicher Zusammenhänge und finanzieller
Alphabetisierung. Während in den Niederlanden 30 Prozent der Bevölkerung ihr Geld in Kapitalmärkten investiert haben, haben hierzulande nur 6 Prozent ihr Vermögen zu Teilen in Aktien angelegt.[243] Dabei haben im Umfeld der Niedrigzinspolitik gerade in Deutschland
populäre Anlageformen wie das Sparbuch erheblich an Vermögens-

bildungsfähigkeit verloren. Während Sparguthaben im Durchschnitt um 0,4 Prozent wuchsen,[244] lagen die jährlichen Renditen auf dem Kapitalmarkt bei 7,9 Prozent.[245] Reich ist in Deutschland vor allem der Staat, der im weltweiten Vergleich nach den Vereinigten Staaten, China und Japan über den viertgrößten Staatshaushalt verfügt.[246] So stehen den öffentlichen Kassen hierzulande jährlich 1598 Milliarden Euro Einnahmen zur Verfügung, über 600 Milliarden mehr als beispielsweise in Großbritannien. Die Bürger unseres Landes hingegen stehen im europäischen Vergleich eher schlecht da.

Verschärft wird diese Entwicklung durch die bereits erwähnte Niedrigzinspolitik der Europäischen Zentralbank, die in den vergangenen Jahren die Schlagzeilen deutscher Medien bestimmte. Doch treten wir zunächst einen Schritt in der Betrachtung zurück. Als die USA im März 2003 den Irakkrieg begann, war der militärische Sieg schnell errungen. Innerhalb weniger Wochen fiel Bagdad, das Saddam-Regime wurde entmachtet und damit das zentrale Kriegsziel erreicht. Wenige Wochen später begab sich der damalige amerikanische Präsident George W. Bush auf Truppenbesuch zu einem Flugzeugträger im Persischen Golf. Dort hielt er unter einem mittlerweile berühmt gewordenen Banner, auf dem »mission accomplished« geschrieben stand, zu Deutsch: »Auftrag erfüllt«, eine Rede. Alsbald sollte sich jedoch herausstellen, dass zwar die irakische Armee besiegt worden war, jedoch an ihre Stelle schnell islamistische Milizen traten. Die amerikanische Herrschaft über den Irak musste in den Folgejahren mit immer höheren Einsätzen, personell wie materiell, erkauft werden. Im Jahr 2011 schließlich zogen die Amerikaner ab, nur drei Jahre später eroberte der sogenannte Islamische Staat weite Teile des Landes. Der im Sommer 2003 voreilig gefeierte »erfüllte Auftrag« stellte sich als Pyrrhussieg mit fatalen Folgen heraus.

Was hat der Irakkrieg mit der Eurorettung und Niedrigzinspolitik der Europäischen Zentralbank zu tun? Oberflächlich zunächst einmal sehr wenig. Diese Betrachtung ändert sich jedoch, wenn man das Verhalten von Entscheidungsträgern genauer betrachtet. Der Irakkrieg von George W. Bush begann mit einer Lüge bezüglich der Existenz irakischer Massenvernichtungswaffen. Griechenland wurde auf Grundlage bewusst falscher Angaben und Prämissen 1999 in den Euro-Währungsraum aufgenommen. Wie wir heute wissen, hatte das Land seine europäischen Partner bei der Angabe der wahren Höhe seiner Schuldenlast bewusst getäuscht. Im Jahr 2009 wurden die Regierungen der EU von den Ereignissen, insbesondere dem drohenden Staatsbankrott in Griechenland und den Problemen der sogenannten PIGS (Portugal, Italien, Griechenland und Spanien), den Hauptkrisenländern, an den internationalen Kapitalmärkten überrollt.

Die Situation schien ab Ende April 2010 so kritisch, dass ein Auseinanderbrechen der Eurozone für möglich gehalten wurde.[247] In der Folge setzte die Politik für die Eurorettung auf »alternativlose« Maßnahmen, letztlich auf einen – so hoffte man damals – Befreiungsschlag. Ein Kernpunkt war die berühmte Formulierung des damaligen EZB-Präsidenten Mario Draghi in seiner Londoner Rede vom Juli 2012: »Whatever it takes«[248]. Damit kündigte er an, dass alles getan werde und der Politik des lockeren Geldes keine Grenzen gesetzt werden würden. Es galt die Märkte zu beruhigen, egal wie und mit welchen Risiken und Nebenwirkungen.

Besonders kritisch muss dabei eine Analyse der Rolle der marktbeherrschenden US-Ratingagenturen ausfallen. Moodys, Standard & Poor's und Fitch hatten den Euro-Südländern in den Jahren zwischen der Euro-Einführung 2001 und dem Ausbruch der Krise 2009 viel zu positive Ratings attestiert und dadurch die Kreditkosten dieser Länder massiv gesenkt. Diese Senkung beziehungsweise Verzerrung des wahren Risikos der Kredite führte zu einer dramatischen Steigerung der Verschuldung in diesen Ländern mit absehbaren Folgen. Als dann die Krise 2008 ausbrach, drehten sich die Ratingagenturen quasi auf dem Absatz um, revidierten ihre Ratings und eine flächendeckende Abstufungswelle setzte ein, die das Vertrauen der Märkte in die Schuldentragfähigkeit der Südländer nachhaltig erschütterte und das Weltfinanzsystem an den Rand einer Panik und des Zusammenbruches führte. Im öffentlichen Diskurs bis dahin weitestgehend unbekannte Begriffe wie Rating wurden damals in den Abendnachrichten zu zentralen Themen und man konnte den Eindruck haben, dass die Ratingagenturen die Staaten auf den Kapitalmärkten vor sich hertrieben.

Im Rückblick lässt sich sagen, dass die genannten Ratingagenturen in doppelter Weise versagt haben. Anfänglich schätzten sie die Risiken der Südländer viel zu niedrig ein, nur um dann in der Krise mit ihren Korrekturen und Abstufungen Schockwellen bis hin zur Existenzkrise unseres Finanzsystems zu produzieren. Ich denke, es ist nicht übertrieben, an dieser Stelle von einem flächendeckenden professionellen Versagen der großen Ratingagenturen zu sprechen. Leider hat sich an der Abhängigkeit von diesen Agenturen bis heute nichts geändert, denn Pläne einer europäischen Ratingagentur, die eine echte Alternative zu den großen US-Agenturen darstellen könnte, wurden leider nie verwirklicht.

Das damalige deutsche und europäische Krisenmanagement war geprägt von der Priorität, die Krisensituation zu entschärfen, den Tag zu überleben und Zeit zu kaufen, damit die betroffenen Länder ihre Haushalte in Ordnung bringen konnten. Und heute? Jahre später wächst die Wirtschaft auch in Griechenland wieder, die Arbeitslosigkeit sinkt. Ist der Euro also gerettet? »Mission accomplished«? Wohl kaum.

Der Preis, um den man sich diese Fortschritte erkauft hat, ist hoch. Die Europäische Zentralbank senkte die Leitzinsen, also den Preis, für den sich Banken Geld bei der Zentralbank beschaffen können, auf ein Rekordtief. Mit der Zeit werden die unterschiedlichen Auswirkungen der Nullzinspolitik in ganz unterschiedlichen Bereichen zunehmend sichtbar. Meiner Meinung nach sind die langfristigen Effekte der Nullzinspolitik ein in der öffentlichen Diskussion in Deutschland und Europa sträflich vernachlässigtes Thema, zumal die Nullzinspolitik in ganz unterschiedlichen Problemfeldern die wahre

Ursache bedenklicher Entwicklungen darstellt, sich die öffentliche Diskussion aber auf der Wirkungsebene verheddert.

Kehren wir damit zurück zu der Situation in Deutschland und der Frage, wie es um den »Wohlstand für alle« beziehungsweise um die soziale Marktwirtschaft hierzulande bestellt ist. Die Deutschen sind, wie bereits ausgeführt, ein Volk von Sparern mit einer erheblichen Aversion gegenüber dem Aktienmarkt. Die Nullzinspolitik führt daher de facto zu einer Enteignung von Sparern, schließlich werden Bankguthaben und »klassische« Formen der Kapitalanlagen wie Anleihen und Sparbriefe kaum noch oder gar nicht mehr verzinst. Häufig liegt die Verzinsungsrate sogar noch unter der Inflationsrate, sodass die Kapitalanlage in Sparbriefen aktive Wertvernichtung bedeutet. Nach einer Studie der DZ Bank bescherte die Nullzinspolitik deutsche Sparer in den Jahren 2010 bis 2017 Zinseinbußen in Höhe von rund 436 Milliarden Euro, also Geld, das weder für eine spätere Altersvorsorge noch als möglicher Notgroschen bereitsteht.[249] Pro Bürger ergibt das einen durchschnittlichen finanziellen Verlust von circa 5300 Euro. Dieser Schaden hat durch eine schwächere Kaufkraft und damit eine niedrigere Binnennachfrage in Deutschland auch volkswirtschaftlich negative Konsequenzen. Gleichzeitig verschärfen die Nullzinsen auch die Vermögensungleichheiten indem sie Eigentümer von Sachwerten wie Aktien und Immobilien gegenüber Sparern massiv bevorteilen. Da Sachwerte jedoch in unserer Vermögensverteilung vor allem in der oberen Hälfte und insbesondere im oberen Dezil der Einkommenspyramide zu finden sind, entsteht so zusätzliche Ungleichheit.

Problematisch ist die Nullzinspolitik außerdem hinsichtlich der Altersvorsorge. Bekanntermaßen führt die demographische Entwicklung auf Dauer dazu, dass immer weniger Arbeitnehmer immer mehr Transferempfänger in der gesetzlichen Rentenversicherung unterstützen müssen. Kamen im Jahr 1962 noch sechs Beitragszahler auf einen Rentner, so liegt diese Quote mittlerweile bei 2,1 : 1.[250] Schon 2016 prognostizierte Hans-Werner Sinn, dass wir Mitte der 2030er-Jahre »siebeneinhalb Millionen mehr Rentner haben und achteinhalb Millionen weniger Personen im erwerbsfähigen Alter«.[251] Um diese Lücke auszugleichen, »seien theoretisch 32 Millionen mehr Arbeitskräfte nötig, das kann man sich gar nicht vorstellen«, so rechnet Sinn vor.[252]

Im Ergebnis wird die private Altersvorsorge ein wichtiger Baustein in der Prävention von Altersarmut. Lebensversicherungen sind mit ihrer Garantieverzinsung ein klassisches Beispiel für ein zinsabhängiges Altersvorsorgeprodukt. Fast 40 Prozent des Geldvermögens der Deutschen sind nach Auskunft der Bundesbank »Ansprüche gegenüber Versicherungen«.[253] Während in den 1990er-Jahren die durchschnittliche Verzinsung bei über sieben Prozent lag, ist diese auf 2,4 Prozent im Jahr 2018 geschrumpft. Die Folgen dieser Entwicklung werden vor allem dann spürbar werden, wenn die sogenannten »Baby-Boomer« das Rentenalter erreichen. Im Jahr 2031 tritt der geburtenstärkste Jahrgang in der deutschen Geschichte, das Geburtsjahr 1964, planmäßig mit 67 Jahren in Rente. Die Niedrigzinspolitik der Gegenwart wird dann dafür gesorgt haben, dass eine Vielzahl privat vorsorgender Bürger trotzdem in Altersarmut gerät. Die sozialen Konsequenzen dieser Entwicklung sind noch nicht absehbar.

Für die Vermögensbildung und die Altersvorsorge ist außerdem die Situation auf dem Arbeitsmarkt ein erfolgskritischer Faktor. Eine hohe Arbeitslosigkeit erhöht bekanntlich nicht nur das Potenzial für die politische Radikalisierung einer kritischen Masse in der Bevölkerung, sondern hat auch gravierende Folgen für menschliche Einzelschicksale und treibt Staatshaushalte in die Überschuldung.

In den letzten Jahren war die Situation auf dem Arbeitsmarkt in Deutschland sehr gut, auch wenn sich im Herbst 2019 konjunkturelle Eintrübungen bemerkbar machten, die dann auch den Arbeitsmarkt belasten werden. Seit einiger Zeit fluktuiert die durchschnittliche Arbeitslosigkeit in Deutschland um die Fünf-Prozent-Marke, wobei die Abstände zwischen Ost und West geringer werden. Im Vergleich zu vielen anderen europäischen Ländern ist dies ein guter Wert. Nach den negativen Höhepunkten der Jahre 1998 und 2005 mit jeweils über elf Prozent stellt die Halbierung der Arbeitslosigkeit doch einen großen Erfolg dar, oder?[254]

Aber hier zeigen sich die Grenzen einer vereinfachten Durchschnittsbetrachtung und die Gefahren potenzieller Fehleinschätzung durch eine solche Betrachtung, denn Arbeitslosigkeit ist in Deutschland regional sehr unterschiedlich verteilt. Ende 2018 wurde zwar bundesweit die Marke von 45 Millionen Erwerbstätigen durchbrochen, doch erhebliche regionale Unterschiede bleiben bestehen.[255] So sind die Stadtstaaten Bremen und Berlin traurige Spitzenreiter, bei den Flächenländern Mecklenburg-Vorpommern und Sachsen-Anhalt mit Arbeitslosenquoten jenseits der sieben Prozent. In Bayern und Baden-Württemberg herrscht mit drei Prozent nahezu Vollbeschäftigung.[256] Städte im Ruhrgebiet und im Saarland sind von höherer Arbeitslosigkeit betroffen als die meisten Landkreise in Thüringen und Sachsen. Das noch in vielen Köpfen verankerte Bild »ostdeutsche Länder – hohe Arbeitslosigkeit und westdeutsche Länder – niedrige Arbeitslosigkeit« ist so nicht mehr zutreffend. Auch hier sollten wir uns von alten Klischees befreien.

Die aktuell auch im europäischen Vergleich gute Lage am deutschen Arbeitsmarkt ist zudem ein Ergebnis eines längeren wirtschaftlichen Booms seit 2011, getrieben von einem starken Export. Dieser Exporterfolg ist sicher in nicht unerheblichem Maße auf den im Vergleich zur D-Mark günstigeren Eurokurs sowie das rasante Wirtschaftswachstum vor allem in China zurückzuführen. Dieser langjährige Exporterfolg wäre ohne den Euro, also auf Basis einer »starken« D-Mark, wohl kaum möglich gewesen.

Doch der Rückgang der Arbeitslosigkeit hat auch einen Preis. Gravierend ist auch die Entstehung eines ausgeprägten Niedriglohnsektors. Rund 3,38 Millionen Vollzeitbeschäftigte in Deutschland haben im Monat zuletzt weniger als 2000 Euro brutto verdient. Nach den jüngsten offiziellen Daten von Ende 2017 waren das 16 Prozent aller Beschäftigten, also etwa jeder Sechste. [257] Auf Basis des bestehenden Mindestlohns von 9,19 Euro/Stunde und mit einer Arbeitszeit von 140 bis 160 Monatsarbeitsstunden berechnet, entspricht dies einem Bruttolohn von um die 1500 Euro pro Monat. Dabei fallen wieder regionale Unterschiede ins Auge. »Während in Westdeutschland 13,5 Prozent der Vollzeitbeschäftigten (2,32 Millionen) weniger als 2000 Euro brutto verdienten, waren es in Ostdeutschland 27,5 Prozent (1,06 Millionen) – also rund jeder Vierte. Die höchsten Anteile hatten mit 32,6 Prozent Mecklenburg-Vorpommern und mit 30,2 Prozent Thüringen. Die niedrigsten Anteile gab es mit 11,4 Prozent in Baden-Württemberg und mit 11,5 Prozent in Hamburg.« [258]

Zudem ist der Niedriglohnsektor von teils skandalösen regulatorischen Defiziten geprägt, sodass die Menschen dort deutlich unter dem gesetzlichen Mindestlohn bezahlt werden. Ein trauriges Beispiel ist die Situation der Paketzusteller. So meldete das Hauptzollamt Duisburg als Ergebnis einer Razzia, dass »im Durchschnitt jeder dritte Arbeitgeber im Bereich Paketzusteller und Kurierdienste« zu wenig Lohn zahle, teilweise deutlich unter dem gesetzlichen Mindestlohn. [259]

Im Ergebnis bedeutet dies, dass einerseits die Arbeitslosigkeit deutlich zurückgegangen ist, aber andererseits in einigen Bundesländern mehr als ein Viertel der Beschäftigten mit weniger als 2000 Euro brutto monatlich auskommen müssen. Die Unterschiede zwischen Ost und West in Bezug auf die Einkommens- und Vermögensverteilung sind erheblich, aber nicht einseitig im Sinne von »Im Westen alles gut und im Osten nur Probleme«, denn auch Westdeutschland verfügt über eine Reihe von wirtschaftlichen Problemregionen wie das bereits erwähnte Saarland, die Westpfalz oder Teile des Ruhrgebietes.

Regionen mit ausgeprägtem Niedriglohnsektor können schwerlich wirtschaftliche Dynamik entwickeln, besonders da sie überproportional von Abwanderung gerade junger, qualifizierter Menschen betroffen sind. Dadurch entsteht eine Abwärtsspirale aus Niedriglohn, geringer Kaufkraft, wenig Chancen und Abwanderung beziehungsweise Überalterung mit schwerwiegenden, langfristigen Konsequenzen.

Den vielleicht drastischsten Niederschlag findet diese Entwicklung in der auseinanderlaufenden Lebenserwartung in Deutschland. Es bestehen teils Unterschiede von über einem Jahrzehnt zwischen einzelnen Städten und Landkreisen. So sterben in Pirmasens in der Westpfalz Männer im Schnitt schon mit 73 Jahren, sechs Jahre früher als der Bundesdurchschnitt. Dies entspricht in etwa der Lebenserwartung in Peru, Marokko und dem Libanon.[260] Auch die Lebenserwartung der Pirmasenser Frauen liegt deutlich unter dem Bundesdurchschnitt und acht Jahre unter der Lebenserwartung im Landkreis Breisgau-Hochschwarzwald oder der Stadt Münster.[261] »Deutschland geht es gut.« – Diese Aussage geht an der Lebensrealität eines erheblichen Teils der deutschen Bevölkerung vorbei.

Was folgt aus dieser Analyse? Deutschland steht vor großen ungelösten strukturellen Herausforderungen. Regionale und innergesellschaftliche Ungleichheiten einerseits, immer schlechtere Chancen auf Vermögensbildung andererseits bilden ein potenziell explosives politisches Gemisch. Studien des Deutschen Instituts für Wirtschaftsforschung (DIW) zeigen, dass die soziale Mobilität, also die Aufstiegschancen bei Frauen stagnieren und bei Männern sogar zurückgehen.[262] Dies ist vor dem Hintergrund, dass unser Land gerade eine knapp ein Jahrzehnt andauernde Wachstumsphase hinter sich hat und die konjunkturellen Wolken sichtbar dunkler werden, umso besorgniserregender. So hat sich der ifo-Geschäftsklimaindex im Spätsommer 2019 auf den niedrigsten Wert in sieben Jahren abgekühlt und das DIW warnte im August 2019 erstmals in einem Jahrzehnt vor einer Rezession.[263] Eine andauernde Wirtschaftskrise würde die beschriebenen wirtschaftlichen Strukturprobleme vermutlich noch verschärfen.

Wir müssen unser Steuersystem daher so reformieren, dass durchschnittlichen Arbeitnehmern wieder Vermögensaufbau aus Lohnarbeit möglich wird. Zurzeit besteht das deutsche Steuersystem aus einem für die meisten Bürger und Unternehmen nicht nachvollziehbaren Dickicht aus Vorschriften und Sonderregelungen. Viel zu oft bemüht sich die deutsche Finanzbürokratie, mögliche Einzelfallregelungen bis in das letzte Detail zu verfeinern. Einige steuerliche Regelungen sind offensichtlich unsinnig. So kosten das Eintreiben und die Verwaltung von zahlreichen Bagatellsteuern den Fiskus häufig ähnlich viel wie die Erträge. Zu Bagatellsteuern zählen beispielsweise Steuern wie die Schaumweinsteuer auf Bundesebene oder Pferde- und Hundesteuern in Kommunen.

Wegweisend für ein einfacheres und effizienteres Steuersystem sind die Vorschläge des Steuerrechtlers und ehemaligen Bundesverfassungsrichters Paul Kirchhof. Er plädierte schon 2005 dafür, auf Bundesebene sämtliche Steuergesetze zugunsten eines Bundessteuergesetzbuches zu streichen. Um die Komplexität und damit auch die Kosten des Systems massiv zu senken, sollten nur noch vier Steuerarten erhoben werden:

- auf das Einkommen (einheitlich bei natürlichen Personen, Personengesellschaften und Körperschaften),
- auf den Umsatz (also Mehrwertsteuer),
- auf Erbschaft und Schenkung,
- auf den Verbrauch, soweit er die Gemeinschaft finanziell belastet (Tabak, Alkohol, Energie).

Gleichzeitig forderte Kirchhof die dreistellige Zahl an Ausnahmetatbeständen zu streichen und durch Pauschalen und wenige Ausnahmeregelungen, beispielsweise für Familien, zu ersetzen.

Ich denke, dass wir eine radikale Vereinfachung unseres Steuersystems angehen müssen, einerseits um den Bürokratieabbau voranzubringen und andererseits um gesellschaftliche Effekte wie mehr Gerechtigkeit und die Chance für einen Vermögensaufbau breiter Bevölkerungsschichten zu erzielen. Im Grundsatz halte ich diese durchaus radikalen Vorschläge von Professor Kirchhof auch heute noch für richtig und wünsche mir den Mut von Entscheidern, hier mit Entschlossenheit aktiv zu werden.

Primärziel eines Steuersystems ist nicht perfekte Einzelfallge-
rechtigkeit, sondern Nachvollziehbarkeit und Berechenbarkeit für
Bürger und Unternehmen. Ein Steuersystem muss die Zukunftsfähigkeit eines Landes unterstützen, die Meisterung der Herausforderungen erleichtern und darf kein aus einer »Haben wir schon immer so gemacht«-Haltung gefüttertes Bürokratiemonster sein. Mit
einer Fundamentalreform entlang der Kirchhofschen Linien wären
diese Ziele weitgehend zu erreichen. Leider scheiterte im Jahr 2005
diese Reform an ihrer politischen Dämonisierung im Bundestags-
wahlkampf und dem mangelnden Reformwillen der Regierungsver-
antwortlichen.

Eine solche Steuerreform wäre jedoch nicht in allen Einkommensklas-
sen gleichermaßen wirksam. Am unteren Ende der Einkommens-
verteilung werden bereits heute so gut wie keine Steuern vom Lohn
abgezogen, entsprechend gering ist der fiskalpolitische Spielraum,
um Möglichkeiten zur Absicherung gegen Altersarmut zu schaffen.
Daher plädiere ich für eine deutliche Anhebung des Mindestlohns in
Deutschland.

Ein Mindestlohn von demnächst 9,35 Euro die Stunde reicht in
Deutschland vielerorts nicht aus, um über dem Existenzminimum zu
leben. Es ist volkswirtschaftlich unsinnig, Löhne so sehr zu dämpfen, dass mittel- und langfristig ein Prekariat entsteht, das dann durch
teure, vom Steuerzahler finanzierte Sozialmaßnahmen wieder aufgefangen werden muss. Es ist paradox, einen niedrigen Mindestlohn zu
fordern, der dann absehbar zu Altersarmut führt. Es kann kein Beispiel guter Ordnungspolitik sein, dass die anfänglichen Lohnvorteile
eines niedrigen Mindestlohns für Unternehmen später durch die Allgemeinheit in Form von erhöhten Sozialausgaben wieder aufgefangen
werden müssen.

Hier muss zwar das Argument, dass Arbeitsplätze durch einen
zu hohen Mindestlohn vernichtet werden, berücksichtigt werden.
Schließlich folgt aus einem höheren Lohn, also einem höheren Preis

für Arbeit, in der volkswirtschaftlichen Orthodoxie eine geringere Nachfrage nach dieser. Im Gegenzug muss aber auch diskutiert werden, ob es sinnvoll ist, weiterhin Formen der Vollzeitbeschäftigung zuzulassen, die keine ausreichende Existenzgrundlage bieten. Abgesehen von der menschlichen Dimension halte ich das nämlich auch für ordnungspolitisch falsch. Entsprechend sollten Mindestlöhne auf ein Niveau angehoben werden, welches nach 45 Jahren Vollzeitbeschäftigung jede Form von Altersarmut ausschließt. Nach einer Einschätzung des Bundesarbeitsministeriums aus dem Jahr 2018 liegt dieser Betrag bei einem Stundenlohn von 12,63 Euro.[264] Als überzeugter Marktwirtschaftler, Unternehmer und CDU-Mitglied halte ich es für einen Fehler diese Debatte entlang ideologischer Gräben aufzuladen und rentensichernde Lohnpolitik für »links« zu erklären. Berücksichtigt man die Anpassung durch Inflation, plädiere ich daher für die Einführung eines Mindestlohns von 13 Euro pro Stunde.

Ein weiterer Aspekt sind die teilweise erheblichen regionalen Unterschiede der Lebenshaltungskosten, insbesondere der Mieten. Die Kosten liegen in Großräumen wie München, Berlin oder dem Rhein-Main-Gebiet deutlich über den Kosten in vielen ländlichen Räumen. Daher stellt sich die Frage, ob ein bundesweiter Basismindestlohn mit Zuschlägen für definierte Ballungsräume eine Lösung sein könnte, ähnlich dem Prinzip der kommunalen Hebesätze, wie es in der Gewerbesteuer Praxis ist.

Das Gewinnstreben des Einzelnen darf nicht das Gemeinwohl gefährden. Dieses Grundprinzip der christlichen Soziallehre wenden wir in vielen Bereichen unseres Wirtschaftssystems an, nur scheinbar im Finanzsektor nicht. Unser Finanzsystem befand sich im Oktober 2008 kurz vor der Kernschmelze, so knapp, dass Bundeskanzlerin Merkel und der damalige Bundesfinanzminister Steinbrück an einem Sonntagabend im Oktober 2008 historische Worte sprechen mussten: »Wir sagen den Sparerinnen und Sparern, dass ihre Einlagen sicher sind. Auch dafür steht die Bundesregierung ein.«[265]

Diese Aussage hatte damals nur ein Ziel: die Verhinderung einer Panik, eines Runs auf die deutschen Sparkonten. Thomas Mayer, damals Chefvolkswirt der Deutschen Bank, bewertete diese Aussage als »komplett gelogen. Aber es war eine Notlüge, die sehr fruchtbar war, weil es verhindert hat, dass die Leute zu den Banken rennen und die Misere durch Panik eigentlich erst hervorgerufen hätten.«[266] Hintergrund war das am Markt zerstörte Vertrauen im Zuge der Lehman-Pleite und die damit verbundenen Ansteckungsgefahren auch in Deutschland, konkret im Falle der Insolvenz der Münchener Hypo Real Estate Bank (HRE). Ich glaube, dass auch heute nur wenige Deutsche realisieren, dass Sichtguthaben auf Bankkonten rechtlich nicht ihr Eigentum sind, sondern lediglich einen Rückanzahlungsanspruch der Bank bilden.[267]

Mehr als zehn Jahre später, läuft einem noch ein Schauer über den Rücken, wenn man die damalige Lage reflektiert. Und es drängen sich Fragen auf. Sind wir heute vor einer Wiederholung einer ähnlichen Krise wie 2009 sicher? Kann der Steuerzahler sich darauf verlassen, zukünftig nicht mehr in Haftung genommen zu werden? Die Stärkung der Eigenkapitalquoten und Erfassung systemischer Risiken durch Stresstests sind sicher Schritte in die richtige Richtung, aber genügen sie auch?

Die klare Antwort ist meiner Meinung nach nein. Gerade die im Frühjahr 2019 geführte Diskussion um eine mögliche Fusion der Deutschen Bank mit der Commerzbank zeigt, dass das Problem eines »too big to fail« immer noch nicht bei bestimmten politischen Entscheidungsträgern angekommen ist. Die Zusammenführung zweier in Schwierigkeiten befindlichen Institute zu einem neuen Megainstitut mutet an wie der Versuch, aus zwei Kranken einen Gesunden zu machen. Ein Blick auf die Kursentwicklung zeigt, dass die Aktie der Deutsche Bank von rund 27 Euro auf rund sechs Euro im Fünfjahreszeitraum von Juni 2014 bis Juni 2019 fiel. Im gleichen Zeitraum fiel die Aktie der Commerzbank von rund neun Euro um ein Drittel auf rund sechs Euro im Juni 2019. Für beide Institute ein vernichtendes Markturteil.

Geradezu grotesk mutet die Argumentation an, Deutschland als Volkswirtschaft brauche eine oder mehrere internationale in der Topliga angesiedelte Universalbanken, denn dies wäre vor allem für deutsche Großunternehmen wie DAX-Konzerne wichtig. Dabei wird übersehen, dass die meisten großen Aktiengesellschaften selbständig agierende Spieler an den Finanzmärkten sind, die mit Hilfe internationaler Bankenkonsortien ihre Eigen- oder Fremdkapitalbedürfnisse managen. Die Forderung nach nationalen Champions, besonders wenn die dafür auserwählten Kandidaten so jämmerlich im Markt performen, ist ein Anachronismus.

Deutschland und die EU brauchen keine Wiederholung solcher Krisen, sondern effektiven Schutz der Bürger und der Staatshaushalte vor Fehlverhalten im Finanzsektor. Es darf nicht wieder sein, dass Gewinne in den Unternehmen und bei den Aktionären bleiben und im Falle einer erneuten Finanzkrise, die irgendwann kommen wird, Risiken und Schäden dann gesellschaftlich getragen werden müssen. Gerade im Banken- und Finanzsektor gelten die Grundsätze von Verantwortung, Haftung und des Ursache-Wirkung-Prinzips.

Daher muss eine fundamentale Neuordnung des deutschen und idealerweise auch des europäischen Banken- und Finanzsektors so erfolgen, dass einzelne Banken Konkurs gehen können, ohne dass das System oder der Markt zusammenbricht. Dies kann nur durch eine im System verankerte Risikoabschottung gelingen, also durch die Einführung eines Trennbankensystems, dass die Risiken der heutigen Universalbanken massiv reduziert. Die Krise von 2008 und die bis heute eklatanten Schwierigkeiten der Deutschen Bank zeigen, dass das bisherige Universalbankensystem sowohl aus Risiko- als auch aus Managementperspektiven untragbar geworden ist.

Hier hat das gesellschaftliche Wohl der volkswirtschaftlichen Risikominimierung klar Vorrang vor individuellen betriebswirtschaftlichen Effizienzerwägungen einzelner Institute oder dem vermeintlichen Bedürfnis einzelner Großkunden nach kosteneffizienteren Lösungen »aus einer Hand.« Als Gesellschaft legen wir ja auch die

Sicherheitsstandards in anderen Branchen fest. Kein Mensch käme auf die Idee, der chemischen Industrie oder der Automobilindustrie die Formulierung und Umsetzung von Sicherheitsstandards allein zu überlassen. Keine Branche hat in den vergangenen Jahrzehnten mehr volkswirtschaftlichen Schaden angerichtet als die Banken, daher müssen sie sich auch entschiedenes ordnungspolitisches Eingreifen des Staates gefallen lassen.

In einem Trennbankensystem wird nach Commercial Banking und Investment Banking unterschieden. Das Commercial Banking umfasst das Einlagen- und Kreditgeschäft, also Angebote rund ums Sparen, Kreditvergabe an Privatkunden und Unternehmen, vor allem im mittelständischen Bereich. Sparkassen und Genossenschaftsbanken bedienen heute vor allem dieses Segment. Das Investmentbanking konzentriert sich hingegen auf Mergers & Acquisitions, das Wertpapiergeschäft, den Handel mit komplexen und damit potenziell riskanteren Finanzprodukten wie Collateralized Debt Obligations, Collateralized Morgage Obligations oder anderen strukturierten, forderungsbesicherten Finanzprodukten.

Das Commercial Banking ist also mit einem im Vergleich zum Investment Banking deutlich niedrigeren Risikoprofil ausgestattet und hat die Aufgabe, die Geldversorgung der Bevölkerung, des Handwerks und mittelständischer Unternehmen, also des Kerns der Volkswirtschaft, sicherzustellen. Das risikotechnisch vollständig abgetrennte Investment Banking bildet dann den Marktplatz für in Größe und Risikoprofil riskantere Geschäfte. Durch eine solche Trennung würde auch der zweite wichtige Faktor der Krise, die übermäßige Vernetzung, entschärft, da sich nur Banken innerhalb ihres jeweiligen Segmentes, also entweder innerhalb des Commercial Banking oder des Investment Banking, vernetzen könnten.

Die Diskussion um das Universalbanken- versus Trennbankensystem ist nicht neu. Schon nach der Weltwirtschaftskrise von 1929 wurden solche Überlegungen angestellt und mündeten 1933 in den USA in die Einführung eines Trennbankensystems unter dem Begriff des

Glass-Stegall Acts. Dieses Trennbankensystem wurde durch den so genannten Big Bang in London 1986 und in den USA endgültig 1999 aufgelöst. Dessen Abschaffung führte zu einer ausgeprägten Fusionswelle, in der neue globale Megainstitute wie die Citibank entstanden. Deregulierung der Finanzmärkte wurde zum Motto der Stunde. Doch die neuen »Masters of the Universe« konnten nur schlecht mit ihren neuen Freiheiten umgehen; »Too big to fail« feierte fröhliche Urstände und der Weg zur Finanzkrise 2008 war vorgezeichnet.

Peter Bofinger, langjähriges Mitglied des Sachverständigenrates der Bundesregierung, sagt: »Auch heute noch gibt es Institute, die ›too big too fail‹ – also zu groß sind, um sie scheitern zu lassen. Die Vernetzung zwischen Banken ist immer noch hoch. Und ich bin mir nicht sicher, ob wir jetzt eine Situation haben, wenn jetzt die Deutsche Bank heute Abend insolvent würde, ob dann das Bankensystem noch stabil wäre.«[268]

Mich gruselt es bei der Erkenntnis, wie wenig wir scheinbar aus der Finanzkrise über den Umgang mit systemischen Risiken gelernt haben. Verantwortung und Haftung dürfen niemals entkoppelt werden. Genau das passiert aber, wenn von einzelnen Banken aufgestaute Risiken ganze Volkswirtschaften versenken könnten. Schließlich besteht dann keine reelle Insolvenzgefahr mehr, sondern eine praktische Garantie, dass der Staat notfalls der jeweiligen Bank mit einem Rettungsschirm unter die Arme greifen würde. Solange wir kein konsequentes Trennbankensystem einführen und eine Zerschlagung von Banken, die »too big too fail« sind, vornehmen, riskieren wir, dass die nächste Finanzkrise noch mehr Schaden für Steuerzahler und Volkswirtschaft anrichtet als die vergangene.

Stichwort Steuerzahler: Wer in Deutschland hat noch einen Überblick über die aktuellen Subventionen, ihre Höhe, Laufzeiten, ihren Zweck und vor allem ihre Wirksamkeit? Werden Subventionen überhaupt, und wenn ja, von wem, auf ihren Erfolg geprüft? Gibt es einen Reviewmechanismus, der auch in der Lage ist, Subventionen, die ihr

Ziel verfehlt haben, kurzfristig zu beenden? Gibt es so etwas wie ein qualifiziertes Subventionsmanagement?

Die Bundesregierung veröffentlichte zwar eine 77-seitige Broschüre (26. Subventionsbericht) über den aktuellen Stand der Subventionen; diese schafft allerdings mehr Verwirrung als Klarheit, da eine verständliche Zuordnung von Subventionen zu einzelnen Ministerien fehlt, keine Erfolgs- beziehungsweise Bewertungskriterien für Subventionen genannt werden und weite Teile des Textes sich mit allgemeinen Betrachtungen der Subventionspolitik befassen. Unter Ziffer 3.1 erfährt der Leser, dass sich die Bundessubventionen von 20,9 Milliarden Euro in 2015 auf 25,2 Milliarden Euro in 2018 erhöht haben. Die Subventionen sind also um rund 4,4 Milliarden gestiegen, aber nirgendwo sind Informationen über ein konkretes Subventionscontrolling, eine erfolgsorientierte Subventionspolitik zu finden.[269] Ich bin der Überzeugung, dass viele Subventionen politischer Einflussnahme geschuldet sind, Einzelinteressen bedienen und Erfolgskriterien nur am Rande interessieren. Solche Intransparenz im Umgang mit Steuergeld macht betroffen und zerstört Vertrauen in den Staat.

Ein Blick in die Schweiz zeigt, dass es auch anders und besser geht. Hier schafft Transparenz Vertrauen, bindet Bürger ein und verhindert Verschwendung sowie Klüngelwirtschaft. Das Schweizer Subventionsgesetz zeigt einen Weg auf, der uns in Deutschland helfen würde. Das Gesetz verpflichtet die Schweizer Regierung, »sämtliche Subventionen mindestens alle sechs Jahre zu überprüfen und dem Parlament über die Ergebnisse dieser Prüfung Rechenschaft abzulegen. (…) Grundsätzlich werden alle Subventionen überprüft und in der Staatsrechnung ausgewiesen. (…) Zudem werden in diesem Rahmen die ›versteckten‹ Subventionen, die Steuervergünstigungen, alle sechs Jahre einer vertieften Überprüfung unterzogen. Von der Überprüfung befreit sind Subventionen, deren Überprüfung nicht sinnvoll erscheint, weil sie ohnehin auslaufen (Befristung) oder weil der Bundesrat im Grundsatz bereits eine strukturelle Reform der Subvention beschlossen hat. (…) Die Überprüfung erfolgt anhand eines standardisierten Fragebogens, mit welchem insbesondere die Begründung, der Umfang, die Ausgestaltung, die Steuerung sowie das Verfahren der Beitragsvergabe der Subventionen systematisch analysiert werden. So ist beispielsweise die Berechnungsgrundlage der Höhe des Subventionsbeitrags, die Ausgestaltung des Controllings oder die Effizienz der Beitragsvergabe zu erörtern. (…) Die darauf aufbauende Berichterstattung in der Staatsrechnung umfasst pro Subvention drei Abschnitte: die Zusammenfassung der wichtigsten Merkmale, die kritische Würdigung und der daraus abgeleitete Handlungsbedarf. Das Umsetzungscontrolling erfolgt im Dreijahresrhythmus ebenfalls im Rahmen der Staatsrechnung.«[270]

Weiterhin ist im Schweizer Gesetz eine öffentlich zugängliche Datenbank vorgesehen, in der alle Subventionen nach Departement (Ministerium), Aufgabengebiet und Kreditnummer sortiert mit wenigen Klicks angezeigt werden.[271]

Eine solche Lösung in Verbindung mit dem politischen Willen, Subventionen erfolgsorientiert zu managen, ist eine Forderung, die schnell parteiübergreifenden Konsens in Deutschland finden sollte.

Genaues Kontrollieren staatlicher Ausgaben, Verknüpfung von Haftung und Verantwortung, Vermögensbildung und Alterssicherung aus Lohnarbeit und Löhnen, die ein menschenwürdiges Auskommen garantieren, sind Prinzipien, welche die deutsche Wirtschaftspolitik leiten sollten.

Einen zentralen Aspekt von Ludwig Erhards sozialer Marktwirtschaft habe ich jedoch bisher noch nicht erwähnt. Ein Thema, dem Erhard in seinem Werk »Wohlstand für alle« ein ganzes Kapitel einräumt. Er leitet es mit folgenden Worten ein: »Die Integration Europas ist notwendiger denn je, ja sie ist geradezu überfällig geworden.«[272] Wie klingen diese Worte in der Gegenwart?

6.
Für eine Heimat Europa

Wo steht der europäische Integrationsprozess? Die politische Lage in der EU ist heute paradox. Einerseits geben in Umfragen so viele Bürger wie nie zuvor an, dass sie die Mitgliedschaft ihres Landes in der Union für eine gute Sache halten.[273] Andererseits gewinnen Parteien mit dezidiert anti-europäischer Rhetorik und ebensolchen Programmen in Italien, Frankreich, Polen und auch Deutschland massiv an Stimmen. Im Brexit-Referendum 2016 wurde gar für den ersten Austritt eines Mitgliedsstaates aus der EU gestimmt. Wie passen die grundsätzliche Beliebtheit der europäischen Idee mit der Unzufriedenheit der Wählerschaft mit der jetzigen EU zusammen?

Mein persönlicher Eindruck ist, dass auch viele Pro-Europäer die europäischen Institutionen und Entscheidungsmechanismen als dysfunktional empfinden. Entsprechende Debatten über die Ausgestaltung der EU werden jedoch im öffentlichen Raum wenig differenziert geführt, sondern zu schnell auf ein »Europa – ja oder nein?« reduziert.

Bereits das Zusammenfassen aller europäischen Institutionen unter dem Schlagwort »Brüssel« verhindert eine sachorientierte Auseinandersetzung mit europäischer Politik. Zeitungsschlagzeilen wie »Brüssel fordert …« ignorieren die enormen politischen Unterschiede und die Vielschichtigkeit, die es innerhalb der EU und ihrer Organisationsstruktur gibt.

Man stelle sich folgende Umfrage in einer deutschen Fußgängerzone vor: »Bitte erklären Sie mir den Unterschied zwischen dem Europäischen Rat, dem Rat der Europäischen Union, der EU-Kommission, dem Europäischen Parlament und dem Europarat.« Ich denke, dass an dieser Stelle die meisten Befragten ins Schleudern kommen würden. Deshalb stelle ich meinen Überlegungen zur EU eine vereinfachte Übersicht voran:

Der Europäische Rat ist das Gremium der Staats- und Regierungschefs aller 27 Mitgliedsstaaten. Neben der deutschen Bundeskanzlerin und dem französischen Staatspräsidenten sitzen dort also auch der Ministerpräsident Italiens sowie die derzeit 24 weiteren europäischen Staatschefs.

Seine Aufgaben umfassen die Festlegung der politischen Leitlinien der EU. Darüber hinaus nominiert der Europäische Rat die oder den Kommissionspräsidenten und das Präsidium der Europäischen Zentralbank. Am Gesetzgebungsverfahren ist der Europäische Rat nicht beteiligt, diese Kompetenz liegt bei der Europäischen Kommission, dem Europäischen Parlament und dem Rat der EU.

Die Europäische Kommission besteht aus einem Präsidenten (seit November 2019 ist Ursula von der Leyen die Präsidentin) und 26 Fachkommissaren, zum Beispiel für Wettbewerb, Haushalt, Fischerei und Verbraucherschutz, mit einer Amtszeit von fünf Jahren. Die jeweiligen Kommissare entsprechen de facto den Fachministern auf nationaler Ebene. Eine zentrale Aufgabe der Kommission ist es, neue Gesetze (Richtlinien und Verordnungen) vorzubereiten und zu initiieren.

Im ordentlichen Gesetzgebungsverfahren leitet die EU-Kommission den jeweiligen Gesetzesentwurf dem Europäischen Parlament zu. Das Europäische Parlament wird alle fünf Jahre von allen wahlberechtigten Bürgern der EU in freier, geheimer und direkter Wahl gewählt und umfasst 751 (nach dem Brexit 700) Abgeordnete. Bei Zustimmung des Europäischen Parlamentes zu einem Gesetzentwurf wird dieser, gegebenenfalls mit Änderungen, an den Rat der EU weitergeleitet.

Der Rat der EU (auch Ministerrat genannt) ist grob mit dem deutschen Bundesrat, also der Vertretung der Länder, zu vergleichen. Die zuständigen nationalen Fachminister beraten und beschließen dort über Gesetze. Je nach Thema des Gesetzes entscheidet der Ministerrat mit qualifizierter Mehrheit, das heißt mit 55 Prozent der Länder, die über 65 Prozent der Bevölkerung verfügen, oder mit Einstimmigkeit.

Schließlich gibt es noch den Europarat, der allerdings nicht direkt etwas mit der EU zu tun hat. Neben den Staaten der EU gehören diesem auch Länder wie die Türkei, Russland, Norwegen, Island, Aserbeidschan, Georgien, die Schweiz und Armenien an. Seine Aufgabe ist die Ausarbeitung zwischenstaatlicher Verträge wie die europäische Menschenrechtskonvention oder das europäische Patentabkommen. In den 70 Jahren seines Bestehens wurden unter dem Dach des Europarats insgesamt 218 völkerrechtliche Verträge verabschiedet.

Klingt verwirrend? Sorgen Sie sich nicht, denn selbst Profis kommen manchmal ins Schwimmen. So verwechselte Ursula von der Leyen in ihrem letzten Tagesbefehl als Bundesverteidigungsministerin am 15. Juli 2019, wer sie wirklich nominiert hatte: »Soldatinnen und Soldaten! (…) Der Rat der Europäischen Union hat mich Anfang Juli als Kandidatin für die Präsidentschaft der EU-Kommission vorgeschlagen.«[274] Die richtige Formulierung wäre gewesen, dass der Europäische Rat sie nominierte.

Es ist kompliziert und die Verwechselbarkeit der Gremienbezeichnungen ist auch alles andere als hilfreich. Diese Umstände führen dazu, dass es für nationale Politiker einfach ist, eigenes Unvermögen auf »Brüssel« als Sündenbock abzuwälzen. Kaum jemand würde bei einer politischen Forderung aus einer Bundestagsfraktion auf die Idee kommen, diese unter »Deutschland fordert …« oder »Berlin fordert …« medial zu verbreiten und zu diskutieren. In der europäischen Politik ist jedoch die pauschale Zuschreibung einzelner Vorschläge auf die EU zu einer bequemen Normalität geworden.

Prügelknabe Brüssel

Ein viel diskutiertes Beispiel hierfür ist die berüchtigte »Gurkenverordnung«, die 2009 aufgehoben wurde. In vielen Zeitungen wurde die Vorschrift, die den maximalen Krümmungsgrad von Stangengurken im europäischen Einzelhandel regelte, immer wieder spöttisch als Beispiel für den vermeintlichen Regulierungswahn der Brüsseler Bürokraten angeführt. Dabei waren es in Wahrheit Vertreter des Deutschen Bauernverbandes, zusammen mit dem Bundesministerium für Landwirtschaft, die diese Direktive politisch verursachten. Die besondere Ironie ist, dass die Richtlinie von vielen Einzelhandelsunternehmen im Einkauf bis heute angewandt wird, da Gurken so platzsparender und damit kostengünstiger sowie umweltschonender transportiert werden können.[275]

Kein Gesetz und keine Verordnung in der EU kann ohne mehrheitliche Zustimmung nationalstaatlicher Vertreter im Rat der EU, dem Ministerrat, verabschiedet werden.[276] Da der Ministerrat alle nationalen Regierungen umfasst, ist es unglaubwürdig, wenn nationale Regierungen auf »Brüssel« als alleinigen Sündenbock verweisen. Bis zum Inkrafttreten des Lissaboner Vertrages im Jahr 2014 galt sogar für die meisten Rechtsakte das Einstimmigkeitsprinzip. Ebenso wenig wie die Gurkenverordnung war das Verkaufsverbot von Glühbirnen im Rahmen der Ökodesign-Richtlinie im Jahr 2007 eine Idee »realitätsfremder Bürokraten«, wie in Boulevardzeitungen damals zu lesen war. Stattdessen wurde der Entwurf für die Verordnung von der deutschen Ratspräsidentschaft unter der Federführung des damaligen Bundesumweltministers Sigmar Gabriel vorgelegt und durchgesetzt.[277] Die Parteien der Großen Koalition waren sich trotzdem nicht zu schade, in den Europawahlkämpfen 2009 und 2014 das Beispiel der Ökodesign-Richtlinie für angeblich überbordende Bürokratie in der EU anzuführen.

Hierin zeigt sich eines der Grundprobleme des gegenwärtigen Europa-Diskurses und einer der Hauptfaktoren, die zum Sieg der Europagegner bei dem Brexit-Referendum 2016 führten: scheinheiliges EU-Bashing durch nationalstaatliche Eliten. Viele scheuen nicht davor zurück, einerseits bestimmte Erfolge europäischer Politik dem eigenen nationalen Handeln zuzuschreiben und andererseits nationales Versagen auf die EU abzuwälzen.

So veröffentlichte die May-Regierung in Großbritannien eine Liste mit ihren politischen Erfolgen aus den vergangenen zwei Jahren, die ganz überwiegend aus europäischen Richtlinien bestand, wie beispielsweise der Begrenzung von Kreditkarten-Überziehungszinsen.[278] Da es kein europäisches Fernsehen oder europäische Medien gibt, findet die politische Diskussion in nationalen Räumen statt. Somit haben nationale Interessen und Akteure eine Stimme, die EU-Institutionen aber nicht. Jetzt kann man einwenden, dass die europäischen Institutionen auch in nationalen Medien vertreten sind. Die Realität aber zeigt, dass zumeist nur der deutsche Kommissar in Deutschland und der litauische Kommissar in Litauen medial stattfinden. Eine wirkliche gesamteuropäische Öffentlichkeit existiert nicht. Wann hat zuletzt deutsches Fernsehpublikum beispielsweise die Meinung litauischer Stimmen zu zentralen europäischen Themen wie dem Pipelineprojekt Nord Stream 2 gehört? Für EU-Institutionen gibt es so gut wie keine Möglichkeit, diese fundamentale Verzerrung ihrer Arbeit zu korrigieren.

Dieses zu häufig doppelte Spiel der Nationalstaaten beschränkt sich jedoch nicht nur auf die kommunikative Ebene. Gelegentlich werden auch klare Widersprüche zwischen politischer Programmatik und europäischer Praxis offenkundig. So sind es die Regierungen in Ungarn und Italien, die in der Rhetorik am vehementesten einen starken Grenzschutz fordern, und gleichzeitig sind sie auch diejenigen, die einen solchen verhindern. Unter dem Vorwand der Verteidigung der eigenen »nationalen Souveränität« weigerten sich Rom und Budapest ab 2015 immer wieder, Kompetenzen an die europäische Grenzagentur Frontex abzugeben. Deren daraus resultierende Handlungsunfähigkeit wird wiederum in der innerstaatlichen Diskussion als Beleg für die Unfähigkeit der EU und die vermeintliche Notwendigkeit nationaler Alleingänge angeführt. Dieses Spiel wird von europaskeptischen und europafeindlichen Parteien mit erschreckendem Erfolg immer wieder gespielt. So stimmten gerade die AfD, die FPÖ und der Front National im Europaparlament kontinuierlich gegen eine Aufstockung europäischer Grenzschutzkapazitäten,[279] um dann umso vehementer die Zerstörung des Schengen-Abkommens und die Wiedereinführung nationaler Grenzkontrollen zu fordern.

Dieses Phänomen offenbart einen Konstruktionsfehler der europäischen Integration, der sich durch das Scheitern der Europäischen Verfassung 2005 und den fortwährenden »Krisenmanagement-Modus« europäischer Politik seit 2009 zunehmend verschärft hat: der Exekutivföderalismus, welcher förmlich zu nationalem Egoismus und der Enthemmung institutioneller Selbsterhaltungstriebe einlädt.

Exekutivföderalismus bedeutet im Kontext der EU, dass nationale Regierungen (also Exekutiven) auf europäischer Ebene eine gesetzgebende Rolle durch den Ministerrat einnehmen. An sich ist dies kein Problem, wir kennen dieses System aus Deutschland beispielsweise vom Bundesrat, in dem die Bundesländer vertreten sind und durch den sie am Gesetzgebungsverfahren mitwirken. Problematisch ist jedoch, wie stark die Stellung des Exekutivföderalismus auf europäischer Ebene insbesondere im Verhältnis zur Rolle des vom europäischen Volk gewählten Parlamentes ist. Auch wenn auf dem Papier das EU-Parlament mittlerweile deutlich mehr Mitspracherechte als in vorherigen Verträgen besitzt, findet die konkrete Gestaltung europäischer Politik, insbesondere in Krisensituationen, noch immer im Europäischen Rat statt.

Von der Eurorettung bis zur Migrationspolitik: Die zentralen Herausforderungen der EU wurden in den vergangenen Jahren vor allem von den nationalen Staats- und Regierungschefs verhandelt. Daraus ergibt sich das Problem, dass sich ideologische Konflikte und nationale Interessen wechselseitig aufladen können. So entstand in der Eurorettungspolitik der Eindruck, es handele sich um eine Auseinandersetzung Deutschland versus Südeuropäer. Deutsche Linke wie Sahra

Wagenknecht standen jedoch ideologisch dem damaligen griechischen Staatschef Alexis Tsipras deutlich näher als griechische Konservative, die häufig die Haltung der deutschen Bundesregierung teilten. Da aber Entscheidungen nicht im Europäischen Parlament zwischen den Fraktionen – von konservativ bis links – verhandelt wurden, sondern im Rat, entstand der hässliche Eindruck, Deutschland wolle anderen Staaten eine bestimmte Politik diktieren und sich als europäische Großmacht positionieren. Dies führte dann zu Bildern, in denen deutsche Politiker, insbesondere Angela Merkel und Wolfgang Schäuble, mit Bezügen auf das Dritte Reich verunglimpft wurden – eine Ungeheuerlichkeit.

Gerade in den Politikfeldern, in denen die europäischen Verträge nach wie vor Einstimmigkeit verlangen – wie beispielsweise in der Außen- und Sicherheitspolitik oder bei der europäischen Steuergestaltung – zieht die starke Stellung des Rates eine Lähmung der Handlungsfähigkeit der EU nach sich. Ein Beispiel ist die bis heute ungelöste Problematik des länderübergreifenden Mehrwertsteuerbetruges, wie bereits in Kapitel 2 erläutert.

Zum Vergleich: Wie handlungsfähig wäre wohl Deutschland, wenn alle 16 Ministerpräsidenten zu einer Vielzahl tagespolitischer Themen stets einstimmig entscheiden müssten? Es ist trotz der gemeinsamen Sprache und des einheitlichen kulturellen Hintergrundes schwer vorstellbar, dass die Ministerpräsidenten von Markus Söder bis Bodo Ramelow in allen möglichen Alltagsfragen Einstimmigkeit herstellen könnten. Tatsächlich hat der Bundesrat in den letzten Legislaturperioden eher wenige Gesetze einstimmig verabschiedet.[280]

EU – quo vadis?

Die politischen Debatten über die Zukunft der EU vor dem Hintergrund des Brexits sowie der Wahl populistischer Regierungen in Polen, Ungarn und Italien stellen uns Europäer vor die Entscheidung, wie es weitergehen soll mit der EU. Im Wesentlichen stehen drei Optionen zur Debatte: die Rückabwicklung bestehender Integrationsstrukturen hin zu einem »Europa der Vaterländer«, ein »Weiter wie bisher« oder aber vertiefende Integrationsschritte hin zu einem noch stärker als Einheit agierenden Europa.

Ein Europa der Vaterländer, die ihre Beziehungen mit mehr oder minder verbindlichen bilateralen Verträgen regeln, wäre letztlich eine Rückkehr in die Zeit der Nationalstaaten und des damit verbundenen Nationalismus. In Europa wie wir es aus der Zeit vor und nach dem Ersten Weltkrieg kennen. Die Konsequenzen dieser Option sind bekannt und sollten besonders uns Deutsche abschrecken. Gerade Deutschland ist durch seine geographische Mittellage und seine Bevölkerungsgröße auf eine regelbasierte Politik in Europa angewiesen. Mit Blick auf die globale Entwicklung grenzt ein nationalstaatliches Europa fast an Selbstverstümmelung. Welche Rolle werden Länder wie Österreich, die baltischen Staaten, Ungarn, die Slowakei oder Tschechien in der neuen multipolaren Welt spielen, wenn selbst Deutschland bald weniger als ein Prozent der Weltbevölkerung stellt?

Ebenso kann ein »Weiter so« keine Option sein, denn über den aktuellen Zustand herrscht zu viel Unzufriedenheit. Die heute dominierenden Rollen des Europäischen Rates und des Rates der EU führen aufgrund einzelstaatlicher Blockaden bei vielen Herausforderungen zur Handlungsunfähigkeit. Wenn wir diese erkannten Probleme nicht lösen, dann dürfen wir uns über Vertrauensverlust, Abwendung der Bürger und daraus folgend über Zersetzung und Zerfall nicht wundern. Ein »Weiter so« gefährdet unsere Zukunftsfähigkeit und führt über kurz oder lang zur ersten Option, einem nationalstaatlichen Europa.

Bleibt die dritte Option einer weiteren Vertiefung der Gemeinschaft und eines weiteren Zusammenwachsens. Dies ist nicht möglich, ohne eine klare Antwort auf die Sinnfrage zu geben: Wozu gibt es die Europäische Union? »Sie ist ein Friedensprojekt«, lautet die spontane Antwort vieler Bürger, 79 Prozent um es genau zu nehmen, nach einer Umfrage aus dem Jahr 2016.[281] Dieser Satz wurde in den letzten Jahren so oft von öffentlichen Akteuren wiederholt, dass er Gefahr läuft, zu einer Phrase zu verkommen. Die mehr als sieben Friedensjahrzehnte wären zweifelsohne ohne die EU nicht möglich gewesen, das ist die eine Seite der Medaille. Andererseits haben sich viele, vielleicht zu viele, an diesen Zustand so sehr gewöhnt, dass er zu einer Selbstverständlichkeit verkommen ist. Deshalb ist es wichtig, dass wir Europäer uns immer der historischen Einmaligkeit unserer heutigen Friedensperiode bewusst sind. In der Geschichte West- und Mitteleuropas gab es seit dem Untergang des Römischen Reiches zu keinem Zeitpunkt eine sieben Jahrzehnte andauernde, ununterbrochene Friedensperiode. Bis heute garantiert die Perspektive Europa in den Nachfolgestaaten Jugoslawiens, insbesondere im Kosovo und in Bosnien-Herzegowina, einen andernfalls brüchigen Frieden. In der Ukraine riskierten Demonstranten auf dem Maidan 2014 für die europäische Perspektive des Landes gar ihr Leben.

Die EU ist jedoch nicht nur eine Friedens- und Wirtschafts- und Wertegemeinschaft, sondern sie sollte vor allem auch eine Rechts- und Vertragsgemeinschaft von Ländern und Regionen sein, die auf dem gleichen Fundament stehen. Recht als Grundlage staatlichen Handelns schafft Berechenbarkeit, Legitimation sowie Vertrauen und bildet die Grundlage für Wohlstand und Zivilgesellschaft. Kein Gemeinwesen funktioniert ohne Regeln. Die Frage ist nur stets: Sind die vereinbarten Regeln einklagbar, demokratisch legitimiert und transparent kodifiziert oder werden sie situativ, oft willkürlich angewandt und wird in der Auslegung der Regeln informell gemauschelt? In diesem für das Vertrauen der Bürger in die EU entscheidenden Bereich wurden in den vergangenen Jahren massive Fehler gemacht.

Die Verantwortung hierfür liegt allerdings nicht bei der EU-Kommission oder dem Parlament, sondern ganz besonders bei den nationalen Staats- und Regierungschefs. Gerade Deutschland hat sich in der Vergangenheit dabei – entgegen unserem gerne gepflegten Selbstbild als regeltreuem Vorbild – nicht positiv hervorgetan. So war es Deutschland zusammen mit Frankreich, das im Jahr 2004 unter Bundeskanzler Schröder die Stabilitätskriterien des Maastricht-Vertrages bewusst verletzte und seinen politischen Einfluss nutzte, um ein Vertragsverletzungsverfahren zu unterbinden. Aus dieser Position heraus sollte es äußerst schwerfallen, mit einem erhobenen moralischen Zeigefinger auf südeuropäische Mitgliedsstaaten zu deuten, die es Berlin in den Folgejahren gleichtaten. Insgesamt wurde im Zeitraum von 1999 und 2015 das Verschuldungslimit des Maastrichter Vertrages 165 Mal durch die verschiedenen Nationalstaaten verletzt.[282]

Das politische Handeln nationaler Regierungen ließ gelegentlich den Eindruck entstehen, dass kurzfristige politische Stabilität auch um den Preis von Grundprinzipien europäischer Integration erzielt wurde. So wurde im Vorfeld der nordrhein-westfälischen Landtagswahl 2012 innerhalb von wenigen Tagen mit heißer Nadel ein Eurorettungspaket gestrickt, bei dem sich viele der abstimmenden Bundestagsabgeordneten nicht einmal der potenziellen Haftungssummen bewusst waren.[283] Dadurch wurde nach Meinung prominenter Ökonomen wie Clemens Fuest und Hans-Werner Sinn das in den Maastricht-Verträgen in Artikel 125 AEUV (Vertrag über die Arbeitsweise der Europäischen Union) niedergelegte No-Bailout-Gebot[284] verletzt, auch wenn ein Urteil des Europäischen Gerichtshofes diese Auffassung juristisch nicht bestätigte.[285] Schließlich wurde durch den Rettungsmechanismus des Europäischen Stabilitätsmechanismus (ESM) quasi durch die Hintertür eine Schuldengemeinschaft kreiert.

Die Euro-Rettungspolitik legte einen Konstruktionsfehler unserer Gemeinschaftswährung offen: die Entkopplung von Entscheidungsverantwortung und Haftung. Nationale Regierungen konnten und können sich über Gebühr verschulden, zusätzlich von niedrigeren Zinsen innerhalb des Euro-Raumes profitieren und sich gleichzeitig durch einen Rettungsschirm für die eigenen Schulden abgesichert wissen. Dies zieht einen in der Wirtschaftspsychologie sogenannten Moral Hazard (wie bereits in Kapitel 1 im Kontext mit dem Realisierungsversagen bei Großprojekten erläutert) nach sich: Es gibt hohen Anreiz zu schädlichem Verhalten, da dieses kein eigenes Risiko mit sich bringt. Parallel zum ESM verabschiedeten die europäischen Staaten den sogenannten Fiskalpakt, der Länder völkerrechtlich zur Einhaltung von Haushaltsdefizitgrenzen verpflichtete. Auch hier verzichtete man auf die glaubwürdige Einführung von automatischen Sanktionsmechanismen, sodass der Fiskalpakt ähnlich den Maastricht-Kriterien zu einem zahnlosen Tiger verkommt.

Der Konflikt um die Genehmigung des italienischen Haushaltes im Jahr 2018, in dem die populistische Regierung in Rom einen ordnungspolitisch absurden Ausgabenplan verabschiedete und diesen nach zähem Ringen mit der EU-Kommission in weiten Teilen genehmigt bekam, zeigt, dass noch immer die Lehren aus diesem Konstruktionsfehler nicht gezogen wurden. »Pacta sunt servanda« (zu Deutsch »Verträge sind einzuhalten«) ist entgegen der Vorwürfe, die Matteo Salvini und andere Populisten gerne Deutschland entgegenhalten, keine teutonische Obsession, sondern ein bewährter, universeller Rechtsgrundsatz römischen Ursprungs.

Nicht nur Ehen und Freundschaften zerbrechen am Geld, auch dem Euro stehen erhebliche Belastungsproben bevor, die für Europa existenziell werden können. Italien hat entgegen aller Beteuerungen in den Jahren seit der Finanzkrise 2009 seine Staatsschulden nicht abgebaut. In der Dekade nach der Finanzkrise stieg die italienische Staatsverschuldung um mehr als 70 Prozent auf 2,32 Billionen Euro, eine Summe, die trotz einer kleineren Volkswirtschaft die Gesamtverschuldung Deutschlands übersteigt. Italien gehört somit zu den am stärksten verschuldeten Ländern der Welt. Innerhalb der EU hat nur noch Griechenland eine höhere relative Schuldenquote im Verhältnis zur Wirtschaftsleistung.[286]

Italien als drittgrößte Volkswirtschaft der Eurozone trägt nicht nur für die Gemeinschaftswährung, sondern auch für die gesamte EU große Verantwortung. Mögliche Rettungsversuche, etwa analog zu der sogenannten Griechenlandrettung, wären kaum zu stemmen; auch der ESM ist dazu angesichts der italienischen Schuldenlast zu klein.[287] Überhaupt sind Vergleiche mit Griechenland nur sehr bedingt tauglich, da Italien im Gegensatz zu Griechenland über eine exportfähige Wirtschaft verfügt und Überschüsse sowohl in der Handels- als auch in der Leistungsbilanz erzielt.[288]

Europa sollte gewarnt sein, denn in dieser Situation hat die italienische Abgeordnetenkammer im Mai 2019 einen Antrag verabschiedet, der eine potenziell enorme Sprengkraft in sich birgt.[289] Mit ihm wird dem italienischen Staat die Ausgabe sogenannter Mini-Bots mit Nennwerten von 100 Euro oder weniger ermöglicht. Bot ist die Abkürzung von »Buono Ordinario del Tesoro«, also Staatsanleihen mit weniger als zwölf Monaten Laufzeit.[290] Diese Mini-Bots könnte der italienische Staat zum Zahlungsmittel machen und somit in Italien de facto eine nationale Parallelwährung zum Euro einführen, die es ihm beispielsweise ermöglicht, zusätzliche Schulden aufzunehmen.[291] Claudio Borghi, Berater des italienischen Lega-Chefs Salvini und Schöpfer der Mini-Bots, wird schon 2017 mit den Worten zitiert: »In dem Moment, in dem man entscheidet, aus dem Euro auszutreten, werden die Mini-Bots zum Bargeld der neuen Währung. Um den Euro-Exit zu erreichen, müsse man ihn nur in einzelne Schritte zerlegen und gut tarnen.«[292] Mario Draghi, der Präsident der Europäischen Zentralbank und ebenfalls Italiener, konterte trocken: »Entweder sind das Zahlungsmittel, dann sind sie illegal, oder es sind Schulden.«[293]

Angesichts der ungebrochen hohen Umfragewerte der Lega in Italien besteht zu befürchten, dass der Regierungswechsel zu einer pro-europäischen Allianz aus Sozialdemokraten und der 5-Sterne-Bewegung nur eine kurze Atempause für die EU darstellt. Entsprechend ernst sollte man meiner Meinung nach die Aussagen Borghis nehmen und eine gemeinsame europäische Antwort auf Mini-Bots entwickeln.

Wir sind Europäer

Bei aller Kritik an der EU wäre es ein Fehler, die Vorteile und Nachteile der Europäischen Union in einer Art Gewinn- und Verlustrechnung gegeneinander aufzurechnen, nicht zuletzt, weil der Wert von Frieden und Freiheit auf unserem Kontinent ökonomisch nicht bezifferbar ist. Vielmehr ist bereits der Versuch, die europäische Integration aus bloßem wirtschaftlichem Kalkül zu rechtfertigen, zum Scheitern verurteilt. Dies mussten auch die Befürworter eines Verbleibs Großbritanniens in der EU bei der Volksabstimmung über den Brexit erfahren. Diese hatten ihre Kampagne fast ausschließlich auf die ökonomischen Schäden eines Austritts fokussiert. So hieß es auf Plakaten: »Wir gewinnen 790.000 Jobs bis 2030, wenn wir in der EU bleiben« oder »Brexit verteuert Urlaube um 230 Pfund«.[294] Das Narrativ der Brexit-Befürworter hingegen bespielte mit dem Slogan »Take back control« eine greifbare emotionale Sorge, einen gefühlten Kontrollverlust in der EU.

Eines der Hauptargumente der Verfechter eines »Europas der Vaterländer« ist die Verschiedenheit europäischer Staaten und Kulturen, die daher nicht in eine Union gehören würden. Europagegner wie der ehemalige britische Außenminister Jeremy Hunt verleitet das sogar dazu, die EU mit der Sowjetunion oder Jugoslawien zu vergleichen.[295] Durch solche unsäglichen Vergleiche diskreditieren sich Leute wie Hunt nicht nur selbst. Sie zeigen, dass selbst einfachste historische Fakten nicht anerkannt werden. Denn die EU hat – ganz im Gegenteil zu solchen Vergleichsländern – einen erheblichen Anteil daran, dass wir heute in einem Europa leben, in dem es keine geheimdienstlichen Repressionsapparate, keine Foltergefängnisse und keine Ein-Parteien-Diktaturen wie im früheren Ostblock oder in Jugoslawien mehr gibt. Sowohl die UdSSR als auch Jugoslawien versuchten unter Zwang, eine neue, gemeinsame und künstliche Identität zu formen. In der Sowjetunion nannte man dies den »neuen Sowjetmenschen«, unter Tito wurde der »Jugoslawismus« zur Staatsdoktrin erhoben. Beide Politikrichtungen zielten darauf ab, historisch gewachsene, nationale Eigenheiten zu nivellieren und durch eine neue konstruierte Identität zu ersetzen.

Hier liegt der entscheidende Unterschied zur Europäischen Union. Die EU erhebt nicht den Anspruch, eine uniforme, europäische Identität zu erzeugen, die aus Polen, Deutschen, Korsen oder Basken den »genormten Einheitseuropäer« macht. Vielmehr ist das Ziel der EU, die Vielzahl von lokalen und nationalen Identitäten zu respektieren und zu schützen, besonders im Zeitalter der Globalisierung. Entsprechend lautet das offizielle Motto der EU auch »in Vielfalt geeint« (»in varietate concordia«). [296] Dies steht in einem sichtbaren Kontrast zum Wappenspruch der Vereinigten Staaten von Amerika: »aus vielen eines« (»e pluribus unum«).

»Was bringt uns die EU?« ist daher meiner Meinung nach eine irreführende Frage. Schließlich begründet man die Existenz Deutschlands ja auch nicht mit dem Abbau von Zollschranken zwischen Hessen und Bayern, vielmehr wird das Verbindende in der gemeinsamen Geschichte und Kulturtradition betont. Im europäischen Diskurs findet eine solche Betonung der gemeinsamen Identität jedoch zu selten statt. Stattdessen wird die EU auf einen wirtschaftlichen Vorteilsclub reduziert. Sie sollte aber eine Identitätsgemeinschaft sein, gebaut auf einem klaren historischen Erbe und geteilten Werten – eben eine gemeinsame Heimat. Dafür, davon bin ich überzeugt, würde sich eine große Mehrheit der Europäer von Herzen einsetzen. Es ist dagegen destruktiv, europäische Integration einer Zahnbehandlung gleichzusetzen, der man sich unterziehen muss, um künftige Schmerzen zu vermeiden. Damit gewinnen wir keine Herzen für Europa.

Werfen wir an dieser Stelle einmal einen Blick zurück in die Geschichte des europäischen Integrationsprozesses. Dort springt uns ein entscheidender Punkt für gegenwärtige Europadebatten ins Auge: der Mut, die Vision und die Entschlossenheit der Gründerväter der Europäischen Gemeinschaft. Es war für keinen Beteiligten einfach, nach zwei Weltkriegen innerhalb einer Generation bei Überlebenden um Verständigung zwischen den europäischen Völkern zu werben. Stattdessen brauchte es Rückgrat und eine aufrichtige Überzeugung – trotz nationalem Gegenwind in den Mitgliedsstaaten –, das Richtige zu tun. Wir können uns heute kaum vorstellen, was es bedeutete, beispielsweise in Frankreich nur wenige Jahre nach dem

Ende des nationalsozialistischen Schreckens Hinterbliebene von Besatzungsopfern zur Aussöhnung mit dem einstigen Erzfeind zu bewegen. Wie einfach wäre es wohl damals für Staatenlenker gewesen, sich stattdessen aus dem gefüllten Reservoir nationalistischer Ressentiments zu bedienen?

Meinungsumfragen des Allensbach-Instituts zeigen beispielsweise in der Bundesrepublik noch bis Ende der 1950er-Jahre erschreckend hohe Sympathiewerte für das Dritte Reich. Die europäische Integration war zu keinem Zeitpunkt ein Selbstläufer und geschah durchaus nicht ohne nationale Widerstände. Warum unterstützten Wähler damals trotz alledem pro-europäische Politiker in den Demokratien Westeuropas? Vielleicht, weil diese ihnen eine klare Vision für eine bessere Zukunft präsentieren konnten. Eine Vision, in die Menschen Vertrauen haben konnten, ebenso wie in die Glaubwürdigkeit derjenigen, die sie umsetzen sollten.[297]

Und heute? Welchen Eindruck erwecken die Köpfe des Europäischen Rates bei Wählern? Europas Staats- und Regierungschefs wirken zerstritten und perspektivlos. Kaum ein gewählter Vertreter findet klare Worte für die Zukunft der Union und bekennt sich mutig zu konkreten Projekten der Weiterentwicklung. Die Erfolge der Europäischen Union sind keineswegs unumkehrbar und ihr Fortbestand ist nicht alternativlos. Die Alternativen, namentlich Desintegration, führen jedoch zu nationaler Kleinstaaterei, zwischenstaatlichen Konflikten und ultimativ zur Bedeutungslosigkeit unseres Kontinents auf der Weltbühne. In jedem einzelnen Politikfeld, das in den kommenden Kapiteln diskutiert werden wird, hängt unsere Zukunft unmittelbar vom Gelingen der europäischen Integration ab.

Wir können stolz sein auf das, was wir in Europa in den letzten Jahrzehnten geleistet haben. Europa hat den größten Binnenmarkt der Welt geschaffen, Millionen junger Menschen konnten dank Erasmus Austauschsemester an europäischen Universitäten absolvieren, europäische Sprachen lernen und sich verlieben. Eine Studie im Auftrag der EU-Kommission schätzt gar, dass durch diese besondere Form europäischer Gemeinschaft seit Beginn des Erasmus-Programms 1987 über eine Million Kinder das Licht der Welt erblicken durften.[298]

Viele Leistungen des europäischen Integrationsprozesses wurden gegen teils heftige nationale Widerstände errungen. Das Schengen-Abkommen und die damit verbundene Abschaffung der Binnengrenzen sind heute selbstverständlich und die Generation meiner Kinder kann sich gar nicht mehr vorstellen, wie früher der Grenzübertritt zwischen Deutschland und Frankreich war. Wenn ich mich an die Zeit des NATO-Doppelbeschlusses zurückerinnere, die für viele in meiner Generation eine prägende Ära war, werden mir die Leistungen der letzten Jahrzehnte bewusst: Damals hätte ich mir ein solches Europa wie wir es heute haben kaum vorstellen können. Ein Europa, in dem man ohne Probleme zwischen Lissabon und Tallinn reisen, arbeiten und studieren kann. Bei aller, auch berechtigter Kritik an Fehlern der Deutschen Einheit und europäischen Einigung überwiegt daher bei mir ein Gefühl der Dankbarkeit. Ich könnte keine historische Epoche nennen, in der ich lieber in Europa gelebt hätte als in der Gegenwart. Es ist unsere Verantwortung, weiter an unserem Haus Europa zu bauen und es für kommende Generationen zu bewahren. Ein starkes und vereintes Europa bietet uns Deutschen in den kommenden Jahrzehnten unzählige Chancen und Möglichkeiten. Dazu müssen wir an Europa weiterarbeiten und zugleich auch unseren Platz in einer sich neu sortierenden Welt definieren.

7.
Die Welt um uns sortiert sich neu

Nach dem Fall der Berliner Mauer 1989, der deutschen Einheit 1990 und dem Zerfall der Sowjetunion Ende 1991 sei, so glaubten damals viele, ein neues Zeitalter internationaler Verständigung und Gemeinsamkeiten angebrochen. Alte ideologische Feindschaften schienen überwunden und eine global vernetzte Welt würde sich entwickeln. Gleichzeitig versprachen Privatisierungen in den neuen, postsowjetischen Staaten, die Öffnung Chinas zur Marktwirtschaft, das Wachstum in Indien und Brasilien sowie Liberalisierungen im Finanzsektor eine goldene Zukunft.

Im Nachhinein ist man immer klüger. So können wir heute, rund zehn Jahre nach der Finanzkrise sagen, dass es eine erste Phase der Euphorie nach den Umbrüchen der frühen 1990er-Jahre gab und wir seit 2009 eine zweite Phase erleben, die gekennzeichnet ist von Ernüchterung, privater und staatlicher Überschuldung sowie einem neuen, globalen Machtkampf um die Vorherrschaft in einer neuen, multipolaren Welt.

In einer Welt im Umbruch, die sich neu sortiert, muss Deutschland seinen Platz finden und behaupten. In diesem Sinne werden im Folgenden vier außen- und sicherheitspolitische Themen behandelt: unser Verhältnis zu den USA, zu Russland, zu China und unser Umgang mit Afrika als Chancenkontinent. Diese Liste ist keineswegs erschöpfend, aber angesichts der Tatsache, dass dieses Buch aus der thematischen Vielfalt eine Auswahl treffen muss, fokussiere ich mich

auf die meines Erachtens zentralen Fragestellungen europäischer und
deutscher Außen- und Sicherheitspolitik.

Transatlantische Entfremdung, nicht erst seit Trump

Im Kalten Krieg bestand eine sehr ausgeprägte Interessenskongruenz
zwischen den USA und der Bundesrepublik. Nach dem Ende des Kalten Krieges und dem vermeintlichen Verlust des bisherigen gemeinsamen Gegners haben sich diese Interessen zunehmend auseinanderent-
wickelt. Dies begann bereits in den 2000er-Jahren, als Deutschland und
Frankreich sich weigerten, für die zweite Invasion des Iraks Truppen
zur Verfügung zu stellen. Der damalige amerikanische Verteidigungsminister Donald Rumsfeld erwiderte Anfang 2003 einem Journalisten, der ihn darauf ansprach, dass Amerikas traditionelle Verbündete
wie Deutschland und Frankreich einem Krieg gegen den Irak ableh-
nend gegenüberstünden: »Now, you're thinking of Europe as Germany
and France. I don't. I think that's old Europe.« – »Nun, Sie denken
über Europa als Frankreich und Deutschland. Ich nicht. Ich denke,
das ist das alte Europa.«[299] Wenige Tage später nannte er die Bundesrepublik als einziges Land neben Libyen und Kuba, das den Vereinigten
Staaten keinerlei Unterstützung im Umgang mit dem Irak zusichern
würde: »Then there are three or four countries that have said they
won't do anything. And I believe Libya, Cuba and Germany are ones
that have indicated that they won't help in any respect.« – »Und dann
gibt es drei oder vier Länder, die gesagt haben, dass sie nichts tun werden. Und ich glaube, dass es Libyen, Kuba und Deutschland waren,
die gesagt haben, dass sie in keinerlei Weise helfen werden.«[300] Auch
hier gilt das Sprichwort, dass man sich im Leben zweimal sieht. Viele
Spitzenfunktionäre der damaligen Bush-Administration wie John Bol-
ton sind oder waren bis vor Kurzem für die Außen- und Sicherheitspolitik der Trump-Administration mitverantwortlich.

Unter Barack Obama keimte bei vielen Deutschen wieder Hoffnung auf, dass das unter George W. Bush lädierte transatlantische Verhältnis zu alter Stabilität zurückfinden könnte. Doch auch wenn die Rhetorik Obamas diesseits des Atlantiks deutlich positiver aufgenommen wurde als die der Vorgängeradministration, zeigte sich unter dem Stichwort »Wende nach Asien« (»Pivot to Asia«) in seinen politischen Taten eine Abkehr von Europa und eine Hinwendung zum Pazifik. In der 2011 veröffentlichten nationalen Militärstrategie der USA wird Europa mit wenigen Absätzen abgehandelt, die das Bekenntnis zur Erhaltung des Status quo beinhalten. Russland wird in nur zwei Sätzen erwähnt, China hingegen nimmt in dem Dokument eine zentrale Rolle als strategischer Gegenspieler ein.[301] Zusammenfassend könnte man die Haltung der Obama-Administration gegenüber Europa in sicherheitspolitischen Belangen als positives Desinteresse garniert mit Charme und Charisma bezeichnen. Allerdings unterstützten die Vereinigten Staaten unter Obama engere transatlantische Beziehungen in handels- und wirtschaftspolitischen Fragen.

Letzteres änderte sich 2016 mit der Wahl Donald Trumps zum amerikanischen Präsidenten. In seinen Augen sind die Vereinigten Staaten in den letzten Jahren Opfer unfairer Handelspraktiken durch China, Japan, aber auch die Europäer und insbesondere Deutschland geworden. Das damit verbundene Gefühl einer Zurücksetzung und des Abstiegs wird von einem erheblichen Teil der amerikanischen Öffentlichkeit geteilt. So glauben 60 Prozent der Amerikaner, ihr Land werde in den kommenden 30 Jahren weltweit an Einfluss verlieren.[302] 41 Prozent betrachten Chinas wirtschaftlichen Aufstieg als Bedrohung, 60 Prozent haben ein grundsätzlich negatives Bild vom Reich der Mitte.[303] Gleichzeitig werden Freihandelsverträge wie NAFTA (das Nordamerikanische Freihandelsabkommen zwischen den USA, Kanada und Mexiko) für Jobverluste insbesondere in den Segmenten der Gesellschaft verantwortlich gemacht, die 2016 entscheidenden Anteil an Trumps Wahlsieg hatten: weiße Arbeiter ohne College-Abschluss im sogenannten industriellen Rust Belt und im Mittleren Westen.

In diesem Kontext wird die Europäische Union vom Trump-Flügel der Republikaner zunehmend als strategischer Wettbewerber und Gegner in Wirtschaftsfragen betrachtet, zumal sie wie kaum eine andere Institution für jene multilaterale Weltordnung steht, die in der Weltsicht eines Steve Bannon als Grundübel des amerikanischen Abstiegs gilt.[304] Auf dem in der Republikanischen Partei sehr einflussreichen US-Sender *Fox News* treten EU-Gegner wie der Chef der britischen Brexit-Partei Nigel Farage regelmäßig als Gastkommentatoren und Experten zu europäischen Themen auf. Der bei republikanischen Abgeordneten und Senatoren einflussreiche Think Tank Heritage Foundation benannte sein auf europäische Studien und transatlantische Beziehungen ausgelegtes Forschungszentrum gar nach der ehemaligen britischen Premierministerin Margaret Thatcher.[305] Ein Schelm, wer hier Böses denkt.

Auch an der Personalpolitik der Trump-Administration zeigt sich deren EU-feindliche Ausrichtung. Nach Trumps Wahl 2016 stand zunächst die Ernennung von Ted Malloch als amerikanischer EU-Botschafter im Raum. Malloch war zuvor durch Aussagen aufgefallen, in denen er erklärte, die Europäische Union ebenso »zähmen« zu wollen wie einst die untergegangene Sowjetunion.[306] Nach einem Aufschrei aus dem EU-Parlament, das Malloch unverzüglich zur Persona non grata erklären wollte, ruderte das Weiße Haus zurück.[307] Der amerikanische Außenminister Mike Pompeo zeigte in einer Rede in Brüssel im Dezember 2018 relativ unverblümt seine Abneigung gegenüber der EU. In einer Ansprache mit dem vielsagenden Titel »Die Wiederherstellung des Nationalstaats in der liberalen Weltordnung« eignete er sich, in rhetorische Fragen gekleidet, euroskeptische Floskeln britischer Brexiteers an: »Steht die EU dafür ein, dass die Interessen ihrer Mitgliedsländer und deren Bürger über die der *Bürokraten hier in Brüssel* gestellt werden?«[308]

Solche Formulierungen stellen einen definitiven Bruch mit der pro-europäischen Haltung vorheriger amerikanischer Regierungen dar. Gleiches gilt auch für Trumps Stellungnahmen zum Nordatlantikpakt. Seine Bemerkungen, die NATO »sei obsolet«, und sein Zögern, sich zur Beistandsklausel im Nordatlantikvertrag zu bekennen, haben insbesondere bei osteuropäischen NATO-Partnern für viel Verunsicherung gesorgt.[309]

Trump ist mit solchen Aussagen allerdings kein vereinzelter Irrläufer, sondern er steht damit in einer bestimmten Traditionslinie amerikanischer Außenpolitik: dem Isolationismus, der in dieser Form bereits von Präsidenten wie Andrew Jackson praktiziert wurde und bis weit ins 20. Jahrhundert Doktrin war.[310]

Es ist daher nicht neu, dass es auch diese Seite amerikanischer Außenpolitik gibt, wir haben dies hierzulande in den Jahrzehnten seit 1945 nur gerne ausgeblendet. Zudem ist unsere Wahrnehmung der Vereinigten Staaten überdurchschnittlich von den beiden Küsten geprägt, insbesondere von New York, Neuengland, Washington und Kalifornien. Das Herz des Landes (das sogenannte fly-over-country) ist politisch anders gepolt als die Ost- und Westküste. Dort spielt Außenpolitik für Wähler häufig noch mehr als andernorts eine untergeordnete Rolle. Dies hat auch damit zu tun, dass der durchschnittliche Amerikaner historisch und geographisch bedingt weniger Kontakt mit dem Ausland hatte, als das in den kleinen europäischen Staaten der Fall ist. Auch heute besitzen weniger als die Hälfte der Amerikaner einen Reisepass, vor 30 Jahren waren es gar nur drei Prozent.[311] Entsprechend gering ist die Zahl der Auslandsreisen im Vergleich zu Deutschen, von denen mehr als die Hälfte angeben, mindestens einmal im Jahr das Land zu verlassen.[312]

Auch wenn die Vulgarität mancher Kommentare Trumps uns abstoßen mag, bedeutet dies nicht, dass seine alle Vorwürfe gegenüber Deutschland ohne faktische Grundlage wären. Nehmen wir die Verteidigungsausgaben der Bundesrepublik als Beispiel: Auf dem NATO-Gipfel 2002 in Prag, bei dem eine zweite Osterweiterung beschlossen wurde, verpflichteten sich die Neu- wie Altmitglieder erstmals dazu, zwei Prozent ihrer Wirtschaftsleistung (gemessen am BIP) in die Verteidigung zu investieren. Deutschland stimmte diesem Ziel zu, ebenso seiner Bekräftigung auf den NATO-Gipfeln in Riga 2006 und in Wales 2014.[313] An diesen Entscheidungen waren Bundesregierungen und Bundesverteidigungsminister sowohl unter CDU/CSU- als auch SPD-Führung beteiligt. Entsprechend nachvollziehbar ist es, dass die Vereinigten Staaten sich hintergangen fühlen, wenn Deutschland seine eigenen Zusagen immer und immer wieder bricht und sich zugleich für die Garantie seiner Sicherheit auf die USA verlässt.

Zur Zeit des Kalten Krieges schwankten die Verteidigungsausgaben der Bundesrepublik meist zwischen drei und 4,5 Prozent ihrer Wirtschaftsleistung. Im Jahr 2002, zur Zeit des NATO-Gipfels von Prag, lagen sie bei 1,4 Prozent des BIP.[314] Entgegen der deutschen Zusagen sank der Verteidigungsetat im Verhältnis zur Wirtschaftsleistung jedoch kontinuierlich weiter auf aktuell 1,2 Prozent – ein historischer Tiefststand. Damit riskiert die Bundesrepublik ihre Glaubwürdigkeit und ihre Verlässlichkeit innerhalb des NATO-Bündnisses. Sich auf Kosten des amerikanischen Steuerzahlers seine Sicherheit bezahlen zu lassen und dann mit erhobenem moralischem Zeigefinger die Amerikaner zu belehren, ist kein Rezept für gelingende Beziehungen. Die deutsche Politik muss sich klarwerden, dass nur aus einer Position der eigenen Stärke Deutschland in Sicherheitsbelangen, beispielsweise mit seiner Position zur Bedeutung des Völkerrechts bei Interventionen, ernst genommen werden wird.

Berechtigte amerikanische Kritik zielt jedoch nicht nur auf mangelnde Zahlungsbereitschaft der Deutschen für ihre eigene Verteidigung. Bereits unter Obama hatten die Vereinigten Staaten wiederholt ihre Frustration über den fehlenden Führungswillen Deutschlands in der EU und in geopolitischen Krisen zum Ausdruck gebracht. Ein bemerkenswerter Artikel aus der renommierten US-Fachzeitschrift *Foreign Policy* aus dem Jahr 2014 berichtet von einem bilateralen Treffen zwischen führenden deutschen und amerikanischen Sicherheitspolitikern über die Zukunft Syriens am Rande des G20-Gipfels 2013: »In einer Sitzung bedrängte Rice die deutsche Delegation unablässig, mehr Führung innerhalb der EU zu übernehmen. Deutschland versuchte mehr Zeit für Beratungen mit anderen EU-Mitgliedsstaaten zu gewinnen, was Rice so sehr frustrierte, dass sie ihre Fassung verlor und eine mit Vulgaritäten gespickte Belehrung erteilte, die sogar das in diplomatischen Kreisen unübliche Wort »Scheißkerl« [wörtl. »motherfucker«] enthielt. Der deutsche Sicherheitsberater Christoph Heusgen [in der Periode 2019/20 deutscher Vertreter im UN-Sicherheitsrat] war so verärgert, dass er einem amerikanischen Vertrauten sagte, dass dies die schlimmste Sitzung seines Berufslebens gewesen sei.«[315]

Das Verhältnis zwischen den USA und Deutschland sowie der EU war trotz aller Höhen und Tiefen in den letzten 70 Jahren stets von einem gemeinsamen Grundkonsens über von beiden Seiten akzeptierte und gelebte Werte und Interessen in den Bereichen Sicherheits- und Außenpolitik sowie Freihandel gekennzeichnet. Dieser Konsens besteht nur noch mit Einschränkungen.

Dennoch bleiben die Vereinigten Staaten als größte liberale Demokratie der Welt ein wichtiger Partner für Deutschland und Europa. Auch die Bevölkerung in den USA ist nach wie vor deutlich pro-europäischer und pro-deutscher eingestellt als es die Politik der Trump-Administration vermuten lassen würde. Nach einer Studie aus dem Jahr 2018 wünschen sich 70 Prozent der Amerikaner eine engere Zusammenarbeit mit Deutschen und 70 Prozent halten die gegenwärtigen Beziehungen beider Länder für gut. In Deutschland hingegen glauben dies 24 Prozent und 47 Prozent wollen weniger Kooperation mit den USA.[316]

Wie sollte es also weitergehen mit den deutsch-amerikanischen Beziehungen? Ich bin der Überzeugung, dass wir als Deutsche und Europäer im Verhältnis zu den USA erwachsen werden müssen. Dazu gehört, mehr Verantwortung für unsere eigene Sicherheit in der Welt zu übernehmen und entsprechende sicherheitspolitische Fähigkeiten zu entwickeln, wie in Kapitel 9 tiefer ausgeführt werden wird.

Die Präsidentschaft von Donald Trump ist ein Fakt, auch wenn er uns nicht gefallen mag. Es ist nicht zielführend, sich nach jeder seiner manchmal bizarren Einlassungen auf Twitter oder in einem Interview tagelang über seine Art beziehungsweise Unart aufzuregen. Dadurch entsteht im Zweifelsfall nur zusätzlicher Flurschaden für die transatlantischen Beziehungen. Solange Deutschland und Europa sich in einer sicherheitspolitischen Abhängigkeit von den Vereinigten Staaten befinden, ist Verständigung und Geduld der bessere Weg als Empörung und Polarisierung. In wirtschaftspolitischen Belangen hat die Kommission unter Jean-Claude Juncker bisher sehr geschickt verhandelt und gezeigt, dass die EU eine enorme Verhandlungsmacht auch gegenüber dem erratischen Verhalten Trumps besitzt, wenn sie denn zusammensteht. Mit dieser Mischung aus Dialog, Selbststärkung und europäischer Einheit ist Europa in der Lage, auch dieses schwierigere Kapitel in der Geschichte der transatlantischen Beziehungen zu meistern.

Das System Putin ist unser Gegner

Das System der kollektiven Sicherheit in Europa, das in der KSZE-Schlussakte 1975 in Helsinki vereinbart wurde, lebt von einem positiven Verhältnis zwischen Russland und den anderen europäischen Staaten, die sich für eine Westbindung entschieden haben. Spätestens seit der völkerrechtswidrigen Annexion der Krim im Jahr 2014 steht es allerdings schlecht darum. Gegenwärtig bestehen Sanktionen der Europäischen Union gegen die Russische Föderation und umgekehrt. So dürfen beispielsweise europäische Bauern so gut wie keine Lebensmittelprodukte nach Russland exportieren. Rüstungsverträge, die einst das Wettrüsten des Kalten Krieges beendeten, wurden von Russland in den letzten Jahren wiederholt gebrochen, sodass die USA im August 2019 den INF-Vertrag auslaufen ließ.[317] Der INF-Vertrag war eine zentrale Säule der Abrüstungs- und Entspannungspolitik zwischen den Vereinigten Staaten und Russland. Er verbot alle landbasierten Kurz- und Mittelstreckenraketen mit einer Reichweite zwischen 500 und 5500 Kilometern Reichweite. Gerade für Europa bedeutete dies einen erheblichen Gewinn an Sicherheit, denn Raketen in diesem Reichweitespektrum sind besonders bedrohlich für die Bevölkerungszentren im Herzen unseres Kontinents. Dafür muss man nur ein Lineal an die Grenzen Russlands anlegen und entsprechend die Entfernungen messen. Gerade deshalb ist das Auslaufen des INF-Vertrages ein bedrohliches Zeichen für uns in Deutschland. In Kaliningrad sind seit 2018 wieder russische Raketen stationiert, die mit Nuklearsprengköpfen bestückt jederzeit in der Lage sind, auf Knopfdruck in wenigen Minuten Berlin oder Warschau in eine Atomwüste zu verwandeln.[318] Ich glaube nicht, dass sich die meisten Deutschen dieser Tatsache bewusst sind. Hier tritt ein geographisches Dilemma aus der Zeit des NATO-Doppelbeschlusses wieder zu Tage: Je kürzer die Reichweiten von Atomwaffen in Mitteleuropa, desto stärker sind Deutschland und seine Bevölkerung betroffen.

Wie konnte es so weit kommen? Sind wir gar in einem neuen Kalten Krieg? Die folgenden Seiten versuchen darauf Antwort zu geben und werden ausführlicher als andere Kapitel des Buches auf den Kontext sowie die historischen und politischen Rahmenbedingungen eingehen. Ich halte das für notwendig, da in der deutschen Russland-Debatte vermeintliche Wahrheiten, die sich schlüssig anhören, einen enormen Raum eingenommen haben. Ich bin der Überzeugung, dass wir unbequemen Tatsachen im Umgang mit Russland allzu häufig aus dem Weg gehen und aus einer Position des Nicht-wahrhaben-Wollens und der Naivität agieren. Daher sehe ich mich in der Verantwortung, meine Haltung gegenüber dem System Putin detailliert zu begründen.

Eine zentrale Ursache für die gegenwärtige Entfremdung zwischen West und Ost, zwischen Russland und Deutschland, liegt in einer unterschiedlichen Wahrnehmung in Bezug auf die politische und wirtschaftliche Entwicklung seit dem Fall der Berliner Mauer und den nachfolgenden Veränderungen in Europa zu finden. Im Jahr 1989 war die Sowjetunion eine Weltmacht mit Satellitenstaaten bis an die Elbe. Das Russland der Nach-Wende-Zeit war hingegen ein zerfallender Staat mit nur gut der Hälfte der Einwohner und fünf Millionen Quadratkilometern weniger Territorium als die Sowjetunion. Dieses Trauma von nationalem Abstieg, wirtschaftlichem Zusammenbruch und der damit verbundenen historischen Demütigung ist in Russland heute sehr präsent. Im Jahr 2005 nannte Wladimir Putin gar den Zerfall der Sowjetunion »die größte geopolitische Katastrophe des 20. Jahrhunderts«.[319]

Um diese russische Perspektive zu verstehen, muss man einen Blick in die 1990er-Jahre werfen, die in Russland auch als »wilde 90er« bekannt sind.[320] Mit dem Zusammenbruch der sowjetischen Planwirtschaft bemächtigten sich vielerorts neue Eliten der Macht über Unternehmen und die Ressourcen des Landes. In Russland nennt man diese »Silowiki«. Sie kommen zumeist aus dem Sicherheitsapparat, insbesondere dem ehemaligen KGB und seinen Nachfolgern wie dem FSB.[321] Vereinfacht ausgedrückt verlief dieses System der »Kaperung des Staates« (state capture)[322], wie es in der Fachliteratur genannt wird, wie folgt: Die sowjetische Wirtschaft wurde über ein Coupon-System privatisiert. Das bedeutete, dass jeder Sowjetbürger Anteile an der Firma seines Arbeitsplatzes und an Rohstoff-Treuhändern bekam, in die er investieren konnte oder mit denen gehandelt werden durfte. Da aber gleichzeitig die Kapitalverkehrskontrollen aufgehoben wurden, entwertete sich die alte Währung in einer rapiden Inflation, sodass allein im Februar 1992 die Teuerungsrate bei 245 Prozent lag. Dies zwang viele Bürger, die außerdem meist nicht ausreichend über marktwirtschaftliche Mechanismen und die Funktionsweise der Coupons informiert waren, schnell an Geld zu kommen. Der einfachste Weg dafür bot sich durch einen Verkauf der Coupons an Oligarchen, die durch ihre Verbindungen zur organisierten Kriminalität und zum post-sowjetischen Geheimdienstmilieu über ausreichend Kapital verfügten. Ausländern war der Erwerb von Coupons verboten. So konzentrierte sich ein Großteil der einstigen sowjetischen Volkswirtschaft bald in den Händen weniger Oligarchen. Parallel dazu explodierte die Gewaltkriminalität, da mangels ausreichender Ressourcen und Finanzen vielerorts staatliche Strukturen in sich zusammenbrachen und lokale Oligarchen einander nach dem »Recht des Stärkeren« zu bekämpfen begannen. Das Ergebnis war ein dramatischer und blutiger Bandenkrieg, beispielsweise um die Kontrolle des Aluminiumsektors. Auf dem Höhepunkt der Gewalt im ersten Halbjahr 1994 wurden in Russland im Durchschnitt jeden Tag 84 Menschen ermordet. Im Gesamtjahr wurden damals über 47.000 Morde entdeckt und erfasst – von einer möglichen Dunkelziffer ganz zu schweigen.[323] Die Mordrate im Land lag bei Zahlen, die wir heute nur annährend aus Ländern des Drogenkrieges in Lateinamerika kennen. Selbst in Mexiko wurden 2018 auf die Bevölkerung umgerechnet ein Drittel weniger Menschen ermordet als in Russland Anfang der 1990er.[324]

Der Zusammenbruch staatlicher Strukturen hatte spürbare soziale und wirtschaftliche Folgen. Von 1991 bis 1996 halbierte sich die russische Industrieproduktion. 19 Jahre nach dem Ende der Sowjetunion lag diese immer noch bei nur 83,8 Prozent des Niveaus von 1991.[325] Die Lebenserwartung russischer Männer sank von knapp 65 Jahren im Jahr 1989 auf unter 58 Jahre im Jahr 1993. Erst im Jahr 2012 sollte sie wieder das sowjetische Niveau erreichen. Es überrascht nicht, dass diese Phase der jüngeren Geschichte von vielen Russen als traumatisch empfunden wird.

Nach dem Staatsbankrott Russlands Ende der 1990er-Jahre wurde Putin 1999 Ministerpräsident. Schnell profilierte er sich als Vertreter eines starken Staates, insbesondere da im Sommer 1999 das Land von schweren Terroranschlägen auf Wohnsiedlungen erschüttert wurde. Die russische Regierung schob die Schuld hierfür tschetschenischen Islamisten zu und begann einen zweiten Krieg zur Wiedereingliederung der abtrünnigen Region in die Russische Föderation. Der Dissident und ehemalige FSB-Mitarbeiter Alexander Litwinenko machte hingegen den russischen Sicherheitsapparat für die Anschläge verantwortlich, unter anderem, weil bei einer rechtzeitig entdeckten Sprengladung in Ryasan mehrere Geheimdienstmitarbeiter von der lokalen Polizei verhaftet worden waren.[326] Litwinenko wurde 2006 in

London durch die radioaktive Substanz Polonium-210 vergiftet, die
überwiegend in Russland produziert wird.[327] Er starb nach 23 Tagen
im Krankenhaus, nachdem bei ihm die 200-fache Menge der tödli-
chen Dosis Po-210 gemessen wurde.

Putins Aufstieg hat noch einen anderen wichtigen Aspekt. Im Dezember 1999 erklärte Jelzin überraschend seinen Rücktritt, wodurch
Putin das Amt des Präsidenten interimsweise übernahm. Als erste
Amtshandlung dekretierte Putin einen Erlass, der Jelzin und seiner
gesamten Familie Immunität vor Strafverfolgung wegen Korruption
zusicherte.[328] Damit wurde er zum Tatortreiniger der Staatskaperung
in der vorangegangenen Dekade und stellte Persilscheine aus.

In den 2000er-Jahren folgte eine Phase der Stabilität und des wirtschaftlichen Wachstums, begünstigt nicht zuletzt durch stark steigende Ölpreise, die dabei halfen, den russischen Staatshaushalt zu sanieren. Lag der Preis eines Barrels Öl im Jahr 1998, zum Zeitpunkt
des Staatsbankrottes, bei rund 20 US-Dollar je Barrel, stieg er, vor allem getrieben durch den wirtschaftlichen Aufschwung Chinas, im Juli
2008 zu einer Höchstmarke von 143,95 US-Dollar je Barrel.

Im Westen und insbesondere in Deutschland glaubten viele lange,
dass das neue Russland der 2000er-Jahre mit den historischen Kon-
tinuitäten des sowjetischen und russischen Imperialismus gebrochen
habe. Insbesondere unter der Bundesregierung von Gerhard Schröder galt bei vielen Verantwortlichen die Maxime, dass man es mit einem gänzlich neuen Russland zu tun habe. Das Land war bereits in
die G8 aufgenommen und Mitglied des Europarats geworden, und es
standen Visionen wie eine »Freihandelszone von Lissabon bis Wladi-
wostok« im Raum. Gerhard Schröder erließ Russland als Rechtsnach-
folger der Sowjetunion im Jahr 2002 gar 7,6 Milliarden Euro Staatsschulden.[329] Noch heute ist er als hauptamtlicher Vertreter russischer
Ölinteressen eng mit Putin verbunden.

Ganz anders waren die Reaktionen in den unmittelbaren Nach-
barstaaten der Russländischen Föderation. Sie nahmen die Außenpolitik Wladimir Putins schon früh als bedrohlich wahr.[330] 2008

intervenierte Russland in Georgien und erzwang militärisch die De-facto-Unabhängigkeit der international nicht anerkannten Separatistenregime in Abchasien und Südossetien. Bei dem Konflikt starben mehrere Hundert Menschen und 192.000 wurden nach Angaben des UN-Flüchtlingswerks vertrieben, vor allem ethnische Georgier.[331]

Das Leitmotiv Putinscher Politik wurde zunehmend die Wiederherstellung der vermeintlich verlorengegangenen eigenen Größe. Besonders deutlich kristallisierte sich diese Haltung im Jahr 2014 heraus, als Russland in einen Konflikt mit der Ukraine trat. Historisch waren große Teile der gegenwärtigen Ukraine ein umstrittenes Territorium zwischen Russland und westlichen Staaten wie Polen-Litauen oder Österreich-Ungarn. Manche Linguisten gehen gar davon aus, dass der Name Ukraine selbst »Grenzland« bedeutet.[332] Diese kulturelle Brückenfunktion zwischen Ost und West zeigt sich unter anderem am reichen kulturellen Erbe von ukrainischen Städten wie Odessa und Lwiw (auf Deutsch Lemberg), die im 19. und frühen 20. Jahrhundert zu multikulturellen Metropolen heranwuchsen. So lebten um die Jahrhundertwende allein in Odessa neben der Mehrheitsbevölkerung aus Russen, Juden und Ukrainern auch signifikante Gruppen an Tataren, Griechen, Deutschen, Polen, Armeniern und Franzosen in der Stadt. Es ist wichtig, sich dieses historische Erbe bewusst zu machen, um die weiteren Entwicklungen der ukrainischen Geschichte zu verstehen. Diese Vielfalt und der relative Wohlstand des Landes wurden nämlich durch zwei Menschheitsverbrechen in den 1930er- und 1940er-Jahren zerstört.

1932 und 1933 tötete eine Hungersnot Millionen von Ukrainern. Wissenschaftliche Schätzungen der Zahl der Opfer schwanken zwischen drei und 7,5 Millionen Toten.[333] Diese Hungersnot war von Stalin bewusst herbeigeführt worden, unter anderem durch den Zwangsexport von Getreide und die Kollektivierung der Landwirtschaft. Dieser Völkermord, auch »Holodomor« (ukrainisch, zu Deutsch: Töten durch Verhungern) genannt, hatte katastrophale Folgen für das Land. Auf den stalinistischen Terror folgte bald darauf der nationalsozialistische Terror. Über eine Million Juden fielen dem industrialisierten Massenmord NS-Deutschlands zum Opfer, für drei Jahre zwischen 1941 und 1944 wurde die Ukraine zum Schlachtfeld des Zweiten Weltkriegs. Von der Sowjetunion wurden diese Ereignisse nicht aufgearbeitet, sondern im Sinne der staatlichen Ideologie umgedeutet und verklärt. Der Holodomor wurde über Jahrzehnte geleugnet, ebenso die Beteiligung vieler ethnischer Ukrainer an den Verbrechen der Deutschen an Juden.[334]

Nach dem Untergang der Sowjetunion, der nicht zuletzt durch die Unabhängigkeitserklärung der Ukraine bei einem Volksentscheid 1991 mitherbeigeführt worden war, änderte sich das Geschichtsbild vieler Ukrainer. Während sich in Kiew ähnlich wie in Moskau oligarchische Eliten die Reste der sowjetischen Wirtschaft aneigneten, wuchs insbesondere bei jungen Ukrainern das Bedürfnis, Teil des zusammenwachsenden Europas zu werden. Bei den Präsidentschaftswahlen 2004 trat der pro-europäische Herausforderer Wiktor Juschtschenko gegen den Kreml-nahen Ministerpräsidenten Wiktor Janukowytsch an. Nach massiven Wahlfälschungen wurde Janukowytsch zum Sieger ernannt. Daraufhin protestierten Hunderttausende Ukrainer in der sogenannten Orangenen Revolution und erreichten eine Annullierung des Ergebnisses. Bei den Wiederholungswahlen unter Teilnahme internationaler Wahlbeobachter gewann Juschtschenko die Wahlen. In der Folgezeit begann eine Annäherung zwischen der EU und der Ukraine, die in der Aufnahme von Verhandlungen über ein Assoziierungsabkommen mündete. Russland war über diese Entwicklungen keineswegs glücklich und versuchte mit dem Aufbau einer Eurasischen Union seinerseits eine Alternative zur EU zu entwickeln. Als Janukowytsch die Präsidentschaftswahlen 2010 und auch die Parlamentswahlen 2012 gewann, wandte sich dieser von Europa ab und kündigte im Herbst 2013 an, das Assoziierungsabkommen mit der EU nicht unterzeichnen zu wollen.

Diese Entscheidung sorgte unter jungen Ukrainern für einen Aufschrei der Empörung. Landesweit sammelten sich Hunderttausende und demonstrierten gegen die Entscheidung Janukowytschs. Auf dem Maidanplatz in Kiew kam es schließlich zu einer Eskalation. Im Februar 2014 schossen Scharfschützen auf Demonstranten und töteten über 100 Menschen. Gleichzeitig versuchte die Spezialeinheit Berkut mit dem Einsatz roher Gewalt den Platz zu räumen. In der Folge erklärte das Parlament den Präsidenten für abgesetzt und bildete eine Übergangsregierung. Janukowytsch floh in das Exil nach Russland.

Putin antwortete auf diese Entwicklungen mit der Annexion der Krim und der militärischen Unterstützung pro-russischer Separatisten in der Ostukraine. Der damalige Bundesfinanzminister Wolfgang Schäuble sprach 2014 aus, was viele anlässlich der Krim-Annexion dachten: »Solche Methoden hat schon der Hitler im Sudetenland übernommen (…) Das kennen wir alle aus der Geschichte.«[335]

Doch warum? Woher kommt der Systemkonflikt zwischen Russland und der EU in der Ukraine? Die Europäische Union stellt konzeptionell eine Antithese zu einem zentralistischen, vom Kreml gesteuerten Oligarchen-Russland dar. Allein aufgrund ihrer Existenz ist die EU eine Herausforderung für den Kreml. Die Attraktivität des europäischen Modells zeigte sich daran, dass Demonstranten auf dem Maidan-Platz in Kiew 2014 wie auch die Farbrevolutionäre in Georgien 2004 reihenweise EU-Flaggen mit sich führten. Nach Jahrhunderten der Fremdbestimmung und Kolonisation bietet ein vereintes Europa vielen Völkern Osteuropas einen wirtschaftlich, kulturell und politisch alternativen Weg zur Eigenständigkeit, weg von der Hegemonie Moskaus.

Entsprechend profiliert sich der Kreml in den vergangenen Jahren trotz anderslautender Lippenbekenntnisse mit einer tatkräftigen Gegnerschaft zur Europäischen Union und ihren Symbolen. Diese manifestiert sich in finanzieller und propagandistischer Unterstützung für politische Akteure, die auf den extremen Enden des Parteienspektrums die Institutionen des Westens und insbesondere die EU zerstören möchten. So gaben Kreml-nahe Banken einen Wahlkampfkredit in Höhe von elf Millionen Euro an den rechtsextremen französischen Front National,[336] der im EU-Parlament unter anderem zusammen mit AfD, FPÖ und Lega Nord eine anti-europäische Fraktion bildet. Gleichzeitig finanziert Russland mit *Russia Today* und *Sputnik* Medien, die als Sprachrohre des Kremls für Propagandazwecke Verschwörungstheorien verbreiten und Desinformation betreiben und damit aktiv an der Spaltung der EU arbeiten. In St. Petersburg existieren sogenannte Troll-Farmen, in denen rund um die Uhr an der Beeinflussung der öffentlichen Meinung durch Fake-Profile in sozialen Netzwerken und in den Kommentarsektionen von Online-Medien gearbeitet wird.[337] Gleichzeitig sendet die im vierten Kapitel bereits erwähnte Internetforschungsagentur täglich unzählige Falschmeldungen ins Netz. Die Agentur bezahlt monatlich über 1000 feste Mitarbeiter dafür, propagandistische Inhalte in verschiedenen Sprachen im Sinne des Kremls online zu verbreiten.[338] Im Selbstversuch kann man die Arbeit der Agentur bei jedem beliebigen Post eines deutschen Leitmediums zu Russland in den Kommentarspalten betrachten. Profile, die weitgehend inaktiv und unpersönlich erscheinen, sind dort besonders häufig anzutreffen.

Auch während europäischer Wahlen fanden beinahe täglich Hacker-Angriffe auf pro-europäische Kandidaten und Parteien statt – so beispielsweise auf das Policy-Team Emmanuel Macrons in den letzten Tagen des französischen Präsidentschaftswahlkampfes 2017.

Neben diesen Einmischungsversuchen bedient sich das System Putin auch klassischer Taktiken asymmetrischer Konfliktführung. Das hat massive Auswirkungen auf den politischen Diskurs in Deutschland und Europa und schlussendlich auch auf die Entscheidungen unserer Politik. So geht es nicht länger darum, Wahrheit für sich in Anspruch zu nehmen, wie es beispielsweise die Sowjetunion mit ihrem Parteiorgan *Prawda* (deutsch: Wahrheit) tat. Vielmehr soll Wahrheit als politische Kategorie zerstört werden, wie sich am Beispiel des Abschusses von Flug MH17 im Juni 2014 aufzeigen lässt.

Damals veröffentlichten Kreml-nahe Medien in kurzer Zeit so viele Verschwörungstheorien, dass es erfolgreich gelang, Zweifel und Verwirrung über die Verantwortung pro-russischer Separatisten für dieses Verbrechen zu stiften. So präsentierte der russische Generalstab wenige Tage nach dem Abschuss des Flugzeuges über dem Territorium der selbsternannten Donezker Volksrepublik mehrere Theorien, wonach ein ukrainischer Kampfjet oder ein ukrainischer BUK-Raketenwerfer für den Abschuss verantwortlich sei. Recherchen der Investigativplattform *Bellingcat* wiesen nach, dass die in der Pressekonferenz gezeigten Satellitenbilder und Flugkorridore nahezu durchweg manipuliert worden waren.[339] Das von russischen Generälen ebenfalls verantwortlich gemachte ukrainische Kampfflugzeug des Modells SU-25 hätte als Bodenkampfflugzeug nicht einmal die technische Fähigkeit gehabt, einen Passagierflieger auf Reiseflughöhe abzuschießen.[340] Mittlerweile hat das gemeinsame Untersuchungsteam (JIT) australischer, belgischer, malaysischer, niederländischer und ukrainischer Behörden Beweise vorgelegt, die eine eindeutige Verantwortung russischer Separatisten belegen, und Anklage gegen vier Personen erhoben, davon drei russische Staatsbürger.[341] Russland verweigert die Auslieferung dieser ebenso wie eine konstruktive Zusammenarbeit mit dem JIT. Mehr als fünf Jahre nach dem Abschuss ist diese Faktenlage nach meiner Erfahrung kaum in der deutschen Öffentlichkeit bewusst. Es ist kaum vorstellbar, dass anderenfalls eine Mehrheit der Deutschen sich für eine Entschärfung oder gar Aufhebung der Sanktionen aussprechen würde.[342]

Ein interessantes Beispiel für die konkrete »Medienarbeit« Russlands ist der Fall Skripal. Nach dem missglückten Mordversuch an Julia und Sergei Skripal durch den russischen Militärgeheimdienst GRU am 4. März 2018 veröffentlichte der Auswärtige Dienst der Europäischen Union eine Liste mit nicht weniger als 151 verschiedenen Verschwörungstheorien, die von russischen Staatsmedien in den ersten zwölf Monaten nach dem Anschlag verbreitet wurden.[343] Diese variierten vom Vorwurf einer »anti-russischen Kampagne« über »die Briten/Georgier/Ukrainer/Amerikaner haben Skripal vergiftet« bis hin zu »es gab kein Nowitschok-Nervengift« und »die Vergiftung wurde erfunden«. Die Tatsache, dass sich diese Narrative gegenseitig widersprechen, scheint weder die russische Propagandamaschine noch die dafür empfänglichen Teile der europäischen Öffentlichkeit zu stören.

Die Zerstörung von Fakten und Wahrheit durch gezielte mediale Attacken und propagandistische Überflutung ist zu einem zentralen Kampfmittel, zu einem neuen Politikschema, geworden – mit unmittelbaren Auswirkungen auf Deutschland, denn sie führt zu einer fundamentalen Fehlkalibrierung der öffentlichen Meinung hierzulande und unserer Außenpolitik. Aus Sicht des Kremls bietet dieses Vorgehen zwei große Vorteile: Einerseits ermöglicht es jederzeit die Zurückweisung und das Ad-absurdum-Führen von Verantwortung und andererseits löst man sich aus dem alten Ost-West Propagandaschema »Wir sind die Guten und ihr seid die Bösen«. Die verfeinerte Kreml-Propaganda der Gegenwart drückt nun diese Sicht aus: »Mag sein, dass wir nicht gut sind. Aber ihr seid mindestens genauso böse wie wir. Deshalb ist es schlussendlich unerheblich, ob man ›böse‹ oder ›gut‹ ist.« Durch die systematische Zersetzung von Fakten, Moral und etablierten Wertekategorien entsteht eine große Verunsicherung in der Bevölkerung und diese befördert das Bedürfnis nach starker bis hin zu autoritärer Führung in Zeiten der Unsicherheit.

Die Antworten der EU auf die aggressive Außenpolitik Putins waren tendenziell sehr zögerlich. So rang sich Deutschland erst im Juli 2014 auf Druck osteuropäischer Mitgliedsstaaten und nach dem Abschuss des Fluges MH17 zur Sanktionierung Russlands durch. Auch mit dem Bau der Pipeline Nord Stream 2 irritierte Deutschland viele europäische Verbündete und Partner, allen voran Balten, Polen und die Ukraine. Es ist nur schwer nachvollziehbar, dass Berlin einerseits europäische Solidarität bei »unseren« Themen wie der Umverteilung von Flüchtlingen verlangt, andererseits aber lautstarke und intensive Bitten aus Warschau und dem Baltikum bezüglich der Pipeline ignoriert. Gerade vor dem Hintergrund der besonderen historischen Verantwortung, die wir gegenüber Mittel- und Osteuropa angesichts des Molotow-Ribbentrop-Paktes und der NS-Kriegsverbrechen haben, beschämt mich dieses Übergehen unserer Nachbarn und EU-Partner. Es ist für mich nur schwer nachvollziehbar, dass trotz des Einmarschs in Georgien, des Ukraine-Konflikts, der Krim-Annexion, des Abschusses von MH17, trotz den Mordanschlägen auf Litwinenko und Skripal in England und dem Mord an einem Georgier mitten in Berlin[344] und trotz den wiederholten Desinformationskampagnen gegenüber der EU Russland in Umfragen von der deutschen Bevölkerung als vertrauenswürdiger eingestuft wird als die USA.[345]

Auch erscheint mir das Putin-Bild vieler seiner Sympathisanten in Deutschland als gefährlich und widersprüchlich. So wird der russische Präsident einerseits von Rechten als Verteidiger des christlichen Abendlandes und kirchlicher Familienwerte gefeiert, da er sich gegen Homosexualität positioniert. Andererseits ist unter Putins politischer Verantwortung innerhalb Russlands, in Tschetschenien, ein islamistisches Gewaltregime unter Herrschaft der Kadyrow-Familie entstanden, das die Scharia durchsetzt, Menschenrechte mit Füßen tritt und in dem nach dem Attentat auf *Charlie Hebdo* in Paris im Januar 2015 über eine Million Menschen in Solidarität mit (!) den Terroristen demonstrierten. Wie gleichzeitig die europäische Linke mit dem Putin-Regime ein System unterstützen kann, dass wie kaum ein anderes für oligarchische Ungleichheit und reihenweise Militärinterventionen steht, ist mir schleierhaft.

Realitätspolitik ist das Großmachtstreben des System Putins nur schwer mit seiner wirtschaftlichen Lage vereinbar. Das heutige Russland agiert nicht aus einer Position der Stärke, denn es verfügt kaum über wettbewerbsfähige Industrien. Die nominale Wirtschaftsleistung ist kleiner als jene Italiens, obwohl das Land über zweieinhalbmal so viele Einwohner und deutlich mehr Bodenschätze verfügt.[346] Armut ist in diesem so ressourcenreichen Land ein gravierendes Problem. 29 Prozent der Russen können sich nach Umfragen keine neue Kleidung leisten, zehn Prozent haben Probleme, genug Nahrungsmittel zu kaufen.[347] Insbesondere außerhalb St. Petersburgs und Moskaus sind die Lebensverhältnisse für große Teile der Bevölkerung nicht gerade einfach. Hinzu kommen institutionelle Probleme wie ein dysfunktionales Rechtssystem und Korruption. Selbst die russischen Superreichen trauen dem eigenen System nicht, was sich daran zeigt, dass jahrelang die Britischen Jungferninseln und Zypern zu den größten »Investitionszielen« in der Außenhandelsstatistik gehörten. Anders als im Westen geht es hierbei nicht allein um Steuervermeidung oder -hinterziehung, sondern um den Zugriffsentzug privaten Geldes vor den Machthabern im Kreml. Wie anders ließen sich sonst die Kolonien an russischen Superreichen in europäischen Großstädten wie London erklären?

Russland steht vor einer Reihe weiterer ungelöster Probleme: Nach wie vor ist der Staatshaushalt existenziell von Rohstoffexporten und damit von Pipelineprojekten wie Nord Stream 2 abhängig. Die Steuereinnahmen fallen seit Ende der 2000er-Jahre kontinuierlich, die Fremdwährungsreserven sind massiv geschrumpft.[348] Auch die Sanktionen hatten einen spürbaren Effekt auf das Wachstum in Russland.[349] Präsident Putin wartete bis nach den Präsidentschaftswahlen im März 2018, die passenderweise auf den vierten Jahrestag der Krimannexion gelegt wurden, mit ersten notwendigen Einschnitten. Im Sommer 2018 verkündete der Kreml eine Erhöhung des Renteneintrittsalters um fünf Jahre. Damit liegt das Rentenalter in Russland nur ein Jahr unter der durchschnittlichen Lebenserwartung von Männern, eine Entscheidung, die Proteste provozierte.[350] Weitere schmerzhafte Einschnitte werden in den nächsten Jahren nötig sein, da wenig Hoffnung auf ein durch Handel und Industrie getriebenes Wirtschaftswachstum besteht. Wichtiges Tafelsilber wurde bereits im Jahr 2016 durch Teilprivatisierungen von Rosneft liquidiert. Aufsichtsratsvorsitzender des von den USA sanktionierten Ölgiganten ist im Übrigen Altkanzler Gerhard Schröder.

Deutschland sollte endlich seine Naivität im Umgang mit dem System Putin ablegen. Politische Zugeständnisse zu machen, wie eine etwaige Lockerung von Sanktionen, ohne erkennbaren Veränderungswillen auf der Gegenseite, ist Appeasement, das als Schwäche ausgelegt wird und weitere Aggressionen provoziert. Sollte es Putin gelingen, seine »Teile-und-herrsche-Strategie« erfolgreich umzusetzen, werden Grenzen verschoben, und dies würde die Nachkriegsfriedensordnung in Europa sprengen.

Es geht daher um die aus meiner Sicht existenzielle Frage, welches Europa wir an die nächste Generation weitergeben wollen. Ein Europa der oft sehr kleinen, in diesem Kontext zu kleinen Nationalstaaten, die unter dominantem Einfluss der Regionalmacht Russlands stehen? Oder ein vereintes Europa, das mit Selbstbewusstsein seinen eigenen, demokratischen und freiheitlichen Weg geht? Darauf müssen wir Antworten finden, entsprechende Politikkonzepte entwickeln und beherzt umsetzen. Ich werbe für einen strategischen Dreiklang im Umgang mit Putin: Selbststärkung, Reduzierung von Abhängigkeiten und Dialog; in Kapitel 9 werde ich dies noch einmal programmatisch darstellen.

Während der Zeit des NATO-Doppelbeschlusses der 1970er- und 1980er-Jahre verfolgte der Westen eine doppelte Strategie: Aufrüstung und Dialogbereitschaft. Eine Position der eigenen verteidigungspolitischen Stärke ist die Voraussetzung, um von Autokraten ernst genommen zu werden. Wie in den Vorkapiteln erläutert, ist Deutschland gegenwärtig nicht in einer solchen Position und die Vereinigten Staaten werden zugleich ein zunehmend weniger verlässlicher Partner. Entsprechend müssen gemeinsame europäische Kapazitäten und Kompetenzen geschaffen werden, die es der EU ermöglichen, sich eigenständig vor imperialen Fantasien zu schützen.

Zudem müssen wir, solange Russland eine gegen den Fortbestand der Europäischen Union gerichtete Politik verfolgt, wirtschaftliche Abhängigkeiten reduzieren. Projekte wie Nord Stream 2 müssen auf den Prüfstand, wenn sich keine gemeinsamen Lösungen im Rahmen einer EU-weiten Energieunion ergeben. Gerade die pro-Putin'sche Lobbyarbeit mancher Politiker hat hier den Blick auf die wahren Probleme vernebelt. Deutschland und Europa dürfen nicht von Energielieferungen aus Russland abhängig sein. Um nicht erpressbar zu sein und um nicht indirekt zu Hauptfinanziers des jetzigen Regimes zu werden. Auch das von Politikern wie dem sächsischen Ministerpräsidenten Michael Kretschmer vorgetragene Argument, dass der Außenhandel mit Russland so wichtig für die sächsische und deutsche Wirtschaft sei, überzeugt nicht. Aktuell finden nur zwei Prozent des deutschen Außenhandels mit Russland statt, weniger als das Volumen mit Schweden und nur die Hälfte des deutsch-polnischen Handelsvolumens.[351]

Gleichwohl braucht Russland auch eine positive Perspektive, einen Ausblick auf gemeinsamen Wohlstand und Gewinn durch Kooperation. Russland ist unser unmittelbarer Nachbar und uns historisch wie kulturell in vielerlei Weise eng verbunden. Auch das sollte an dieser Stelle klar betont werden: Skepsis über die politische Führung eines Landes sollte nicht zu einer Abwertung Russlands oder des russischen Volkes führen. Helmut Kohl hat gerade aufgrund der persönlich erlebten Dramen in seiner Kindheit und Jugend im Zweiten Weltkrieg europäische Politik stets unter der Maxime »Nie wieder Krieg« verstanden und gelebt. Diese Erkenntnis wurde von den politischen Verantwortlichen seiner Zeit, George H. W. Bush, François Mitterrand und auch Michael Gorbatschow geteilt. Von Helmut Kohl stammt das Bild eines gemeinsamen Hauses Europas, in dem alle seine Völker einen Platz haben und miteinander leben können. Dieser Gedanke ist neben seinem Beitrag zur deutschen Wiedervereinigung vielleicht sein wichtigstes und wertvollstes politisches Vermächtnis.

Immer war klar, dass auch Russland seinen Platz im gemeinsamen Haus haben soll. Daher sollten wir alles tun, um diese Vision Realität werden zu lassen und die sicherheitspolitischen Fehler und Überheblichkeiten des Westens während der letzten Jahrzehnte zu korrigieren. Russland hat legitime Sicherheitsinteressen, die so fair wie möglich mit den Interessen seiner Nachbarn abgewogen werden müssen. Die Enge unseres Kontinents und die schlimmen historischen Erfahrungen sollten genügen, um uns zu motivieren, allen einen Platz in einem gemeinsamen Haus Europa 2.0 zu ermöglichen und somit auch am europäischen Wirtschaftsraum teilzunehmen.

China – eine Supermacht kehrt zurück

Aus deutscher und europäischer Sicht stellen die Größe und Dynamik der wirtschaftlichen und politischen Entwicklung Chinas in den letzten Jahrzehnten häufig eine Abfolge großer Überraschungen dar. Es scheint fast unwirklich, wie sich das Land von einem gefühlten Entwicklungsland Ende der 1970er-Jahre binnen einer Generation zu einer Weltmacht entwickelt hat. Ein chinesischer Superlativ scheint den anderen zu jagen und heute müssen die Europäer feststellen, dass China nicht länger ein Land der Dritten Welt ist, sondern Europa in vielen Zukunftstechnologien – von der Batterietechnologie über die Elektromobilität bis hin zur künstlichen Intelligenz – den Rang abläuft oder schon abgelaufen hat.

Eine Möglichkeit, China besser zu verstehen, ist ein Perspektivwechsel und zu versuchen, China von der chinesischen Warte aus zu betrachten. Daran anschließend werden Überlegungen angestellt, welche Folgen das chinesische Selbstverständnis für die weitere Entwicklung des Landes und die zukünftigen Beziehungen zwischen China und Europa beziehungsweise Deutschland haben wird.

Die staatliche Geschichtsschreibung in der Volksrepublik China stellt – vereinfacht zusammengefasst – ihre Entwicklung und Geschichte wie folgt dar: China war in den letzten 18 von 20 Jahrhunderten im Wechsel mit Indien die größte Volkswirtschaft der Welt.[352] Diese zivilisatorische Vormachtstellung wurde im 19. Jahrhundert durch den aggressiven europäischen und später japanischen Kolonialismus gebrochen. Der Zeitraum zwischen der Niederlage im Ersten

Opiumkrieg 1842 und der Gründung der Volksrepublik 1949 wird daher als »Jahrhundert der Demütigung« bezeichnet, eine Demütigung, die sich extrem von den anderen, erfolgreichen Jahrhunderten eines starken Chinas abhebt.

Und hier liegt ein wesentlicher Unterschied zwischen westlicher und chinesischer Betrachtung: Im Westen reduzieren wir häufig die Geschichte und damit das Selbstverständnis Chinas auf diese rund 100 Jahre aktiven Kontaktes zwischen West und Ost und setzen damit einen anderen Nullpunkt als Chinesen, die die Stärke und Würde Chinas mit seiner mehr als fünftausendjährigen Geschichte als ihre selbstverständliche, nationale Quelle betrachten. Auch das heutige »kommunistische« China ist ohne ein Verständnis der langen Linien historischer und kultureller Wurzeln nicht zu verstehen.

1842 musste die Qing-Dynastie den ersten einer Reihe von sogenannten ungleichen Verträgen mit Großbritannien und später anderen europäischen Nationen abschließen. Diese sicherten Kolonialmächten die Herrschaft über Freihäfen, wie beispielsweise Hongkong oder Schanghai, die Ausgangspunkte der politischen Herrschaft über Festlandchina wurden. Mit den Europäern kamen Missionare und die Errungenschaften der Industrialisierung, die Chinas kulturelles Selbstbewusstsein als Reich der Mitte in Frage stellten, sogar zerstörten.

Die Reaktion ließ nicht lange auf sich warten. Bürgerkriegsähnliche Konflikte mit mindestens 20 Millionen Gefallenen, wie die Taiping-Rebellion (1850–1864) und der Boxer-Aufstand (1899–1901) mit Tausenden Toten verwüsteten das Qing-China. Schließlich wurde 1911 die alte Monarchie gestürzt und durch eine äußerst instabile Republik ersetzt, die sich der zunehmenden Expansionspolitik Japans in der ersten Hälfte des 20. Jahrhunderts nicht erwehren konnte.

Diese Geschichte, die in Europa weitgehend unbekannt ist, bildet in China die Grundlage des politischen Bewusstseins vieler Bürger und der Strategie der kommunistischen Partei. Der Weg Maos an die Macht ist nur vor dem Hintergrund dieser Geschehnisse zu erklären, denn die westlich geprägte Moderne war in vielerlei Hinsicht eine traumatische Erfahrung für das Land. Nach dem Sieg der Kommunisten im Bürgerkrieg 1949 verschärfte sich diese Erfahrung durch die Kulturrevolution und die damit einhergehende Zerstörung traditioneller chinesischer Kultur. Erst nach dem Tod Maos und der Entmachtung der radikalsten Hardliner unter dem neuen Vorsitzenden Deng Xiaopeng begann eine Politik der Reform und der Öffnung. Diese verwandelte das Land in kürzester Zeit von einem armen Agrarstaat in eine führende Wirtschaftsmacht mit enormem Innovations- und Entwicklungspotenzial.

Diese Entwicklung fand in zwei Schritten statt. In der Zeit unter Deng Xiaopeng und seiner beiden nachfolgenden Administrationen waren alle Strategien und Aktivitäten zunächst nach innen gerichtet, es galt das Land nach vorn zu bringen. China wurde zur Werkbank der Welt, man denke nur an die drastisch steigenden Exportvolumen nach Europa und in die USA. Demensprechend zurückhaltend verhielt sich China in dieser Zeit in außenpolitischen und globalen Fragen.

Nach der Einschätzung vieler China-Forscher endete diese Einstellung mit der globalen Finanzkrise 2008/09 und vor allem mit der Machtübernahme Xi Jinpings im Jahre 2012. Auslöser hierfür war nicht zuletzt, dass nach chinesischer Überzeugung die Weltwirtschaftskrise von 2008 mit den anschließenden politischen und ökonomischen Verwerfungen im Westen ein Vakuum an der Weltspitze geschaffen hat und somit neue Chancen für die internationale Rolle Chinas bot.[353]

Interessant ist, in welch konkreter Form Xi Jinping diese strategische Neuausrichtung postulierte. Auch hier ist wieder das Denken in langen Zeiträumen und in historischen Dimensionen bemerkenswert. Im Mittelpunkt stehen zwei Hundertjahrestage, zwei Jubiläen mit enormer politischer Bedeutung, die zu Meilensteinen der Verwirklichung eines »Chinesischen Traums« der Stärke und Entwicklung stilisiert werden. Es geht um die Jahre 2021 und 2049.

Bis 2021, dem 100. Jahrestag der Gründung der Kommunistischen Partei, soll China ein Land mit »mittlerem Wohlstand« sein. Bis 2049, dem 100. Gründungsjubiläum des heutigen kommunistischen Chinas, soll dann die »große Verjüngung« des Landes abgeschlossen sein und sich das Land als zentrale Großmacht neben oder sogar vor den USA politisch, militärisch und wirtschaftlich auf der Weltbühne etabliert haben. Konkret definierte Peking eine ganze Reihe von Maßnahmen, die im Rahmen der Jubiläen zu erfüllen seien. So soll China zu einem Innovationsführer in High-Tech-Branchen wie der künstlichen Intelligenz und der E-Mobilität werden, aber beispielsweise bis 2049 auch eine Fußballweltmeisterschaft im eigenen Land ausrichten und gewinnen.[354]

Gleichzeitig steht das gegenwärtige China vor einer ganzen Reihe von existenziellen Herausforderungen. Viele Staatsunternehmen sind mittlerweile »Zombie-Firmen«, also unwirtschaftliche Betriebe, die nur durch Subventionen am Leben gehalten werden. Die Schuldenlast von Kommunen, Provinzen und Staatsunternehmen ist sehr hoch – wie hoch, weiß niemand genau, da die Zentralregierung keine Zahlen veröffentlicht. Darüber hinaus hat der Immobilienmarkt in den vergangenen Jahren sichtbare Blasen gebildet; die Quadratmeterpreise in Schanghai oder Shenzhen können mittlerweile ohne weiteres mit den besten Lagen von London und Paris konkurrieren.

Solcher wirtschaftlicher Schwierigkeiten ungeachtet hat Xi die außenpolitische Orientierung Chinas in den letzten Jahren fundamental verändert. Anders als früher vertritt China zunehmend expansive Positionen, nicht nur in seiner unmittelbaren Nachbarschaft. Beispielhaft seien hier seine Expansionsbestrebungen im Südchinesischen Meer oder die deutlicher werdenden Einlassungen, dass Taiwan und Hongkong ein Teil Chinas sei, genannt. In dieses Bild passt auch die Eröffnung der ersten überseeischen Militärbasis in Djibouti im Jahr 2016. China, traditionelle Landmacht, erweitert seine Marine. Im Weißbuch des chinesischen Verteidigungsministeriums heißt es 2015 dazu: »Die traditionelle Annahme, dass das Land wichtiger ist als das

Meer, muss aufgegeben und den Operationen auf See höhere Priorität zugestanden werden, um die maritimen Rechte und Interessen zu schützen.«[355] 2017 übten gar chinesische und russische Kriegsschiffe in einem gemeinsamen Manöver in der Ostsee.[356] Ich empfinde die Vorstellung, dass chinesische Zerstörer vor Fehmarn kreuzen nicht gerade als beruhigend.[357] Daraus leitet sich ein fundamentaler Strategiewechsel hin zu neuer, bisher unbekannter maritimer Größe ab. Als Seemacht der Zukunft stellt dieses neue China eine direkte Bedrohung der amerikanischen Position dar. Dieses neue Großmachtstreben provoziert politische Spannungen mit den Vereinigten Staaten, betrifft Indien, Japan, Südkorea, Vietnam und Australien direkt und erreicht nun zunehmend Europa.

China verfolgt auch eine konsequente wirtschaftliche Expansionspolitik nach Europa. Dieser Ansatz zeigt sich in den stark zunehmenden Akquisitionen deutscher und europäischer Unternehmen durch chinesische Firmen in den letzten Jahren, oft mit direkter oder indirekter Unterstützung des chinesischen Staates. So hat sich das Akquisitionsvolumen chinesischer Investitionen in Europa von rund 4,4 Milliarden Euro in 2006 dramatisch auf rund 85,8 Milliarden Euro in 2016 gesteigert.[358] Schwerpunkt waren Industrieunternehmen mit dem Ziel des einseitigen Technologietransfers, beispielsweise der Roboterhersteller KUKA oder der Pumpenhersteller Putzmeister. Interessant ist die Reduktion der Akquisitionen in den beiden letzten Jahren – bedingt durch schärfere Regularien in China für Auslandsinvestitionen, um Kapitalflucht zu verhindern – und die zunehmende Einführung von Investitionsscreening-Regeln für chinesische Investoren in der EU.[359] Auch wenn der Trend chinesischer Investitionen in deutsche und europäische Unternehmen sich momentan abschwächt, so ist unbestritten, dass China langfristig ein immer wichtigerer Player in der deutschen und europäischen Wirtschaft sein wird.

Ein weiterer, zentraler Bestandteil der neuen chinesischen Außenpolitik ist die sogenannte Belt & Road Initiative (BRI), die im deutschsprachigen Raum unter dem Schlagwort »Neue Seidenstraße« bekannt geworden ist. Diese Initiative beinhaltet eine Reihe von Infrastrukturprojekten in verschiedenen ökonomischen Korridoren, die von China ausgehend Staaten in Südostasien, Zentralasien, dem Nahen Osten und Europa miteinander verbinden sollen. Hierbei handelt es sich jedoch nicht um eine kohärente Strategie, sondern um eine Vielzahl verschiedener Einzelprojekte. So werden der Neubau einer Brücke im Süden des kroatischen Dalmatien ebenso wie der Bau einer Eisenbahnstrecke zwischen Dschibuti und Eritrea zur BRI gezählt.[360]

Neben ihrer außenpolitischen Dimension des Weltmachtanspruches adressieren viele Projekte der BRI auch drängende innenpolitische beziehungsweise wirtschaftliche Aspekte des heutigen Chinas. So rettete zum Beispiel nach der Asienkrise von 1997 die Liberalisierung des Immobilienmarktes in China den Finanzsektor und damit die volkswirtschaftliche Entwicklung. Gleichzeitig begann ein in der Weltgeschichte einmaliger Bauboom, in dem China in den 2000er-Jahren alle drei Jahre so viel Zement verbrauchte wie die USA im gesamten 20. Jahrhundert. Satellitenbilder zeigen eindrücklich das Wachstum chinesischer Städte. Dieser Bauboom verstärkte sich noch durch umfangreiche Konjunkturprogramme, welche die chinesische Volkswirtschaft während der Weltwirtschaftskrise 2008/09 stabilisieren sollten.

Doch dieser Bauboom blieb nicht ohne Konsequenzen und in den Folgejahren bildeten sich in der Volksrepublik enorme Überkapazitäten in der Baubranche und in angeschlossenen Industriezweigen, insbesondere in der Stahlindustrie. Viele der betreffenden Unternehmen sind Staatsunternehmen, sodass eine mögliche Schließung enormen politischen und sozialen Sprengstoff für die Führung in Peking birgt. Etwaige Proteste von Arbeitern würden den Herrschaftsanspruch und das Selbstverständnis der Kommunistischen Partei fundamental in Frage stellen. Ein pragmatischer Ausweg für die chinesische Führung aus diesem Dilemma ist daher der Export von Überkapazitäten durch die Finanzierung und den Bau von Infrastruktur außerhalb Chinas; so können politische Ambitionen mit volkswirtschaftlichen Zwängen kombiniert werden.

Bei der Bewertung der BRI und der neuen chinesischen Außenpolitik schwanken die deutschen Antworten von Bewunderung bis hin zur Sorge und dem Ruf nach Abschottung. Schlagzeilen wie »Wie China mit 900 Milliarden Dollar die Welt erobern will«[361] oder »Wer zahlt, bestimmt die Regeln«[362] in deutschen Zeitungen bringen diese Gefühlslage zum Ausdruck. Eine nüchterne Betrachtung zeigt jedoch, dass sich Zahlen wie 900 Milliarden Dollar als Luftschlösser entpuppen. Viele Projekte scheitern, wie der Bau von Wasserkraftwerken in Pakistan,[363] oder müssen mühsam nachverhandelt werden, wie der Aufbau eines Hochgeschwindigkeitsschienennetzes in Malaysia.[364] Noch immer ist das Investitionsvolumen westlicher Unternehmen in den Ländern der BRI höher als das Engagement Chinas.[365] Angesichts von 70 Milliarden Euro, die zwischen 2013 und 2018 im Rahmen der BRI tatsächlich investiert wurden, sollte man die Initiative dennoch ernst nehmen, denn sie betrifft Deutschland und Europa in mehrfacher Art und Weise.[366]

Einerseits schafft die Initiative auch für deutsche Unternehmen Chancen, neue Märkte zu erschließen, denn von verbesserter Infrastruktur in Schwellenländern profitieren alle Akteure. Andererseits tritt China zunehmend auch als politischer Konkurrent zu den Institutionen des Westens auf. So nimmt mit chinesischem Investment auch Chinas Einfluss in der europäischen (Innen-)Politik zu.

Hier einige Beispiele: Kurz nach dem Verkauf des Hafens von Piräus an die chinesische staatsnahe Reederei COSCO blockierte die griechische Regierung überraschend die Übersendung des EU-Menschenrechtsberichtes an die Vereinten Nationen, in dem China in deutlichen Worten kritisiert wurde. Offiziell behauptete Athen, man wolle den Ergebnissen eines einige Wochen später stattfindenden Menschenrechtsdialogs mit der Volksrepublik nicht vorgreifen. Die zeitliche Abfolge der Ereignisse, gerade auch im Vergleich zu vorherigen Jahren, legt jedoch nahe, dass Griechenland seinen neuen Hauptinvestor nicht brüskieren wollte. Auch wenn es sich hierbei vermeintlich um einen UN-Bericht von scheinbar geringem politischem Gewicht handelt, zeigt das griechische Handeln, in welch kurzer Zeit Peking das Koordinatensystem in vielen europäischen Hauptstädten verschoben hat. So entschied sich im März 2019 die populistische Regierung in Italien als erster G7-Staat, Teilnehmer an der BRI-Initiative zu werden. Dabei handelte Rom ohne vorherige Absprache mit anderen europäischen Staaten.

China vergrößert seine Einflusssphäre sehr wohl kalkuliert und nimmt vor allem schwächere mittel- und südosteuropäische Staaten ins Visier. Hierfür nutzt die Xi-Administration den sogenannten 17+1-Gipfel als Forum zur Koordinierung ihrer Osteuropa-Politik. Innerhalb dieses Gipfels treffen sich jährlich Vertreter von sechzehn Gaststaaten, bestehend aus elf östlichen EU-Mitgliedsstaaten[367] sowie fünf Beitrittskandidaten[368], auf dem Westbalkan mit der chinesischen Regierung, und dies unter explizitem Ausschluss von EU-Institutionen.

Ein Flaggschiff-Projekt dieses 17+1-Forums ist der Bau einer Hochgeschwindigkeitsstrecke zwischen Belgrad und Budapest. Mit dem Bau der Eisenbahnverbindung wurde ein mehrheitlich chinesisches Konsortium beauftragt, wogegen die EU-Kommission zurzeit wegen einer möglichen Verletzung von Europarecht bei der Auftragsvergabe ermittelt. Hieran zeigt sich, dass Pekings neuer politischer Einfluss in EU-Staaten sogar zum Bruch von Unionsrecht verleiten kann. Der serbische Premierminister Aleksandar Vučić, Regierungschef des größten EU-Beitrittskandidaten auf dem Westbalkan, gab nach einem Treffen mit dem chinesischen Botschafter sogar über die staatliche Nachrichtenagentur bekannt, dass im Konfliktfalle »Serbien immer auf der Seite Chinas stehen wird«. Angesichts eines möglichen serbischen EU-Beitritts im Jahr 2025 ist es bemerkenswert, dass diese Aussage zu keinerlei Reaktion in Brüssel führte.

Auch in Montenegro, einem weiteren Beitrittskandidaten, engagiert sich China im Rahmen der BRI. Dort wird aktuell mit einem

chinesischen Kredit von einer chinesischen Baufirma die erste Auto-
bahn des Landes von der serbischen Grenze zur Küstenstadt Bar gebaut. Vor dem Beginn des Infrastrukturprojektes hatte sich die mon-
tenegrinische Regierung jahrelang vergeblich um einen Kredit von
westlichen Institutionen wie der Weltbank und der Europäischen In-
frastrukturbank bemüht. Diese hatten erhebliche Zweifel an der wirtschaftlichen Sinnhaftigkeit und an der Kosten-Nutzen-Rechnung des
1,1 Milliarden Euro teuren Projektes geäußert. Daher wandte sich
Montenegro Peking zu, das ein entsprechendes Darlehen gewährte.
Dies wirft die Frage auf, mit welcher Motivation China sich auf einen
wirtschaftlich riskanten Kredit einlässt.

Ein Blick in andere BRI-Länder kann Einblicke geben. So wurde
auf Sri Lanka der erste Hochseehafen des Landes ebenfalls mit einem
chinesischen Kredit erbaut. Nachdem der Hambanthota Port fertiggestellt war, konnte die Lokalregierung aufgrund institutioneller Defizite den Kredit, wie von vielen westlichen Analysten erwartet, nicht
mehr bedienen. In der Folge erzwang China im Gegenzug zur Stun-
dung der Kreditschulden eine 99-jährige Verpachtung des Hafens an
die Volksrepublik. In der Entwicklungspolitik wird dieses Verhalten
gemeinhin als *Schuldenfallendiplomatie* bezeichnet. Sollte Montenegro im Falle künftiger Mitgliedschaft oder ein bestehender EU-Staat
in eine solche Schuldenfalle geraten, könnte dies erhebliche Konsequenzen für die Handlungsfähigkeit und damit für die Souveränität
der EU gegenüber China haben.

China ist, obwohl es vermeintlich geographisch so weit weg liegt,
Deutschland und Europa in mehrfacher Weise ganz nah. Für viele
Branchen, insbesondere die deutschen Auto- und Maschinenbauer,
ist China einer der wichtigsten Export- und Wachstumsmärkte. Dies
schafft erhebliche Abhängigkeiten und Verwundbarkeiten. Chinesische Krisen, insbesondere innerchinesische Finanzkrisen und Rezessi-
onen, schlagen direkt auf unsere volkswirtschaftliche Situation durch.
Chinesische Expansion und das Erreichen von Einfluss und Abhängigkeiten in Europa sind Herausforderungen für Deutschland und die

EU. China denkt langfristig und handelt planvoll. Daher braucht Europa eine adäquate, langfristige und gemeinsame Antwort auf das zunehmende außenpolitische Selbstbewusstsein des Landes. Die Frage nach der Bewertung des chinesischen Einflusses auf die europäische Politik ist unmittelbar mit der Fähigkeit der EU zur Entwicklung und Aufrechterhaltung einheitlicher Positionen verbunden. Ängste einer chinesischen Dominanz auf unserem Kontinent sind solange unbegründet, wie Europa vereint ist.

Afrikas Probleme lösen – oder sie kommen zu uns

Bis vor wenigen Jahren, genauer gesagt, bis zum Beginn der großen Migrationswelle aus Afrika und Nahost seit 2015, war Afrika für die meisten von uns ein Kontinent, der ebenso weit weg wie unbekannt war. Die 55 Staaten des Kontinents tauchen in den Nachrichten selten auf, meist durch Meldungen über Hungersnöte, Kriege oder Naturkatastrophen. Afrikanische Themen schienen weder für unseren politischen noch für unseren gesellschaftlichen Alltag relevant zu sein.

Durch Globalisierung, Digitalisierung und den durch das rasante Bevölkerungswachstum geprägten Migrationsdruck ist eine neue Situation entstanden. Heute müssen wir feststellen: Europa ist mit seinem südlichen Nachbarn viel enger verbunden, als viele es wahrhaben wollen.

Der Kontinent ist in politischer, sozialer, kultureller und wirtschaftlicher Hinsicht viel diverser, als er in der öffentlichen Debatte wahrgenommen wird. Dabei sollte Afrika viel präsenter in unserer Wahrnehmung sein, schließlich ist der Erdteil geographisch neunmal größer als die EU und hat in den letzten sieben Jahrzehnten seine Bevölkerung auf über 1,3 Milliarden Menschen versechsfacht. Die Vereinten Nationen schätzen, dass die Bevölkerung Afrikas in den nächsten 20 bis 30 Jahren weiter auf 2,5 Milliarden im Jahr 2050 und auf circa 4,4 Milliarden Einwohner im Jahr 2100 steigen wird, mit einem extrem jungen Altersdurchschnitt von unter 25 Jahren.[369] Zum Vergleich: Der Altersdurchschnitt in Deutschland liegt bei 46 Jahren.[370] Mehr als 80 Prozent dieses Bevölkerungswachstums wird in Städten sein, mehrheitlich in Slums. Manche Länder Afrikas werden bis 2050 eine vielfache Einwohnerzahl Deutschlands aufweisen, beispielsweise Nigeria (411 Millionen), Äthiopien (191 Millionen) und die D.R. Kongo (197 Millionen).[371]

Warum ist diese Bevölkerungsentwicklung aus politischer Perspektive relevant? Staaten mit einem besonders jungen Bevölkerungsschnitt, einem sogenannten »Jugendüberschuss«, neigen nach den Erkenntnissen der Konfliktforschung verstärkt zu Instabilität und politischen Konflikten.[372] In Regionen mit verstärkter ökonomischer Perspektivlosigkeit besteht eine zusätzliche Gefahr, dass entsprechende Generationenkonflikte sich in Gewalt und politischem Radikalismus manifestieren. Hierfür bietet das Scheitern des Arabischen Frühlings in weiten Teilen des Nahen Ostens und Nordafrikas ein mahnendes Beispiel. In Afrika hingegen ist das schiere Ausmaß des Jugendüberschusses in der Weltgeschichte einmalig.

Am Beispiel Nigeria lassen sich zahlreiche der Herausforderungen und Probleme, die typisch für viele afrikanische Länder sind, illustrieren. Nigeria ist ein rohstoffreiches Land, vor allem durch seine Ölvorkommen. Nigeria fördert täglich mehr Öl als Norwegen und etwa doppelt so viel wie Großbritannien,[373] doch dieser Reichtum kommt bei den meisten Menschen nicht an.

Nigerias Landwirtschaft ist nur unzureichend entwickelt und es müssen Nahrungsmittel in großem Maßstab importiert werden.[374] Kartoffeln werden aus Südafrika eingeführt, Kohl aus den USA.[375] Vom jährlichen Reisverbrauch von etwa fünf Millionen Tonnen werden etwa drei Millionen Tonnen importiert.[376] Dieser Zwang zu umfangreichen Importen bei gleichzeitiger Abhängigkeit von in internationalen Märkten festgelegten, stark schwankenden Rohstoffpreisen führt zu Handelsbilanzdefiziten und Staatsverschuldung bis hin zur Überschuldung und den damit verbundenen Problemen.

Die Produktivität in der Landwirtschaft lässt zu wünschen übrig, so liegt zum Beispiel der durchschnittliche Hektarertrag bei Maniok, einem Hauptnahrungsmittel, unter 14 Tonnen, der mögliche Ertrag sollte bei rund 40 Tonnen liegen.[377] Rund 70 Prozent aller Bauern und damit die Mehrheit der Bevölkerung leben von Subsistenzwirtschaft, also in schlimmster Armut.

Diese Armut großer Teile der Bevölkerung ist ein weiteres, zentrales Problem. So fiel das Bruttoinlandsprodukt Nigerias von 568,5 US-Dollar in 2014 auf 375,7 US-Dollar in 2017, wesentlich beeinflusst durch den fallenden Ölpreis.[378] Damit einher gehen steigende Arbeitslosigkeit und Perspektivlosigkeit vor allem unter jungen, mobilen Menschen. Der soziale Unmut wächst, ein Trend, der nicht nur Nigeria, sondern auch viele andere afrikanische Länder betrifft.

Landflucht führt zu extremem Wachstum in den Metropolen, wie sich überall auf dem Kontinent beobachten lässt. Ein Blick auf die drei größten Metropolen Afrikas zeigt die Dimensionen: Lagos (Nigeria) mit heute 22 Millionen Einwohnern, Kairo (Ägypten) mit heute 20 Millionen Einwohnern und Kinshasa (D.R. Kongo) mit heute etwa 14 Millionen Einwohnern. Bis 2030 wächst alleine Lagos jährlich um circa 675.000 Menschen, vergleichbar mit der Gesamteinwohnerzahl Stuttgarts. Diese Wachstumsrate führt zu mehr als 13,5 Millionen neuen Einwohner in 20 Jahren. Ähnlich dramatisch sind die Entwicklungen in Städten wie Kampala, Luanda oder Yaounde.

Fehlgeleitete Urbanisierung birgt enorme Gefahren für den sozialen Frieden in Afrika – mit unmittelbaren Auswirkungen auf Fluchtbewegungen in Europas unmittelbarer Nachbarschaft. Viele zugezogene Städter in afrikanischen Metropolen leben in Slums unter oft menschenunwürdigen Lebensbedingungen und ohne Perspektiven. Diese Orte schaffen Nährboden für politischen Radikalismus ganz unterschiedlicher Art. Der Triumph der Islamischen Revolution im Iran 1979 oder die Wahlsiege der hindu-nationalistischen BJP in Indien haben manchen Studien zufolge, ihren Ursprung in der Perspektivlosigkeit dieser großstädtischen Armenviertel.[379]

Bevölkerungswachstum, Armut und Landflucht sind eng verbunden mit einem weiteren weitverbreiteten Problem auf dem Kontinent: korrupte und von Vetternwirtschaft geprägte politische Strukturen. In vielen Ländern wird eine zunehmende Entfremdung zwischen einerseits einer kleinen Macht- und Besitzelite und andererseits breiten Bevölkerungsschichten, die unter einer sich verstärkenden Armut leiden, wahrgenommen, sodass auch Erfolge bei der Steigerung des Bruttosozialproduktes nur begrenzt bei der Masse der Bevölkerung ankommen.

Afrika steht hier vor einer grundsätzlichen Weichenstellung und die nächsten Jahre werden zeigen, ob es gelingen kann, diese Entwicklung umzukehren. Deutschland und Europa müssen sich fragen, ob die bisherigen entwicklungspolitischen Ansätze, für die in den letzten Jahrzehnten Milliarden in Einzelprojekte investiert wurden, zielführende Lösungen sind. Wenn wir nicht helfen, die Probleme in Afrika vor Ort zu lösen und den Menschen dort eine Zukunft (und der EU sowie Deutschland damit neue Märkte) zu schaffen, dann werden die Probleme und die Menschen zu uns kommen, wie die Erfahrung der letzten Jahre bereits gezeigt hat.

Die deutsche und europäische Politik hat bereits erkannt, dass ein Umdenken im Umgang mit Afrika notwendig ist. Ankündigungen von Entwicklungshilfeminister Müller einen »Marshallplan« für den Kontinent vorzulegen oder von Jean-Claude Juncker eine Europäisch-Afrikanische Allianz zu begründen, zeugen davon. Die Frage ist, mit welcher Substanz diese Worthülsen gefüllt werden. Anders als China hatte die EU bisher keine einheitliche Afrika-Strategie mit klaren wirtschaftlichen und politischen Zielen. Eine solche wurde nun von der Juncker-Kommission vorgelegt, was einen ersten Schritt in die richtige Richtung darstellt. Konkret sollten wir den Investitionsschutz, insbesondere für mittelständische Unternehmen, in afrikanischen Staaten verbessern (beispielsweise durch die Schaffung europäischer Ausfallbürgschaften). Mit 51 Staaten Afrikas bestehen aktuell bereits Handels- und Partnerschaftsabkommen oder sie werden verhandelt. Manche dieser Abkommen, beispielsweise mit den ECOWAS-Staaten (Westafrikanische Wirtschaftsgemeinschaft), befinden sich seit über einem Jahrzehnt in der Ratifizierungsphase. Hier bedarf es einer stärkeren politischen Initiative, das bereits Erreichte auch in die politische Praxis umzusetzen. Zusätzlich sollte die EU aktiv darauf hinarbeiten, europäische Standards beispielsweise im Bildungswesen, in der Technik oder im Rechtswesen in afrikanischen Staaten zu implementieren, um die globale Normenhoheit Europas zu stärken. In Kapitel 9 werde ich auf die Chancen Afrikas und die Chancen, die Afrika uns bietet, wieder zurückkommen.

TEIL 2

Was tun?

8.
Die Mentalitätsfrage

Eine wesentliche Aufgabe von Politik ist es, Antworten und Lösungen auf die jeweils brennenden Fragen ihrer Zeit zu entwickeln und umzusetzen. Viele dieser aktuellen Herausforderungen wurden im ersten Teil dieses Buches diskutiert und erste Lösungsansätze dargestellt. Im zweiten Teil des Buches greife ich diese wieder auf und stelle die grundsätzliche Frage: Was tun?

Kapitel 9 bietet einen 12-Punkte-Aktionsplan mit konkreten politischen Vorschlägen an. Doch viele dieser Vorschläge werden wir als Gesellschaft nicht umsetzen können, wenn wir nicht auch unsere Einstellung kritisch hinterfragen. Denn viele der Fehlsteuerungen in unserem Land sind das Ergebnis tieferliegender Ursachen in unserer politischen Kultur und Mentalität. Diese können nur gelöst werden, wenn sie erkannt und benannt werden. Wenn ein Baum krank ist, hilft es wenig, die Blätter grün anzumalen, sondern man muss sich um die Wurzeln der Krankheit kümmern. Daher widmet sich Kapitel 8 zunächst der Mentalitätsfrage. Welche Einstellung haben Bürger und Politiker gegenüber unserem Gemeinwesen heute? Und viel wichtiger: Welche Mentalität brauchen wir um unsere Zukunft erfolgreich gestalten zu können?

Oft hören wir bei dieser Diskussion das Schlagwort Politikverdrossenheit. Dies suggeriert, dass das Interesse an Politik und politischer Teilhabe heute niedriger ist, als es früher war. Ein Blick auf die Wahlbeteiligungen bei Bundestagswahlen seit 1949 scheint dies zumindest oberflächlich zu bestätigen, wie auch in vielen anderen westlichen Demokratien. Betrugen die Wahlbeteiligungen in den 1950er-, 1960er- und 1970er-Jahren fast durchgängig über 85 Prozent, so fielen sie in den 1980ern und 1990ern auf Werte um die 77 Prozent und erreichten 2009 und 2013 mit nur rund 71 Prozent einen historischen Tiefpunkt.[380] Der Trend kehrte sich zur Bundestagswahl 2017 mit einer Wahlbeteiligung von 76,2 Prozent wieder um, maßgeblich verursacht durch die Mobilisierung bisheriger Nichtwählern durch die AfD.[381] Eine Studie der Bundeszentrale für politische Bildung aus dem Herbst 2019 zeigt, dass das politische Interesse in Deutschland seit Jahren durch alle Altersgruppen wieder ansteigt.[382] Gleichzeitig geben in Umfragen nur ein Prozent der Deutschen an, mit der Arbeit der Bundesregierung sehr zufrieden zu sein (während knapp ein Viertel sehr unzufrieden und 44 Prozent weniger zufrieden sind).[383] Sind die Deutschen also wirklich politikverdrossen oder vielleicht vielmehr politikerverdrossen?

Politikerverdrossenheit

Noch vor wenigen Jahrzehnten konnte man den öffentlichen Raum in Deutschland entlang weniger politischer Konfliktlinien einteilen, die die Debatten definierten.[384] So konnte sich die Sozialdemokratie auf die Unterstützung der Gewerkschaften und großer Teile der Arbeiterschaft verlassen, die Unionsparteien hingegen auf katholische Milieus. In den Volksparteien entwickelten sich Vereinigungen, die Einzelinteressen dieser Milieus kanalisierten und repräsentierten – so beispielsweise die christdemokratische Arbeitnehmerschaft, der Evangelische Arbeitskreis oder die Mittelstandsvereinigung. In der SPD formierten sich drei ideologische Flügel: der konservative Seeheimer Kreis, die Parlamentarische Linke und das reformorientierte Netzwerk Berlin.

Die Milieus haben sich verändert, nicht zuletzt durch den rapiden Mitgliederschwund bei Kirchen, Gewerkschaften und den Parteien selbst. So sank die Zahl der SPD-Mitglieder von über 943.000 nach der Wiedervereinigung auf 426.000 im Sommer 2019. Bei der CDU war der Mitgliederschwund von 789.000 auf 414.000 beinahe ebenso dramatisch. Auch das Durchschnittsalter der Mitglieder beider Parteien sollte Anlass zur Besorgnis geben, denn es liegt bei CDU, CSU und SPD bei jeweils rund 60 Jahren.[385] Geblieben sind jedoch alte innerparteiliche Konfliktlinien und ein entsprechendes Stammesdenken. Wer jemals auf einem Parteitag war, weiß, wie oft man Sätze hört wie »Stimme nicht für den, der ist von ...«, und dann folgt ein Schlagwort wie »Seeheimer Kreis« bei der SPD oder ein bestimmter Landesverband oder eine Gruppe bei der Union. Dieses Verhalten ist eine verselbständigte Tradition, fast schon der Grundton unseres Parteiensystems. Und diese Praxis beschränkt sich nicht auf Parteitage, sondern findet auch im politischen Alltag ihren Niederschlag.

Inhaltliche Vorschläge der Opposition, oder der »Anderen«, werden oft aus Prinzip und nicht aus inhaltlichen Gründen abgelehnt. Ein richtiges Argument wird falsch, weil es von der »falschen« Seite oder Person kommt. Diese Form der Politik läuft der Idee zuwider, dass Demokratie ein Wettbewerb der Ideen sein soll, in dem Lösungen und nicht persönliche Loyalitäten oder politisches Stammesdenken den Diskurs beherrschen. Ein solches Verhalten beschädigt das Vertrauen vieler Bürger in Politiker und das Funktionieren unserer Demokratie.

Bei zentralen politischen Fragen der vergangenen Jahre – beispielsweise der Migrationskrise und dem Umgang mit dem Klimawandel – stand oft genug diese Form des politischen Stammesdenkens echten Lösungen im Weg. Robin Alexander beschreibt in seinem Buch »Die Getriebenen«[386] ausführlich, wie persönliche Rivalitäten zwischen Sigmar Gabriel, Horst Seehofer und Angela Merkel im Herbst 2015 über Monate die Handlungsfähigkeit der Bundesregierung lahmlegten. So führte die Weigerung Seehofers, in der kritischen Phase des Septembers 2015 für Merkel erreichbar zu sein, und Merkels Unwillen, seine Büroleitung zu kontaktieren, zu massiven Verzögerungen in der aktiven Entscheidungsfindung.[387]

Im Kern geht es um unser Politikverständnis. Wenn der Zweck von Politik nur der eigene Machtausbau oder -erhalt und nicht die Umsetzung von Inhalten ist, werden letztere zwangsläufig eigenen Machtinteressen untergeordnet. Entsprechend lässt sich das beispielgebende Ringen innerhalb der Bundesregierung um eine Lösung der Flüchtlingskrise auch weniger mit inhaltlichen Differenzen erklären. Vielmehr lagen den Auseinandersetzungen persönliche Kontroversen zugrunde, denen ein inhaltlicher Fassadenanstrich gegeben wurde, der dann flexibel verändert werden konnte, wenn es im eigenen Machtinteresse war.

Ein solcher Politikstil provoziert das Aufkommen von Politik- oder besser vielleicht Politikerverdrossenheit und Zynismus, die dann einen fruchtbaren Boden für den Wahlerfolg populistischer und extremistischer Parteien bieten. Und genau das haben wir in Deutschland 2015 und in den Folgejahren mit dem besorgniserregenden Aufstieg der AfD erlebt. Ein signifikanter Teil der Wählerschaft hat sich einem politischen Akteur zugewandt, der immer unverhohlener die Systemfrage stellt. Damit einher geht eine erhebliche Polarisierung der öffentlichen Debatten in unserem Land. Die Hemmschwelle zur verbalen Verrohung ist im Netz, aber immer mehr auch in der analogen Welt gesunken, wie in Kapitel 3 aufgezeigt. In den sozialen Medien findet man in vielen Kommentarspalten Verächtlichmachungen und Hetze gegen politisch Andersdenkende. Die Dämonisierung des Gegenübers vergiftet das gesellschaftliche Klima. Wenn man vielen Kommentatoren in sozialen Netzwerken folgt, kann sich der falsche Eindruck aufdrängen, dass unser Land nur aus »linksgrünversifften Gutmenschen« oder andererseits »blaubraunen Nazis« bestünde. Wir wissen, dass dies (glücklicherweise) nicht der Realität entspricht. Es darf nicht sein, dass diejenigen, die am lautesten schreien, am Ende die Deutungshoheit erringen.

In der Aufmerksamkeitsökonomie der neuen Medien müssen Aussagen häufig extrem zugespitzt werden, um überhaupt auf Interesse zu stoßen. Die Folgen von Clickbaiting[388] für eine qualifizierte öffentliche Debatte sind fatal. Auf dem Marktplatz der Ideen finden heute zumeist die schrillsten Marktschreier Gehör und nicht mehr jene mit dem qualifiziertesten Angebot. Die Mitte der Gesellschaft, die eine freiheitlich-demokratische Gesellschaftsordnung, einen starken Staat mit Rechtsstaatlichkeit und Humanität möchte, wird in dieser Auseinandersetzung marginalisiert und ihrer Stimme beraubt.

Ist der Aufstieg der AfD also allein der Flüchtlingskrise geschuldet? Solche Wahrnehmungen sind zu oberflächlich. Die Etablierung von Parteien jenseits des demokratischen Spektrums speist sich meiner Meinung nach aus einer Summe von Ursachen, die weiter als die sogenannte Flüchtlingskrise von 2015 zurückreichen. Eine Studie der Wissenschaftlichen Dienste des Deutschen Bundestages aus dem Jahre 2008 über Politikverdrossenheit benennt schon damals Gründe, die noch heute aktuell erscheinen: Misstrauen gegenüber politischen Führungspersonen, Zweifel an der Leistungsfähigkeit der Politik, Politik wird als persönlich ungerecht empfunden, Kritik an den Strukturen des politischen Systems und mangelnde Glaubwürdigkeit der Parteien.[389] Die in den ersten sechs Kapiteln dieses Buches erwähnten Problemstellungen, von dem Zerfall der Infrastruktur über eine Erosion der inneren Sicherheit bis hin zu offensichtlichem Regulierungsversagen wie bei Cum-Ex oder Mehrwertsteuerkarussellen, untermauern diesen Befund mit konkreten Beispielen, die schlussendlich das Vertrauen in den Staat untergraben.

Daher begreife ich die Ereignisse der Jahre 2015/2016 vor allem als Auslöser und nicht als Ursache für den Aufstieg der AfD. Die Ursache liegt meines Erachtens in einer immer tiefergehenden Erosion der bürgerlichen Mitte und der Glaubwürdigkeit ihrer politischen Vertreter, deren Verhalten ich durch zwei Stichworte beschreiben würde: Getriebenheit und Arroganz der Macht.

Die Getriebenheit der Politik

Den deutschen Mittelstand und Familienunternehmen, die gerne als das wirtschaftliche und gesellschaftliche Rückgrat unseres Landes bezeichnet werden, zeichnet ihr »Denken in Generationen« aus. Ihre unternehmerische Kultur ist oftmals geprägt von langfristiger Planung statt kurzfristiger Gewinnmaximierung. Diese Werte führen nachweislich zu einer stärkeren Resilienz gegenüber Krisen und hoher Innovationsfähigkeit.[390]

In der deutschen Politik hingegen scheint Kurzfristigkeit die vorherrschende Maxime zu sein sowie das starre Festhalten an überkommenen Traditionen und Ritualen. Die nächste Landtags- oder Bundestagswahl ist oft der entscheidendere Faktor für Entscheidungen als das langfristige Wohlergehen des Landes. Beispiele für diese Haltung gibt es zuhauf. Eines ist die bereits in Kapitel 5 beschriebene, vollkommen überhastete Einleitung der Energiewende nach der Atomkatastrophe von Fukushima im Jahr 2011, die vor allem mit Blick auf die anstehende Landtagswahl in Baden-Württemberg geschah. Das Bundeskabinett beschloss bereits am 14. März, also drei Tage nach den Ereignissen in Japan, ein Moratorium für ältere Atomkraftwerke, deren Betriebserlaubnis es noch im Vorjahr verlängert hatte. Unabhängig davon, ob man dieser Entscheidung inhaltlich zustimmen mag oder nicht, führte deren aktionistische Ausgestaltung zu einer Reihe von vermeidbaren Fehlern und milliardenschweren Mehrkosten für den Steuerzahler. So klagten RWE und Vattenfall erfolgreich gegen die Entscheidung und bekamen 4,7 Milliarden Euro Schadensersatz ausgezahlt.[391] Die Landtagswahl in Baden-Württemberg am 27. März 2011 ging für die CDU bekanntermaßen trotzdem verloren.

Wenn sich politisches Gestalten statt langfristige Strategien zu verfolgen auf kurzfristige wahltaktische Entscheidungen beschränkt, hat das fatale Folgen für die Zukunftsfähigkeit unseres Landes. Genau das ist in den vergangenen Jahren nach meinem Eindruck geschehen. Demoskopie und Umfragen dürfen eigene politische Überzeugungen nicht ersetzen. Daher ist es für mich schwer verständlich, dass insbesondere die CDU seit 2005 nicht mehr klar und glaubhaft kommuniziert, für welche Überzeugungen und welche Programmatik sie eigentlich steht. Die Folge solcher Beliebigkeit ist ein tiefgreifender Vertrauensverlust in die Parteien, der radikalen Kräften wie der AfD überhaupt erst die Tür geöffnet hat. Zukunftsgerichtete und zukunftsfähige Politik darf nicht fragen »Was ist opportun?«, sondern muss diese Frage beantworten: »Was halte ich für richtig?«

Die Arroganz der Macht

Ein Blick auf die Biographien unserer führenden Politikerinnen und Politiker der im Bundestag und in den Landtagen vertretenen Parteien zeigt, dass politische Karrieren in Deutschland heute zumeist parteipolitische Silokarrieren sind; der Aufstieg erfolgt also innerhalb der Partei mit wenig beruflicher Erfahrung außerhalb des Partei- und Politikbetriebes. Wenn man die Bundestagswahl 2017 mit dem Wiedereinzug der FDP und dem erstmaligen Einzug der AfD als Sonderfall beiseitelässt, schwankte die Quote der politischen Quereinsteiger bei den Bundestagswahlen seit 1998 zwischen zehn und 20 Prozent.[392] Die Herkunftsstruktur der Abgeordneten zeigt, dass Dienstleistungsberufe mit einer Quote von 85 Prozent deutlich überrepräsentiert sind. Dabei fallen besonders drei Berufsgruppen durch eine starke überproportionale Repräsentation auf: Anwälte, Lehrer und Geisteswissenschaftler. Nur 2,4 Prozent der Bundestagsabgeordneten stammen aus Fertigungsberufen und gerade einmal neun Prozent haben einen technischen Hintergrund. Diese Zahlen haben sich zudem seit der Bundestagswahl 1994 halbiert beziehungsweise sind um über ein Drittel gesunken.[393] Dieser Mangel an beruflicher Diversität kann dazu führen, dass bestimmte soziale und wirtschaftliche Milieus im Bundestag kaum mehr Abbildung und Repräsentation finden und dies einen Entfremdungsprozess gegenüber erheblichen Teilen der Gesellschaft forciert.

Wie bereits erwähnt, werden Posten allzu oft nach Proporz (Landesverband, Region, Geschlecht, Parteiflügel etc.) und parteipolitischem Kalkül vergeben, nicht nach Erfahrung oder Kompetenz. Gute Parteiarbeit allein qualifiziert aber nicht automatisch für komplexe politische Sachaufgaben. Wie sind dem Wähler Verteidigungsminister ohne jede vorhergehende Anbindung an die Bundeswehr oder Bundeswirtschaftsminister ohne jegliche Wirtschaftskompetenz zu vermitteln? Auf diese Frage wird häufig erwidert, der Berufspolitiker müsse kein Experte in seinem jeweiligen Fachgebiet sein, schließlich könne man sich entsprechend beraten lassen.[394] Dabei stellt sich mir die Frage, wie denn ohne entsprechendes Fachwissen ein Minister die Eignung von Berater-Vorschlägen überhaupt bemessen können soll.

Menschen und gerade junge Menschen sind politikinteressiert, aber anders als es die etablierten Parteien anbieten. Die Umweltbewegung Fridays for Future ist ein gutes Beispiel dafür. Junge Menschen werden in dem für ihr Leben schicksalhaften Thema des Klimawandels aktiv. Eltern sollten begrüßen, dass ihre Kinder sich einmischen und wollen, dass ihre Stimmen gehört werden. Doch hörte man anfänglich von der etablierten Politik erst Unglauben und dann Unverständnis. Exemplarisch dazu die Aussage des FDP-Chefs Christian Lindner: »Von Kindern und Jugendlichen kann man nicht erwarten, dass sie bereits alle globalen Zusammenhänge, das technisch Sinnvolle und das ökonomisch Machbare sehen.« Das sei vielmehr »eine Sache für Profis«.[395]

Diese Aussage ist nach meiner Erfahrung symptomatisch für das vorherrschende Politikverständnis in der deutschen Spitzenpolitik. Diese Geisteshaltung, die der US-amerikanische Politiker J. William Fulbright bereits in den 1960er-Jahren auf die Washingtoner Politikblase gemünzt als »Arroganz der Macht«[396] beschrieb, ist keineswegs ein neues Phänomen. Doch in Zeiten einer digitalen Informationsgesellschaft, in der sich die Diskursmacht von traditionellen informatorischen »Gate-Keepern« wie Hauptstadtredaktionen hin zum einzelnen Bürger verlagert hat, provoziert eine solche Haltung von Politikern Entfremdung. Noch vor wenigen Jahren wäre es undenkbar gewesen, dass ein einzelner YouTuber eine Woche vor einer bundesweiten Wahl eine Volkspartei wie die CDU vor sich hertreibt, wie dies im Europawahlkampf 2019 durch Rezo geschah. Die zögerliche (Nicht-)Reaktion der CDU-Führung stellte dabei eindrucksvoll unter Beweis, wie sehr das deutsche Politik-Establishment noch immer in der alten Informationswelt aus Pressemitteilungen für Printmedien, Radio und Fernsehen verhaftet ist.

Ein weiteres Ergebnis einer politischen Kultur der Arroganz ist die mangelnde Bereitschaft, über eigene Fehlleistungen zu reflektieren und eine Lernkultur zu institutionalisieren. Viele in der deutschen Politik wiederholen parteiübergreifend dieselben Fehler. Als Beispiel sei die mangelnde Netzabdeckung und die hohen Mobilfunkpreise in Deutschland angeführt. Eine Ursache dieser Entwicklung war die überteuerte Versteigerung von UMTS-Lizenzen im Sommer 2000, die dem deutschen Fiskus damals 99 Milliarden D-Mark einbrachte. Die hohen Preise entzogen Mobilfunkunternehmen das nötige Investitionskapital für den Netzausbau und führten zu einer Umlage der Kosten auf den Endverbraucher.[397] Noch heute sind daher die Preise für mobiles Internet hierzulande die höchsten in der gesamten EU, was nach den Gesetzen der Marktwirtschaft in der größten Volkswirtschaft aufgrund von Skaleneffekten eigentlich nicht sein dürfte.[398] Bei der Versteigerung der Lizenzen für das 5G-Netz wurde dieser Fehler im Jahr 2019 wiederholt. Anstatt die Lizenzen an Ausbauverpflichtungen und Breitenabdeckung zu koppeln, wurden diese erneut an den Meistbietenden versteigert. Nach 497 Versteigerungsrunden nahm der Bund am Ende über 6,5 Milliarden Euro ein, mehr als doppelt so viel wie zu Beginn der Auktion angepeilt.[399] Angesichts eines Haushaltsüberschusses von 45 Milliarden Euro im ersten Halbjahr 2019[400] ist es sehr fraglich, ob der flächendeckende Ausbau einer für die gesamte deutsche Volkswirtschaft kritischen Infrastruktur wie 5G für wenige Milliarden Staatseinnahmen mehr aufs Spiel gesetzt werden musste.

Politische Blasenbildung begünstigt darüber hinaus die Einflussnahme von Sonderinteressen und von Lobbyismus auf die Gesetzgebung. Ein trauriges Beispiel ist die sogenannte Abwrackprämie, die 2009 in kürzester Zeit mit heißer Nadel gestrickt wurde. Ihr auf den ersten Blick wohlgemeintes Ziel war es, die deutsche Autoindustrie im Krisenjahr zu unterstützen. Im Ergebnis profitierten allerdings vor allem ausländische Hersteller; so »verkaufte Fiat 2009 sensationelle 86 Prozent mehr Autos, nicht viel kleiner war das Plus etwa bei Hyundai, Kia oder Suzuki. Der Marktanteil ausländischer Autobauer stieg sprunghaft auf rund 55 Prozent.«[401] Im Rückblick wird deutlich, dass die Steigerungen der PKW-Verkaufszahlen in 2009 durch Einbrüche in den Folgejahren wieder ausgeglichen wurden, denn über einen Mehrjahreszeitraum betrachtet wurden nicht mehr Autos verkauft. Insgesamt gab Deutschland rund fünf Milliarden Euro für die Abwrackprämie aus. »Die simple Wahrheit ist: 27 Millionen Steuerpflichtige haben zwei Millionen Autokäufern 2500 Euro geschenkt«, ohne dabei einen gesamtwirtschaftlichen Effekt oder das ursprüngliche Ziel, die deutsche Autoindustrie in der Krise zu unterstützen, zu erreichen.[402]

Neuorientierung unserer politischen Kultur

Schon 1997 forderte der damalige Bundespräsident Roman Herzog in seiner berühmten Berliner Rede: »Es muss ein Ruck durch Deutschland gehen«. Er skizzierte eine Vision für das Deutschland von 2020, also das Deutschland unserer Tage, und forderte: Weg mit Ängstlichkeit und Innovationsstau, einem allzu üppigen Sozialstaat und überbordender Bürokratie! Mehr Freiheit wagen – wie Amerika, mehr Leistung bringen – wie China![403] Ebenfalls 1997 veröffentlichte der Historiker Arnulf Baring seinen Bestseller »Scheitert Deutschland?«. Seine eigenen rhetorischen Fragen bejahte er vorbehaltlos: »Versäumte Innovationen«, »Skandalöse Subventionen«, »Lähmende Überbürokratisierung«, »Verrottetes Bildungswesen«, »Misere der Krankenversicherung«, »Vergreisung der Gesellschaft«, »Große Müdigkeit im Land« – so lauteten Barings Kapitelüberschriften.[404] Diese beiden Quellen aus dem Jahr 1997 klingen auch heute noch vertraut. Besorgniserregend ist, dass diese Kritik heute, mehr als 20 Jahre später, immer noch aktuell ist. Zwar haben die Reformen der Agenda 2010 und die für eine exportstarke Volkswirtschaft glückliche Hochphase der Globalisierung uns in den letzten zwei Jahrzehnten in Teilen einen Aufschub für viele dieser Probleme gewährt, doch dieses Polster ist zunehmend aufgezehrt. Mehr denn je zwingen uns die Herausforderungen unserer Zeit, unsere politische Kultur in der Bundesrepublik konsequent zu hinterfragen und eine echte Neuorientierung durchzuführen. Ein »Weiter so« wird unser Land weder zukunftsfest noch wettbewerbsfähig machen und vor allem das Vertrauen der Bürger völlig zerstören.

Deshalb plädiere ich für eine konsequente Rückbesinnung auf das Gemeinwohl mit klaren Regeln, die für alle verbindlich gelten.

Rückbesinnung auf das Gemeinwohl

Für wen wird Politik gemacht? Diese Frage ist so simpel wie entscheidend. Über Jahrhunderte war sie der Ausgangspunkt von vielen Grundsatzkonflikten: zwischen Bürgertum und Adel, in der sozialen Frage des 19. Jahrhunderts oder im Kampf um das Frauenwahlrecht. Jenseits von ideologisch und politiktheoretisch aufgeladenen Überlegungen bin ich der Überzeugung, dass der Maßstab guter Politik das Gemeinwohl zu sein hat.

Die Frage, wie man Gemeinwohl definiert, ist seit der Antike eine Kernfrage der politischen Philosophie, deren Diskussion den Rahmen dieses Buches sprengen würde. Ich halte es für zweckmäßig, Gemeinwohl utilitaristisch zu definieren, das heißt, danach, was dem Nutzen der Gemeinschaft und der Bürger dient. Konkret bedeutet dies, dass der Staat nicht Beute von Sonder- und Parteiinteressen sein darf. Wenn wirklich »das Land vor der Partei und der Person« steht, um ein geflügeltes Wort von Parteitagsreden jeder Couleur zu bemühen, dann müssen Entscheidungen auch auf Grundlage der Überzeugung, was *richtig* ist, getroffen werden – und nicht was am jeweiligen Tag in Umfragen opportun erscheint. Inhaltliche Beliebigkeit setzt eine Personenzentrierung der Politik voraus: Nur wenn der eigene Machterhalt über allem steht, können solche 180-Grad-Kehrtwenden in eigenen politischen Kerngebieten stattfinden, wie wir sie zum Beispiel in der Christdemokratie in den vergangenen Jahren erlebt haben.

Ich bin der Überzeugung, dass die Politik verlorengegangenes Vertrauen nur dann zurückgewinnen wird, wenn sie sich auf das Ideal des Staatsdieners im wahrsten Sinne des Wortes zurückbesinnt. Die Geschicke des eigenen Staates mitbestimmen zu dürfen, ist ein Privileg und bedingt, dass man das Vertrauen, das der Wähler in einen gesetzt hat, auch rechtfertigt. Nach meinem Eindruck betrachten jedoch zu viele Berufspolitiker ihre Positionen in Parteien und Ämtern als Pfründe, die es als Besitzstand zu wahren gilt. Diese Mentalität halte ich für gefährlich, da sie als Brandbeschleuniger für Populismus dient, mutige Reformen verhindert und die Zukunftsfähigkeit unseres Landes blockiert. Politik braucht Mut. Gerade wenn wir die langfristigen Themen betrachten, dann ist der Weg des kurzfristig geringsten Widerstandes oft der schlechtere. Wer die Interessen der zukünftigen Generationen vertritt, der darf eben nicht Themen wie Altersarmut, den demographischen Wandel, zerfallende Infrastruktur oder den Klimawandel auf die lange Bank schieben. Aufschieberitis und Behäbigkeit sind allerdings kein reines Problem der Politik.

Auch wir Bürger sind als Wähler gefordert. Wenn wir bei jeder Wahl nur denjenigen unsere Stimme geben, die die besten Versprechen machen oder unsere persönlichen Interessen maximieren, dann dürfen wir uns nicht wundern, wenn über die Zeit eine Herrschaft der Einzelinteressen über dem Allgemeinwohl entsteht, so wie wir sie heute vorfinden. Wenn wir als Wähler Langfristigkeit und Prinzipientreue von Politikern verlangen, dann müssen wir das auch selbst leben und solche Politiker unterstützen. Beide, politische Akteure wie Wähler, müssen sich hier an die eigene Nase fassen. Bürger müssen mehr Engagement zeigen und Politiker dürfen nicht für ihren Mut, langfristig zu handeln und gegen machtvolle Einzelinteressen aufzustehen, bei der nächsten Wahl abgestraft werden.

Ein gutes Beispiel für fehlende Gemeinwohlorientierung ist meiner Meinung nach der politische Umgang mit dem VW-Dieselskandal in den letzten Jahren. Hier hat das größte Unternehmen Deutschlands systematisch getäuscht, Gesetze gebrochen und Fakten wie Abgaswerte manipuliert. Doch die Aufklärung dieser Vorgänge erfolgte vor allem in den USA. Ich habe nicht den Eindruck, dass Politiker der deutschen Regierungsparteien rückhaltlose Aufklärung und Schutz der betrogenen Kunden durchgesetzt haben. Schlimmer noch, die zuständigen beiden Verkehrsminister haben in den letzten Jahren wiederholt den Eindruck erweckt, dass sie aktiv die Interessen von VW über die der betrogenen Kunden stellen. Auch von der zuständigen Gewerkschaft IG Metall sowie dem Großaktionär Land Niedersachsen war verdächtig wenig zu hören, was zu einer wirklichen Sanktionierung der Hauptverantwortlichen geführt hätte.

Der VW Dieselskandal sollte uns eine Lehre sein. Sonderinteressen wie die eines Automobilherstellers dürfen nicht über das allgemeine Gemeinwohl gestellt werden.

Eine Lernkultur etablieren

In vielen Unternehmen ist bereits seit Jahren das Prinzip der »lernenden Organisation« gang und gäbe. Wenn man deren Prinzipien auf die Politik überträgt, dann bedeutet dies, dass Lernen aus Fehlern und die Nutzung von Best Practice-Modellen viel stärker institutionalisiert werden müssen. Das heißt, über den eigenen Tellerrand zu schauen und von anderen Ländern oder Institutionen, die es besser, effizienter können, zu lernen. Heute passiert dies nicht systematisch, vielmehr wird allzu oft versucht »das Rad neu zu erfinden«. Als Beispiel lässt sich hierfür die Einführung des verkürzten Abiturs (G8) in verschiedenen Bundesländern anführen. Anstatt die Lehrpläne bestehender achtjähriger Schulsysteme wie Thüringen und Sachsen zum Vorbild zu nehmen, versuchten viele Kultusminister, durch eigenwillige Kürzungen bei Lehrplänen zum Erfolg zu kommen.

Jenseits von dem vergleichsweise aufwendigen und selten genutzten Instrument des parlamentarischen Untersuchungsausschusses gibt es kaum institutionalisierte Evaluierungsprozesse von politischen Entscheidungen, aus denen im Anschluss konkrete Änderungsempfehlungen abgeleitet werden. Im Ergebnis werden so Fehler wiederholt, wie beispielsweise bei den in diesem Buch erörterten öffentlichen Großprojekt-Desastern. Gut gemeinte Initiativen zum Bürokratieabbau haben beispielsweise meist zur Entwicklung einer Bürokratieabbau-Bürokratie geführt.[405]

Dazu kommt, dass Verantwortlichkeiten für Entscheidungen so weit zerstreut werden, dass nicht mehr klar ist, wer für welche politische Entscheidung Rechenschaft zu übernehmen hat. Daraus erwächst eine Kultur der Verantwortungslosigkeit, bei der selbst für offensichtlichste Fehlplanungen wie beim Flughafen BER keine politischen Konsequenzen für die politischen Entscheidungsverantwortlichen erwachsen. Das ist ein systematisches Problem in der deutschen Politik, das den Steuerzahler Jahr für Jahr Milliarden kostet. Ressortverantwortung und Richtlinienkompetenz müssen hier auf Landes- und Bundesebene wieder viel enger gefasst werden. Verantwortungsübernahme muss auch wieder bedeuten, dass Politiker für Entscheidungen im wahrsten Sinne des Wortes geradestehen und aus politischen Fehlern (beispielsweise im Verkehrsministerium mit der sich abzeichnenden Ausländermaut-Blamage) persönliche Konsequenzen ziehen.

Zu einer Lernkultur gehört außerdem eine ausgeprägte Faktenorientierung und ein Mindestmaß an Sachrationalität. Aus dem Gesundheitswesen kennen wir den Begriff der evidenzbasierten Medizin. Diese verlangt, dass jede einem Patienten verabreichte Therapie, medikamentös oder anderweitig, vorher ihre empirische Wirksamkeit bewiesen hat. Der evidenzbasierte Ansatz revolutionierte die Medizin dadurch, dass tradiertes Erfahrungswissen auf tatsächliche Wirksamkeit geprüft wurde und so die rigorose Anwendung klinischer Studien Denkschulen ablöste. Anders als im Feld der Medizin steht die Politik natürlich vor der Herausforderung, dass die überwiegende Mehrzahl der von ihr zu lösenden Probleme einzigartig und jeweils neu sind. Wir können nur schwer eine Versuchsgruppe aufbauen, in der wir dann analog zu klinischen Studien eine bestimmte Maßnahme austesten, ohne dass sie andere Bevölkerungsteile betrifft. Gleichwohl kann und sollte die Politik von den Prinzipien der evidenzbasierten Medizin lernen. Nicht Glaubenssätze althergebrachter Denkschulen sollten unseren politischen Diskurs prägen, sondern Faktenorientierung, empirische Evidenz und Debatten in der Sache. Wie oft erleben wir, dass in der Politik Antworten auf neue Herausforderungen mit den immer gleichen ideologischen Reflexen von Parteien beantwortet werden? Sei es in der Migrationsdebatte, in Klimafragen oder in Auseinandersetzungen um den Mindestlohn. Auf Dauer entfremden sich Bürger dadurch von der Politik und wenden sich von Teilhabemöglichkeiten ab.

Eine Lösung der anstehenden Herausforderungen verlangt von allen Beteiligten, Politikern und Bürgern, eine Kultur der Verantwortlichkeit, der Sachorientierung und der Fokussierung auf das Gemeinwohl. Nun gilt es diesen Anspruch in die Tat umzusetzen.

Leitlinien für den Aufbruch

Ein Rückblick auf die Geschichte der Bundesrepublik seit 1949 und die ihre prägenden Bundeskanzler zeigt, dass Leitlinien eine notwendige Bedingung für erfolgreiche Politik sind. Für Konrad Adenauer, den ersten Bundeskanzler, waren in den 1950er-Jahren nach den Verheerungen und den Verbrechen des Zweiten Weltkrieges vor allem zwei Leitlinien wichtig: der gesellschaftliche, physische und wirtschaftliche Wiederaufbau mit Hilfe der sozialen Marktwirtschaft und die Westintegration der damals gerade frisch entstandenen Bundesrepublik.

Die Leitlinie der Westintegration wurde durch eine Vielzahl von Maßnahmen, die sich oft über Jahre hinzogen, so konsequent umgesetzt, dass am Ende von Adenauers Kanzlerschaft 1963 kein Zweifel mehr an der Westintegration bestehen konnte. Konkrete Maßnahmen waren beispielsweise das Londoner Schuldenabkommen, die Erschaffung und der deutsche Beitritt zur Montanunion, die Pariser Verträge, die Wiederbewaffnung und die Integration der Bundeswehr in die NATO.

Ähnliche Leitlinien lassen sich bei Willy Brandt erkennen, der mit seiner Forderung »Mehr Demokratie wagen« dem Generationenkonflikt von 1968 einen Lösungsweg wies und der mit seiner Leitlinie einer neuen Ostpolitik im wahrsten Sinne neue Türen in zuvor fest verschlossenen Mauern schuf. Die neue Ostpolitik führte über den »Wandel durch Annäherung« zu den Ostverträgen als Maßnahme, die dann wiederum zur Grundlage einer Entwicklung wurde, die in die deutsche Wiedervereinigung führte. Aber auch Situationen wie der legendäre Kniefall in Warschau im Dezember 1970 waren dann Teil einer konsequenten Politik innerhalb definierter Leitlinien.

Helmut Schmidt kämpfte als überzeugter Transatlantiker für die sicherheitspolitische Untrennbarkeit Westeuropas und der Vereinigten Staaten. Daher setzte er sich bis zuletzt für die Umsetzung des NATO-Doppelbeschlusses ein, wohl wissend, dass er weite Teile seiner SPD nicht mit im Boot hatte. Wirtschaftspolitisch verfolgte er die Leitlinie, dass nun die soziale Dimension der sozialen Marktwirtschaft im Vordergrund stehen muss, mit einem Fokus auf mehr Umverteilung von »oben nach unten«.

Helmut Kohl schließlich, obwohl parteipolitischer Gegner von Willy Brandt und Helmut Schmidt, setzte in der Außen- und Sicherheitspolitik mit seinen Leitlinien der deutschen und europäischen Einheit in vielerlei Weise die Traditionen seiner Vorgänger fort. Er verfolgte die konsequente Weiterentwicklung des europäischen Gedankens bei gleichzeitigem Eingehen auf die neue sowjetische Politik von Glasnost und der Perestroika unter Gorbatschow. Seine Leitlinie mündete schließlich in eine Reihe von Ergebnissen, wie den 2+4-Verträgen, der Währungsunion, der deutschen Einheit und dem Euro.

In den letzten beiden Jahrzehnten allerdings hat die deutsche Politik häufig klar erkennbare Leitlinien und entsprechend zielorientierte Maßnahmen schmerzlich vermissen lassen. Stattdessen wirkte sie getrieben von Beliebigkeit, Stückwerk und Symbolpolitik. Bisweilen erweckte der Umgang mit Herausforderungen wie der Energiewende, der Migrationskrise oder dem Klimawandel den Eindruck, dass die jeweilige tagesaktuelle »mediale Sau«, die durchs Dorf getrieben wird, einen Großteil des politischen Handelns dominieren. So werden wertvolle Kapazitäten, die in anderen Aktivitäten in wesentlichen Themenbereichen besser angelegt wären, gebunden. Heute wird – mit sich abzeichnenden Konsequenzen – mehr verwaltet als gestaltet.

Uns fehlen klare Vorstellungen, wohin es mit unserem Land gehen soll. Wenn ich das heutige Führungsverhalten von großen Teilen der deutschen Politik beobachte, muss ich immer wieder an eine Erfahrung aus meiner beruflichen Vergangenheit zurückdenken. In den 1990er-Jahren arbeitete ich im Leitungsbereich Planung und Controlling eines großen deutschen Konzerns, dessen Unternehmenskultur überwiegend von hektischem Aktivismus sowie ziel- und sinnloser Eile geprägt war. Diese fast tägliche Routine von »rein in die Kartoffeln, raus aus den Kartoffeln« kostete nicht nur viel Kraft, sondern wirkte auch demotivierend und zermürbend. Ein geschätzter Kollege erleichterte uns besonders schlimme Momente mit einem fast Spruch der von Shakespeare stammen könnte: »Wenn wir schon nicht wissen, wo wir hinwollen, dann sollten wir uns wenigstens beeilen.« Es ist fast überflüssig zu erwähnen, dass dieses ehemalige DAX-Unternehmen heute nicht mehr existiert und seine damals wichtigsten Tochtergesellschaften heute fast alle untergegangen sind oder als Sanierungsfälle um ihr Überleben kämpfen.

Es ist keine neue Erkenntnis, dass Führung wissen muss, was sie wie und wofür sie es will, wenn sie Menschen begeistern und mitreißen soll. Dies ist selbstverständlich und stellt doch einen hohen Anspruch dar. Dies gilt für alle menschlichen Organisationen, ob in der Wirtschaft, im Sport oder in der Politik.

9.
Handeln für Deutschland

»Es gibt nichts Gutes, außer man tut es«, dieses Zitat von Erich Kästner soll als Leitspruch über diesem Abschlusskapitel stehen. Leitlinie unseres Handelns muss die ökologische, soziale und marktwirtschaftliche Zukunftsfähigkeit Deutschlands und Europas sein. Dazu schlage ich folgenden 12-Punkte-Aktionsplan vor:

1. Strukturelle und mentale Grundlagen für Zukunftsfähigkeit schaffen
2. Unsere Infrastruktur wiederherstellen und ausbauen
3. Schutz nach innen und außen sicherstellen
4. Für einen digitalen Aufbruch
5. Die Bundesrepublik muss Bildungsrepublik werden
6. Weichen stellen für gelingende Integration und Migration
7. Für eine gesamtheitliche Energie- und Verkehrswende aus einem Guss
8. Die ökologisch-soziale Marktwirtschaft aufbauen
9. Unsere Heimat Europa weiterentwickeln
10. Den Euro widerstandsfähiger machen
11. Für eine Außenpolitik mit Rückgrat
12. Zukunftsfähigkeit finanzieren

1. Strukturelle und mentale Grundlagen für Zukunftsfähigkeit schaffen

Was haben Herausforderungen wie öffentliche Großprojekte (BER, Elbphilharmonie, Stuttgart 21, etc.), Infrastrukturthemen, Bildungspolitik, Bundeswehr, Innere Sicherheit, Energie- und Mobilitätswende, Digitalisierung sowie Migration und Flüchtlingskrise gemein? Sie alle leiden unter gravierenden Entscheidungs-, Planungs- und Umsetzungsproblemen, die wesentlich aus den tradierten staatlichen und politischen Strukturen herrühren.

Regierungsführung in Deutschland ist föderal aufgebaut und auf mehreren Ebenen organisiert: Kommunen, Länder, Bund, und EU. Föderalismus als Staatsstrukturprinzip ist sinnvoll, da er im Idealfall zu einem Wettbewerb der Lösungsansätze führt und regionalen Identitäten Ausdruck verleiht. Definierte Kompetenzverteilungen zwischen den verschiedenen Ebenen dürfen allerdings nicht zu Bremsklötzen bei der Bewältigung zukunftskritischer Herausforderungen werden. Deshalb müssen wir neue Wege gehen. Wie jede Organisation muss auch der staatliche Apparat sich immer wieder hinterfragen und modernisieren, denn ein zukunftsfähiges Deutschland ist ohne zukunftsfähige Führungs- und Umsetzungsstrukturen nicht möglich.

Unsere heutigen Kabinettseinteilungen beruhen auf der funktionalen Gliederung des 19. und 20. Jahrhunderts. Ministerämter werden auf Bundes- wie auch auf Länderebene fast ausschließlich von Karrierepolitikern besetzt. Dabei spielen Fachkompetenz und Erfahrung zumeist eine untergeordnete Rolle, manchmal mit gravierenden Folgen.

Deshalb schlage ich eine Reihe von Innovationszentren innerhalb der Bundesregierung in Form von zeitlich begrenzten, projektbezogenen Ministerien mit Kabinettsrang für kritische Projekte wie die Energie- und Mobilitätswende vor (mehr dazu unter Punkt 7 dieses Aktionsplans). Ebenso sollte ein Ministerium für Digitalisierung mit Querschnittsfunktion und -autorität für alle betroffenen staatlichen Bereiche geschaffen werden (siehe Punkt 4 des Aktionsplanes). Außerdem sollten wir eine Expertenministerin oder einen Expertenminister für die Entbürokratisierung mit einer zeitlichen Befristung haben. Durch diese projektbezogenen, temporären und dank der Expertenführung parteipolitisch wenig belasteten Projektführungsstrukturen entsteht neue Effizienz, erhöhte Schlagkraft und eine verbesserte Erfolgswahrscheinlichkeit.

Die im vierten Kapitel »Bereit für Disruption?« beschriebenen Entwicklungen steigern den Wettbewerbsdruck sowohl im staatlichen Bereich als auch in der Privatwirtschaft. Wenn wir uns diesem Druck mit seinen Herausforderungen und Möglichkeiten konstruktiv stellen, können wir unseren Kindern ein besseres Land hinterlassen, als wir es von unseren Eltern übernommen haben. Permanentes Benchmarking, also Lernen von den Besten mit dem Ziel, diese dann überholen zu können, ist dafür erforderlich. Es ist in den allermeisten Themenfeldern unsinnig, das Rad neu erfinden zu wollen oder auf nationale Eigenlösungen zu setzen, nur in Ausnahmen braucht es einen deutschen Sonderweg. Ein permanenter Abgleich mit den besten Lösungen, Abläufen und Organisationen in Bezug auf eine Aufgabe ist heute in der Wirtschaft oder im Profisport selbstverständlich. Ich kann keinen Grund erkennen, warum dies nicht auch für staatliche Stellen und Projekte gelten sollte. Benchmarking muss auch für die deutsche Politik zur Normalität werden.

Unser Ziel muss ein effizienterer, agilerer Staat sein. Orientieren wir uns bei öffentlichen Großprojekten beispielsweise an den erfolgreichen Vergabe- und Umsetzungsmethoden der Schweiz und nutzen wir dortige Erfolgsrezepte schnell und effizient für uns! Warum sollten wir in der digitalen Infrastruktur nicht Länder wie Südkorea überholen können? Warum sollte unser Bildungssystem nicht auf den ersten drei Plätzen in den PISA-Studien stehen? Für alle Themen, die die Zukunftsfähigkeit Deutschlands ausmachen, ist der weltweit anspruchsvollste Benchmark zu identifizieren, sodass die dortigen Erfahrungen und Wege zu einem Teil der angestrebten eigenen Lösung werden können. Eine weitere strukturelle Grundlage für unsere Zukunftsfähigkeit ist meiner Meinung nach eine konsequente Initiative zur Entbürokratisierung. Hier ist eine kompetenzstarke, auf Zeit angelegte Institution für Effizienzsteigerung zu schaffen, welche konsequent Gesetze und Vorschriften auf ihre Wirksamkeit prüft und den Vorschriften- und Paragraphendschungel soweit wie möglich reduziert. In der konkreten Umsetzung können wir dabei viel von den Niederlanden lernen.[406] Unser heutiger Zustand der Überbürokratisierung ist beklagenswert, zukunftsfeindlich, lähmend und – das finde ich am schlimmsten – er ist selbstgemacht.

Gerade in Bereichen wie Steuergesetzgebung, Bauvorschriften, Sozialgesetzgebung und im Verwaltungsrecht ist der Vorschriftendschungel ins Absurde angewachsen und eine Rodung dringend angesagt. Wieso braucht Deutschland viermal so viele Bauvorschriften wie die Niederlande? Wie würde unser Land mit der Hälfte der heutigen Vorschriften- und Gesetzeslast funktionieren? Ich bin sicher: viel besser.

2. Unsere Infrastruktur wiederherstellen und ausbauen

Eine zukunftsfähige Infrastruktur ist die Grundlage für erfolgreiches wirtschaftliches und politisches Handeln im eigenen Land sowie im globalen Wettbewerb und sie ist neben Sicherheit und Ordnung eine der wichtigsten staatlichen Aufgaben. Der erste Schritt in diesem Aktionspunkt soll Transparenz und Ehrlichkeit herstellen. Wie in Kapitel 1 beschrieben, leben wir seit Jahren aus der Substanz und damit letztlich auf Kosten der nächsten Generationen, ein Zustand, der uns die Schamesröte ins Gesicht treiben sollte. Wir brauchen eine flächendeckende, schonungslose und ehrliche Gesamtübersicht über die Investitionsstaus. Dann muss ein 10- bis 15-jähriger

Plan aufgelegt werden, wie und wann diese Rückstände in Bereichen wie Autobahnen, Brücken, Wasserwege, Schienenwege, öffentliche Gebäude wie Schulen, Universitäten, digitale Infrastruktur, Flugverkehr, Stromnetze und Ladestationsbedarf für die angestrebte E-Mobilität aufgelöst werden können. Ein solcher Plan sollte jedoch nicht in den Schubladen anderer unerledigter Planungen verstauben, sondern tatsächlich umgesetzt werden durch die Bereitstellung entsprechender administrativer Kapazitäten und fianzieller Mittel (siehe dazu auch Punkt 12). Eine solche mittelfristig angelegte Investitionsoffensive wäre auch für die Bauwirtschaft in ihrer Planung berechenbarer.

Die Verwaltung des Mangels und des Verfalls muss aufhören. Wenn wir weiter zu große Anteile unserer öffentlichen Haushalte konsumieren und zu wenige Anteile investieren, beschädigen wir die Substanz unseres Landes. Um endlich aus dem Teufelskreis kurzfristiger Wahlversprechen auf Kosten langfristiger Zukunftsfähigkeit auszubrechen, muss eine breite öffentliche Debatte angestoßen werden. Es muss allen Beteiligten, also Bürgerinnen und Bürgern, Parteien, politisch Handelnden und Interessenverbänden klar sein, welch dramatische Auswirkungen ein weiteres Sägen an dem Ast, auf dem wir sitzen, haben wird, insbesondere für die nächsten Generationen.

Mit einer Reorientierung auf Mittel- und Langfristigkeit muss eine komplette Neuausrichtung des Vergaberechts für öffentliche Aufträge einhergehen. Unternehmen wie auch andere Länder beweisen immer wieder, dass sie neue, komplexe und terminkritische Fabriken oder Infrastrukturprojekte erfolgreich bauen können. Wenn die öffentliche Hand dies in Deutschland zukünftig auch tun soll, brauchen wir dieselben Haftungsregeln wie für die Privatwirtschaft. Das bedeutet konkret, dass der Staat sich wie ein normaler Marktakteur zu verhalten hat und als Kunde Preise, Termintreue und Qualitätsstandards einfordert. Mir ist unverständlich, warum es noch immer keine standardisierten Allgemeinen Geschäftsbedingungen für Staatsaufträge gibt, die Projekthaftung beispielsweise durch die Gründung von Zweckgesellschaften sicherstellen.

Ein Teil der Lösung besteht in der Schaffung eines zentralen, nationalen Kompetenzzentrums für öffentliche Großprojekte. In Großbritannien existiert beispielsweise eine Major Projects Authority, die Standards für Vergabe, Projektmanagement und Controlling durchsetzt. Nur durch eine sinnvolle Zentralisierung können Best Practice, Erfahrungen und Lernen von einem zum nächsten Projekt weitergegeben werden. Eine Landesverwaltung in Berlin oder Brandenburg plant schließlich in einer Generation nur einen Flughafen. Mit einem bundesweiten Kompetenzzentrum hingegen könnten Erfahrungswerte aus Projekten in München, Frankfurt oder Düsseldorf in die Ausschreibung und Umsetzung miteinfließen. Ab einem gewissen Investitionsschwellenwert sollten alle Großprojekte in Deutschland von einem solchen Kompetenzzentrum zentral durchgeführt und beaufsichtigt werden.

Großprojekte dürfen keine Spielwiese zur Selbstverwirklichung und Profilierung von Politikern sein, sondern sie müssen als steuergeldfinanzierte Maßnahmen das Ziel der Gemeinwohlmaximierung verfolgen. Deshalb ist es wichtig, politische Einflussnahme in Projekten so früh wie möglich zu minimieren, idealerweise ab der grundsätzlichen Entscheidung zur Umsetzung. Aufsichtsräte in Bauprojekten müssen nach Expertise und nicht nach politischen Quoten besetzt werden. Das nationale Kompetenzzentrum für die Durchführung von Infrastrukturprojekten sollte eine ähnliche politische Unabhängigkeit wie der Bundesbank zugestanden werden. So können wir sicherstellen, dass zukünftige Planungen und Vergaben auf Basis marktfähiger Preise erfolgen und an eine wirksame Haftung der Leistungserbringer gekoppelt wird – Standards, die in der Privatwirtschaft absolut üblich sind.

3. Schutz nach innen und außen sicherstellen

Sicherheit ist eine Kernaufgabe von Staatlichkeit. Sicherheit ist meiner Meinung nach nur gesamtheitlich zu verstehen. Der klassische Sicherheitsbegriff von innerer und äußerer Sicherheit muss im digitalen Zeitalter um die Aspekte Cybersicherheit und den Schutz der Persönlichkeitsrechte im Internet ergänzt werden. Für seine äußere Sicherheit braucht Deutschland eine qualifizierte, starke, gesellschaftlich akzeptierte und tief verankerte Bundeswehr. Zur Einsatzbereitschaft der Bundeswehr gehört die Fähigkeit, mit Bündnispartnern weltweit Auslandseinsätze durchführen zu können sowie die Bündnis- bzw. Landesverteidigung im europäischen Raum zu gewährleisten. Vor dem Hintergrund der in Kapitel 7 ausgeführten Änderungen der politischen Großwetterlage halte ich es für brandgefährlich, Sicherheitspolitik durch Wunschdenken zu ersetzen. Auch wenn es unbequem sein mag: Die Bundeswehr muss angesichts der politischen und militärischen Bedrohung durch Putin auch von Russland als ein ernstzunehmender sicherheitspolitischer Garant für das europäische NATO-Territorium wahrgenommen werden.

Wir müssen uns fragen, ob sich die Aussetzung der Wehrpflicht bewährt hat. Ich bezweifele dies stark, insbesondere angesichts der aktuellen Schwierigkeiten bei der Personalgewinnung der Bundeswehr. Schon aus historischen Gründen braucht Deutschland Streitkräfte aus der Mitte der Gesellschaft für die Gesellschaft. Ich unterstütze daher eine Wiedereinsetzung der Wehrpflicht bzw. der Schaffung einer Dienstpflicht in näherer Zukunft.

Heute steht die Bundeswehr als Einsatzarmee vor völlig anderen Herausforderungen als noch zu Zeiten des Kalten Krieges, als ich in den frühen 1980er-Jahren als Reserveoffiziersanwärter zwei Jahre in einem Jägerbataillon diente. Eine Wiedereinführung der Wehrpflicht wirft deshalb auch immer die Frage auf, ob diese wie in der Vergangenheit geschehen, in Auslandseinsätze geschickt werden sollten. [407] Um dies zu vermeiden, sollten wir im Rahmen einer Bundeswehrreform eine zukunftsfähige, schlagkräftige Zweigliederung überlegen: einerseits weltweit einsetzbare, mobile Einsatzverbände aus Freiwilligen, also länger dienende Zeit- und Berufssoldaten, andererseits Territorialverbände für die Landes- und Bündnisverteidigung aus Wehrpflichtigen, Zeit- und Berufssoldaten. Dabei darf es auf keinen Fall zu einer Zweiklassenstruktur innerhalb der Bundeswehr kommen zwischen einer vermeintlich höherwertigen Einsatzarmee und einem Territorialheer. Hier ist eine intelligente, rotierende Personalpolitik insbesondere bei länger dienenden Offizieren und Portepeeunteroffizieren gefragt, die sicherstellt, dass jede persönliche Karriere von einer Bewährung in beiden Bereichen abhängt.

Die Bundeswehr ist zu einer Einsatzarmee geworden; Veteranen kehren teilweise mit schweren körperlichen und seelischen Verwundungen zurück und wir haben Gefallene zu betrauern, die im Einsatz ihr Leben für unser Land verloren haben. Die Aufgaben und Lasten der Bundeswehr sind gewachsen, jedoch längst nicht in gleichem Maße ihre gesellschaftliche Anerkennung. Noch immer mangelt es an öffentlichem Respekt für Soldaten und Veteranen. Dazu gehören schnell verfügbare medizinische und psychologische Betreuungsangebote sowie eine Anstrengung des Staates, gerade seine Veteranen für ihren Einsatz zu ehren und ihnen zu danken, zum Beispiel in Form eines nationalen Gedenktages. Die Verbesserung des Ansehens der Bundeswehr in der deutschen und europäischen Öffentlichkeit ist eine Pflicht, die unsere Soldatinnen und Soldaten verdienen.

Moderne Ausrüstung und deren Einsatzbereitschaft sind weitere Herausforderungen. Eine mindestens 80-prozentige Einsatzbereitschaft von allen Truppenteilen und Gerät sollte Standard sein. Dies beinhaltet die dazu notwendige Bevorratung von Munition, Ersatzteilen und logistischen Kapazitäten. Neben den notwendigen finanziellen Mitteln muss mit Priorität das militärische Beschaffungswesen professionalisiert werden, wie ich dies auch schon in meinen Bemerkungen zu Projektmanagement und -controlling ausgeführt habe.

Gleiches gilt für den Alltag im Dienst. Gerade bei der Bundeswehr ist ein intensiver Bürokratieabbau dringend angesagt. Ein einfacher Weg ist mehr Verantwortung und damit Entscheidungsfreiheit für die Verantwortlichen vor Ort, sprich die Kommandeure auf Bataillons-, Regiments-, Brigade- und Divisionsebene. Offiziere, die die Verantwortung über Hunderte oder Tausende von Menschen und hohe Millionenwerte an Ausrüstung haben, sollten auch über entsprechende budgetäre Kompetenzen verfügen und somit bürokratisch unabhängiger werden. Dies würde auch dem Ansatz eines »Staatsbürgers in Uniform« gerecht werden.

Eine europäisierte Verteidigungspolitik und -struktur ist unser bester und gleichzeitig auch kosteneffizientester Friedensgarant. Mittelfristig sollten wir europäische Streitkräfte in allen Teilstreitkräften aufbauen. Deutschland und seine Bundeswehr sind zu klein für eine eigenständige Rolle in der heutigen multipolaren Welt. Daher muss die angestrebte Wiederbelebung der Bundeswehr direkt mit der Schaffung integrierter europäischer Streitkräfte gekoppelt sein. Die Zahl und die Komplexität der Waffensysteme müssen reduziert, eine europaweite, effiziente Beschaffung muss etabliert werden, um so wesentlich mehr Wert für das zu investierende Geld zu realisieren.

Hinsichtlich Führung und Organisation sind dazu schon erste richtige Schritte unternommen worden, angefangen vom Eurokorps mit der Deutsch-Französischen Brigade, dem 1. Deutsch-Niederländischen Korps in Münster oder dem Multinationalen Korps Nord-Ost in Stettin. Sie sind Trittsteine auf dem Weg zu europäischen Streitkräften zu Wasser, zu Lande, in der Luft und im Cyberspace. Die permanente strukturierte Zusammenarbeit (PESCO) in Verteidigungsfragen auf europäischer Ebene läuft heute allerdings viel zu schleppend an. Statt Trippelschritten brauchen wir den politischen Mut und Führungswillen in Berlin, eine echte Verteidigungsunion auf europäischer Ebene voranzutreiben. Gerade die Präsidentschaft Emmanuel Macrons in Frankreich, der sich in seiner Sorbonne-Rede wiederholt für ein solches Projekt ausgesprochen hat, bietet eine Chance, die wir nicht verstreichen lassen sollten.

Beim Thema Innere Sicherheit gibt es eine traurige Gemeinsamkeit mit der Problematik bei der äußeren Sicherheit: fehlender Respekt und Anerkennung für die Arbeit der Polizei als Ganzes und für den einzelnen Polizisten als Menschen. Die Gewalt gegen Polizeibe-

amte steigt seit Jahren. Allein in Nordrhein-Westfalen kommt es alle
90 Minuten zu einem Angriff auf einen Polizeibeamten.[408] Teil der
Wertschätzung ist auch das Gehalt. Hier bestehen zwischen den Bundesländern erhebliche Unterschiede; so liegt das Jahreseinstiegsgehalt
für Polizeibeamte in Nordrhein-Westfalen, dem Spitzenreiter unter
den Bundesländern, 5374 Euro über dem Einstiegsgehalt der Kollegen in Berlin, dem bundesweiten Schlusslicht.[409]

Auch ist die sehr unterschiedliche Polizeidichte pro 100.000 Einwohner in den einzelnen Bundesländern zu hinterfragen. In Mecklenburg-Vorpommern versehen 366 Polizisten pro 100.000 Einwohner
ihren Dienst, in Brandenburg 328. Schlusslichter sind Niedersachsen, Nordrhein-Westfalen, Hessen, Baden-Württemberg und Rheinland-Pfalz mit je zwischen 231 bis 224 Polizisten pro 100.000 Einwohner.[410] Wenn man die Stadtstaaten mit in die Betrachtung
einbezieht, wird die Differenz sogar noch größer.

Innere Sicherheit ist in Deutschland Ländersache. Doch gerade
in Zeiten von neuer digitaler Kriminalität, Terrorismus und international organisierter Kriminalität muss überlegt werden, wie Kompetenzen und Beschaffung den Anforderungen unserer Zeit angeglichen
werden: Braucht jedes Bundesland ein eigenes Beschaffungswesen?
Welche IT-Systeme neben dem digitalen Funk könnten von einer gemeinsamen, bundesweiten Plattform betrieben werden, sodass mehr
Schlagkraft und Effizienz entstehen?

Die Polizeihoheit der Länder darf nicht zu unterschiedlichen Sicherheitsstandards führen. Bundesweit müssen Fahndungsmethoden
und Fahndungsdruck so abgestimmt sein, dass egal wo in Deutschland, ob in Hamburg, Berlin, München oder Stuttgart, es für Kriminelle gleichermaßen riskant ist, ein Verbrechen zu begehen.

Ähnlich wie die Bundeswehr muss uns unsere innere Sicherheit etwas wert sein. Deshalb müssen Effizienzmaßnahmen und eine ausreichende personelle und technische Ausstattung Hand in Hand gehen,
um bei Schwerpunktthemen wie organisierte Kriminalität und Geldwäsche wirksam agieren zu können.

Im Zeitalter von Schengen muss Polizeiarbeit auch europäisch organisiert sein. Wir brauchen ein europäisches FBI, insbesondere für die Bekämpfung international agierender Verbrechensbereiche wie Terrorismus, organisierte Kriminalität, Geldwäsche, Korruptionsbekämpfung, Drogenhandel, Menschenhandel und Internetkriminalität. Europol sollte eine eigene Ermittlungskompetenz verliehen werden. Ähnlich wie in den Vereinigten Staaten sollte es Bundesverbrechen (federal felonies auf europäischer Ebene) geben, die vor einer effizienten Europäischen Strafgerichtsbarkeit verhandelt werden. Damit könnten wir einen entscheidenden Beitrag zur Verbesserung der Rechtsdurchsetzung in ganz Europa leisten.

Darüber hinaus muss Frontex als gemeinsames, europäisches Grenzschutzorgan so materiell und personell ausgestattet werden, dass ein effektiver Schutz an den EU-Außengrenzen gewährleistet ist. Dazu gehört eine Vervielfachung der Planstärke von derzeit 10.000 Grenzschützern. Die Effektivität europäischen Außengrenzschutzes darf nicht in die Hände von Autokraten in Nachbarländern gelegt werden, so wie es mit dem EU-Türkei-Abkommen de facto geschehen ist. Europa muss in der Lage sein, seine Grenzen und damit seine Souveränität eigenständig zu schützen.

4. Für einen digitalen Aufbruch

Wie Kapitel 4 illustriert, ist Deutschland derzeit nicht adäquat auf die Digitalisierung vorbereitet. Wir tun zu wenig für unsere digitale Infrastruktur, für digitale Bildung, Forschung und Fortbildung und für den Aufbau des digitalen Binnenmarkts. Deutschland muss viel ambitionierter als bisher seine digitale Infrastruktur ausbauen. Dazu gehört, dass beim Ausbau digitaler Netze – ähnlich wie bei Verkehrsnetzen – der Staat eine aktivere Rolle einnimmt. Wenn sich aus privatwirtschaftlicher Sicht das Aufstellen von 5G-Masten im ländlichen Raum nicht lohnt, ist die Bereitstellung einer wettbewerbsfähigen Datenverbindung eine Staatsaufgabe. Hierfür könnten u. a. die Einnahmen aus den Versteigerungen der Lizenzgebühren Verwendung finden. Es mutet bizarr an. Niemand würde Straßenbau allein privatwirtschaftlichen Unternehmen ohne klare staatliche Lenkung überlassen. Doch bei dem Ausbau der Leistungsfähigkeit unseres »digitalen Straßennetzes« reduziert sich der Staat auf die Rolle eines Kassenwartes und gibt somit die Verantwortung für diese zukunftskritische Infrastruktur aus Mangel an strategischem Willen leichtfertig aus der Hand. Besser wäre es gewesen, bereits zu Beginn Ausbauverpflichtungen vorzugeben, statt eine kostentreibende Versteigerung vorzunehmen. Aber dieser Fehler lässt sich wohl kaum mehr rückgängig machen. Privatanbieter sollten über National Roaming verpflichtet werden, ihre Netze für Drittnutzer zu öffnen. Länder wie Südkorea und Norwegen müssen für Deutschland zur Benchmark im Netzausbau werden.

Statt sich in die technologische Abhängigkeit von China oder den Vereinigten Staaten zu begeben, sollte Europa aus strategischem Eigeninteresse einen eigenen Anbieter für Netztechnologie aufbauen. Es wäre unverantwortlich, Teile des 5G-Netzes in die Hände von Huawei oder ZTE zu legen, schließlich gibt es in der Volksrepublik China de facto keine Unabhängigkeit von Privatunternehmen gegenüber Geheimdiensten. Wenn in einem oder zwei Jahrzehnten ein wesentlicher Teil unserer Produktionsverfahren und Dienstleistungen auf 5G-Netzen läuft, wollen wir dann wirklich riskieren, dass sich ein Abschaltknopf (*kill switch*) in Peking befindet?

Im Bereich der digitalen Bildung sollte jedes Schulkind in der Bundesrepublik neben Fremdsprachen auch Programmiersprachen lernen, Informatik muss flächendeckendes Pflichtfach werden. Lehrkräfte im Bereich der Informatik sollten regelmäßig und verpflichtend fortgebildet werden, um auf dem aktuellen Kenntnisstand ihres Fachgebiets zu sein. Lehrpläne für Berufsschulen müssen für das digitale Zeitalter aktualisiert werden und den Umgang mit Rechnungslegungsprogrammen und anderen Tools unterrichten. Nach einer Umfrage des DGB aus dem August 2019 sehen sich 54 Prozent aller Jugendlichen in Ausbildung nicht ausreichend auf die Digitalisierung vorbereitet.[411] Häufig fehlt es sogar an Grundlagen, weniger als die Hälfte aller Berufsschulen verfügt über WLAN.[412] Die finanziellen Mittel des Digitalpakts der Bundesregierung müssen vervierfacht werden, um diese Lücke zu füllen.[413]

Neben Infrastruktur und Bildung muss Deutschland auch im Bereich der Gründungsförderung mehr tun. Seit Jahren hört man immer wieder: Warum gibt es kein europäisches Google, Amazon, Facebook oder Apple? Die hiesige Verfügbarkeit von Wagniskapital ist im Vergleich zum Silicon Valley oder zu China noch immer lächerlich gering. Auch hier ist von staatlicher Seite mehr zu tun (siehe Punkt 12 dieses Aktionsplans). Durch eine kartellrechtliche Entflechtung amerikanischer Digitalkonzerne könnte die Europäische Union außerdem dafür sorgen, dass de facto eigenständige europäische Töchter von Facebook, Google & Co. entstehen. Entsprechende Möglichkeiten zum Aufbrechen marktbeherrschender Strukturen sollten viel entschiedener geprüft und genutzt werden.

5. Die Bundesrepublik muss Bildungsrepublik werden

Bildungspolitik ist seit meinen Kindheitsjahren immer wieder eine Projektionsfläche von ideologischen Grabenkämpfen gewesen: vom Fortbestand des Gymnasiums über die Verkürzung der Schulzeit bis hin zur Inklusion. Ich halte Bildung für die Zukunft unseres Landes für zu wichtig, als dass man mit dieser auf dem Rücken von Schülern und Lehrern die jeweiligen politischen Präferenzen ausleben sollte. Wir brauchen weniger Systemdebatten und mehr Investitionen in die Ausbildung von Lehrern und in die Qualität der schulischen Einrichtungen. Lehrpläne und Ausbildungsziele sollten auf das Niveau der Schweiz angehoben werden, welche die Bundesrepublik in allen relevanten Bildungsvergleichen um Längen schlägt. Im Lehramtsstudium sollten bereits früh praktische Elemente eine Rolle spielen. In vielen

Bundesländern vergehen zwei oder drei Studienjahre, bis angehende Lehrer zum ersten Mal vor einer Klasse stehen.[414] Sollten diese dann feststellen, dass die praktische Arbeit mit Schülern doch nichts für sie ist, ist die Hemmschwelle zum Studienfachwechsel sehr hoch.

Vor dem Hintergrund des Fachkräftemangels in vielen handwerklichen Berufen müssen Berufsausbildungen gegenüber der Hochschulreife wieder attraktiver werden. Das Sozialprestige von Ausbildungen muss entsprechend durch staatliche Maßnahmen angehoben werden. So könnte man darüber nachdenken, abgeschlossene Berufsausbildungen mit einem »Associate Degree« zu versehen. Dieser akademische Grad, der in den USA, Norwegen und einigen anderen europäischen Ländern nach zwei Studienjahren verliehen wird, hätte eine starke Signalwirkung für die Wertigkeit abgeschlossener Ausbildungen. Die Entlohnung von Grundschullehrern und Haupt- und Realschullehrern muss denen von Gymnasiallehrern angepasst werden, um die Gleichwertigkeit der verschiedenen Bildungszweige auch finanziell zu unterstreichen. Altes Hierarchiedenken, in welchem ein Abitur an einem Gymnasium mehr wert sei als andere Abschlüsse aus anderen Schulformen, ist ein wilhelminisches Relikt, das an den heutigen Bedürfnissen unserer Volkswirtschaft vorbeigeht.

Die Qualität der Schulbildung in Deutschland muss einheitlicher werden und sich an den stärksten Ländern, an Sachsen und Bayern, orientieren. Wir brauchen bundesweit einheitliche Abiturprüfungen und vergleichbare Qualitätsstandards in Grund- und Leistungskursen. Sollten Kultusministerkonferenzbeschlüsse hier weiterhin keinen Erfolg bringen, sollten leistungsstarke Bundesländer von der Möglichkeit Gebrauch machen, Abiturprüfungen aus Berlin und Bremen nicht mehr anzuerkennen. Die betroffenen Schüler könnten dann mit Studieneingangsprüfungen an Universitäten in diesen Ländern zugelassen werden.

Die in den vergangenen Jahren vielerorts vorgenommene Ausweitung des Schulbetriebs auf den Nachmittag im Rahmen von Ganztagsschulen sollte als Chance für zusätzliche Förderung begriffen werden. Schulen müssen finanziell so ausgestattet werden, dass sie auch nachmittags vollwertigen Unterricht und Schwerpunktförderung beispielsweise in den Naturwissenschaften, Informatik oder in Fremdsprachen anbieten können.

6. Weichen stellen für gelingende Integration und Migration

Welche Art Einwanderung wollen und brauchen wir? Dieser Kernfrage muss sich unser Land stellen und endlich eine verbindliche Antwort geben. Nur so können Staat und Wirtschaft planen.

Wie in Kapitel 2 beschrieben, mangelt es Deutschland an einer Strategie, um Fachkräfte nach kanadischem oder australischem Vorbild anzuwerben. Das Fachkräftezuwanderungsgesetz der Großen Koalition trägt wenig dazu bei, die Rechtslage für potenzielle Einwanderer transparent zu machen. Das bisherige System mit verschiedenen Aufenthaltstiteln, Gleichwertigkeitsprüfungen, Positivlisten und zerstückelten, auf verschiedene Behörden (Bundesagentur für Arbeit, Bundesamt für Migration und Flüchtlinge, kommunale Ausländerbehörde und Botschaften) verteilten Zuständigkeiten muss stark vereinfacht werden. Hierzu sollten Kompetenzen in einer zentralen Bundesagentur gebündelt und ein Punktesystem etabliert werden, das Fachkräften vorab transparent macht, ob sie in Deutschland willkommen sind. Gezielte Anwerbeabkommen für Pflegekräfte aus dem Kosovo oder aus Mexiko sind gute Initiativen, die sich auch auf andere Berufsfelder übertragen lassen können.

Integration muss stärker als bisher eingefordert, aber auch gefördert werden. Hierbei spielt der Erwerb von Sprach- und Landeskenntnissen eine zentrale Rolle. Besonders Frauen und Mütter müssen hier gefördert werden. Die Kapazitäten für Deutsch- und Integrationskurse müssen auch nach dem Abklingen der Migrationswelle von 2015 hochgehalten werden. Prüfungen sollten jedoch von staatlicher Seite vorgenommen werden, um die Qualität solcher Kurse zu gewährleisten.

Teil 2: Was tun?

Im Bereich der Migrationspolitik muss geltendes Recht darüber hinaus schlichtweg wieder angewandt werden. Wer vollziehbar ausreisepflichtig ist, hat die Bundesrepublik zu verlassen. Dieses Prinzip ist eine Selbstverständlichkeit, andernfalls macht sich der Gesetzgeber überflüssig. Wozu braucht es Gesetze, wenn diese nicht eingehalten werden? Die geringe Zahl an Abschiebungen auch straffällig gewordener Migranten schädigt das Ansehen des Rechtsstaats, spaltet die Gesellschaft und stärkt ausländerfeindliche, radikale Parteien. Deutschland muss mehr politischen Druck auf Herkunftsländer ausüben, die sich weigern, ihre straffällig gewordenen Staatsbürger zurückzunehmen. Maßnahmen können hier vom Zurückhalten von Entwicklungshilfe bis zu wirtschaftlichen Sanktionen reichen. Es ist schlicht nicht vermittelbar, warum die Bundesrepublik beispielsweise 370 Million Euro für die Unterstützung bei der Bewältigung der Auswirkungen der Syrienkrise und der Versorgung syrischer Flüchtlinge an den Libanon überweist,[415] dieser sich aber systematisch weigert, sich an der Rücknahme libanesischer Clans zu beteiligen.

Wie in Kapitel 2 ausgeführt, muss unser Land aber auch mehr inklusive Angebote zur Entwicklung eines positiven Patriotismus machen, der es Zuwanderern und ihren Nachfahren ermöglicht, sich mit unserem Gemeinwesen zu identifizieren. Eine zukunftsfähige Migrations- und Integrationspolitik verbindet eine offene Tür für Fachkräfte und ein offenes Herz für hilfesuchende Flüchtlinge mit klaren Grenzen bei Rechtsbruch und Integrationsverweigerung.

7. Für eine gesamtheitliche Energie- und Verkehrswende aus einem Guss

Die Energie- und die Verkehrswende sind ein unmittelbar verknüpftes Projekt, schließlich verfolgen sie dasselbe Ziel: Emissionsreduktion zugunsten des Klimaschutzes. Um beide Wenden zum Erfolg zu führen, braucht es eine gemeinsame, wirksame Koordinierung im

Rahmen eines Schlüsselministeriums. Energiepolitik darf nicht länger Anhängsel des Wirtschaftsressorts sein.

Der Staat sollte technologieneutral Lösungen nach dem Effizienzprinzip fördern. Das bedeutet, dass nicht nur E-Mobilität und Batterien, sondern auch Power2Gas-Technologien von Förderungen profitieren sollten. Die Bundesregierung sollte eine detaillierte Strategie mit inhaltlichen und zeitlichen Meilensteinen vorstellen, wie bis 2030 eine Million Ladepunkte für E-Autos im Bundesgebiet verfügbar gemacht werden.

Die Energie- und die Mobilitätswende werden nur dann nachhaltigen Erfolg haben, wenn sie in einen gesamteuropäischen Rahmen eingebunden werden. So könnte Deutschland vom Ausbau der Wasserkraft in Norwegen und der Photovoltaik in Südspanien profitieren. Hierfür bräuchte es eine europaweite Initiative zum Bau von HGÜ-Trassen, sogenannten Stromautobahnen.

8. Die ökologisch-sozialen Marktwirtschaft aufbauen

Es ist eine Generationenaufgabe für unser Land, unser Wirtschaftssystem im Sinne einer ökologisch-soziale Marktwirtschaft neu auszurichten (siehe Kapitel 5). Das grundlegende Prinzip dabei ist, dass Preise für Waren und Dienstleistungen so viele umweltschädliche externe Effekte abbilden müssen wie möglich. Entsprechend sollte die EU ihren Zertifikatehandel auf eine absolute Menge an Treibhausgasen begrenzen und diese konsequent budgetieren. Der Handel mit diesen Zertifikaten sollte in der Preisgestaltung frei sein, ohne Mindest- und Höchstpreise sowie ohne Freimengen. In einem zweiten Schritt sollten CO_2-Einpreisungsmechanismen global durch eine »Koalition der Willigen« vertraglich verankert werden. Importe aus Ländern, die Treibhausgase nicht einpreisen, sollten mit dem entsprechenden Kostenfaktor verzollt werden. Die Einnahmen aus diesem System könnten sowohl als Fonds zur Unterstützung von CO_2-Bindung durch Aufforstung und Walderhaltung als auch zur Abfederung von sozialen Folgen Verwendung finden.

Unser bisheriges System der Unternehmensbewertung muss fundamental überdacht werden und sich von einem nur finanzgetriebenen Shareholder-Value-Ansatz zu einem gesamtheitlicheren Total-Value-Ansatz, der auch gesellschaftliche und ökologische Bewertungsgrößen miteinschließt, fortentwickeln. Der Staat sollte Initiativen zur Bilanzierung von ökologischen und sozialen Gewinnen unterstützen, sowohl regulatorisch als auch in der Forschung. Anreize sollten dafür gesetzt werden, dass Produkte in Lebenszyklen und nicht als Wegwerfartikel entwickelt werden. Auch hierfür lassen sich Einpreisungsmechanismen aktivieren.

In ihrer sozialen Dimension sollte sich die ökologisch-soziale Marktwirtschaft auf Ludwig Erhard zurückbesinnen. Einzelinteressen dürfen nicht das Gemeinwohl gefährden. Deshalb müssen systemische Risiken im Bankensektor durch eine grundlegende Reform des Finanzmarktes entschärft werden. Dazu gehört die Einführung eines Trennbankensystems, das Commercial Banking und Investment Banking so voneinander trennt, dass Banken insolvent gehen können ohne dass der Steuerzahler in Haftung genommen wird.

Damit Vermögensaufbau und Alterssicherung aus eigener Kraft für breite Teile der Gesellschaft wieder möglich werden, brauchen wir einerseits eine Steuerreform und andererseits eine Erhöhung des Mindestlohns auf 13 Euro pro Stunde, wie bereits im fünften Kapitel ausgeführt. Die durchzuführende Steuerreform sollte sich an den Prinzipien von Paul Kirchhof orientieren und ein einfacheres, nachvollziehbareres und von den Bürgern besser akzeptierbares Steuersystem einführen. Die kalte Progression, also Steuersätze, die besonders die mittleren Einkommen belasten, muss ebenso abgeschafft werden wie Bagatellsteuern.

Die deutsche Volkswirtschaft sollte mittelfristig ihre Binnennachfrage stärken und die Abhängigkeit von Exporten ins nicht-europäische Ausland, besonders an potenzielle Konfliktgegner in Handelskriegen wie China, senken. Deutschlands Außenpolitik darf nicht durch überstiegene Exportabhängigkeit kompromittiert werden.

9. Unsere Heimat Europa weiterentwickeln

Die Entwicklungsgeschichte der EU weist immer wieder Zeiten des Fortschritts und Phasen der Stagnation auf. So folgte auf die soge-nannte Eurosklerose in der Zeit von 1973 bis 1984 ein erneuter Aufbruch, der schließlich in die Maastrichter Verträge und die Ent-stehung des Euro mündete.[416] Der europäische Motor ist in den letz-ten Jahren ins Stocken geraten und es ist Zeit, einen neuen Anlauf zur Stärkung und Vertiefung Europas zu nehmen. Diese Sicht teilt auch der französische Präsident Macron und machte dazu in seiner Grundsatzrede für einen »Neubeginn Europas« wichtige Vorschläge unter dem Leitbild eines »souveränen, vereinten und demokratischen Europa«. Traditionell beruhte die Entwicklung der EU auf der konti-nuierlichen, engen Zusammenarbeit zwischen Paris und Berlin. Doch Präsident Macrons Vorschläge wurden meiner Meinung nach durch die CDU-Vorsitzende Annegret Kramp-Karrenbauer in einem Zei-tungsbeitrag unter der Überschrift »Europa richtig machen« für die deutsche Regierung in ungenügender Weise beantwortet. Dies ist umso bedauerlicher, da wir aktuell mit Präsident Macron und sei-nem Kabinett eine ungewöhnlich deutschfreundliche französische Regierung haben. Eine Chance, die nicht verpasst werden darf. Des-halb sollte eine neue europäische Integrationsinitiative die Vorschläge Macrons, die sich um die drei Kernthemen Freiheit, Schutz und Fort-schritt gruppieren, berücksichtigen.

Die Entwicklung der letzten Jahre mit ihren vielen Stockungen und langsamen, schwerfälligen Entscheidungsprozessen wie zum Bei-spiel in Fragen der Asylpolitik hat gezeigt, dass wir ernsthaft über ein

Europa der zwei Geschwindigkeiten nachdenken müssen. Die aktuelle Haltung der deutschen Regierung, möglichst viele der anderen 27 Mitgliedsländer mitzunehmen, führt zu dem Problem, dass der jeweilig langsamste Partner in einem Thema zum Schrittmacher des ganzen Prozesses wird.

Wer Europa will, soll sich dazu bekennen, und zwar nicht nur in Worten, sondern auch in Taten. Europa kann und muss an verschiedenen Stellen vertieft werden. Im strukturellen Bereich sind hier eine Reihe von Weiterentwicklungen nötig: eine gemeinsame Sicherheitsarchitektur mit einer europäischen Bundespolizei mit Aufgabengebieten wie zum Beispiel Bekämpfung von Terrorismus, organisierter Kriminalität, Geldwäsche und Cyberkriminalität, zudem ein verbesserter europäischer Grenzschutz, eine gemeinsame Asylgesetzgebung und -behörde sowie eine gemeinsame Flugüberwachung. Weiterhin braucht Europa gemeinsame Streitkräfte zu Wasser, zu Lande und in der Luft, die ihre Ausstattung und Fähigkeiten immer mehr standardisieren, um mehr Effizienz durch Skaleneffekte zu erzielen. Die Zahl der eingesetzten Systeme muss drastisch gesenkt werden. Die zu gründende europäische Armee braucht Englisch als einheitliche Kommandosprache, da dies zugleich die wichtigste NATO-Sprache ist. Nationale Herkunft darf beim Thema Führungspersonal kein Thema sein, egal ob die Person aus einem »kleinen« oder einem »großen« Land kommt.

Nur eine gemeinsame Cyberabwehr und -kompetenz kann auf Dauer der diesbezüglichen Aufrüstung und Bedrohung durch China, Russland, aber auch die USA Paroli bieten. Zudem ist Cyberkompetenz ein zentraler Wachstumsmotor für die Zukunft; ein Europa ohne Cyberkompetenz auf höchstem Niveau ist meiner Meinung nach schlicht nicht zukunftsfähig. Diese neue, europäische Cyberkompetenz hat militärische Wurzeln, dient aber zugleich als Inkubator für zivile und wirtschaftliche Cyberprojekte und -Start-ups. Hier sollte sich Europa ein Vorbild an Israel nehmen und diese Erfahrungen in einem erheblich größeren Maßstab skalieren und umsetzen.

Europa muss in den Herzen der Menschen zusammenwachsen. Dies kann nur geschehen, wenn es uns gelingt, eine gemeinsame europäische Öffentlichkeit zu entwickeln, sodass die Völker Europas nicht mehr wie bisher in 28 Einzeldiskussionen neben- und aneinander vorbeireden. Dazu muss die EU eine eigene mediale Stimme bekommen, die die zumeist national geprägten Berichterstattungen in den einzelnen Ländern um die gesamteuropäische Dimension bereichert. Ich bin für die Gründung eines vielsprachigen europäischen Fernseh- und Internetkanals, der europäische Themen direkt zum Bürger bringt. ARTE, der deutsch-französische Sender, ist hier ein Anfang, aber ARTE kann von seiner Grundkonzeption als Zwei-Länder-Format nicht die EU als Ganzes abbilden. Nischensender wie Euronews verfügen nicht über die Finanzkraft, ein mit ARD oder ZDF vergleichbares gesamteuropäisches Programm zu leisten.

Darüber hinaus müssen wir die Institutionen Europas nachvollziehbarer und bürgernäher machen. Europa braucht eine Verfassungsordnung, die für Bürger verständlich ist, mit einer zentralen Rolle für das Parlament als die Stimme der Wählerschaft. Vorbild könnte hier das Zweikammersystem Deutschlands sein. Analog zum Bundesrat stünde der Rat der EU, analog zum Bundestag das EU-Parlament; beide als gleichberechtigte parlamentarische Kammern. Die Kommission müsste in eine echte wähl- und abwählbare Regierung umgewandelt werden, welche die jeweiligen Mehrheitsverhältnisse im Parlament abbildet. Der Europäische Rat als Organ der Staats- und Regierungschefs mit seinen ständigen einzelstaatlichen Blockaden sollte abgeschafft werden. Die Mitwirkung einzelner Nationalstaaten an der Gesetzgebung wäre ja bereits über den Rat der EU abgesichert, die Richtlinienkompetenz für Politik der EU würde dem Kommissionspräsidenten zufallen. So kann es gelingen, die EU aus ihren andauernden einzelstaatlichen Blockaden zu befreien und sie handlungs- und schlagkräftiger zu machen.

10. Den Euro widerstandsfähiger machen

Es ist Mode geworden, den Euro zu kritisieren und ihn für viele Probleme verantwortlich zu machen. Doch nicht die Gemeinschaftswährung ist das Problem, sondern die Trennung von Entscheidungsverantwortung und Haftung. Heute liegen Entscheidung über Verschuldungen und Reformen bei einzelnen Nationalstaaten, die Schuldenhaftung und die damit verbundenen Risiken aber bei der Gemeinschaft. Den Euro weiterzuentwickeln heißt, diese Konstruktionsfehler zu beheben. Es darf nicht, wie unter der Führung des EZB-Präsidenten Mario Draghi passiert, mit schier unbegrenzter Liquidität Zeit gekauft werden, die dann, wie im italienischen Beispiel geschehen, mit politischem Hick-Hack verspielt wird.

Trotz aller Kritik hat sich der Euro als internationale Zweitwährung hinter dem Dollar bewährt, wie ein Blick auf die weltweiten Reserven und Wechselkursdynamiken zeigt. Das heißt nicht, dass dies so bleiben muss, denn in den nächsten Jahren wird der Euro vor erheblichen Belastungsproben stehen, insbesondere vor dem Hintergrund der sich verschlechternden gesamtwirtschaftlichen Lage. Wenn in den südeuropäischen Staaten konjunkturell bedingt demnächst Staatseinnahmen sinken sollten und gleichzeitig Arbeitslosigkeit wieder ansteigt, werden Fragen der Staatsfinanzierung und -verschuldung wieder erheblich an Brisanz zunehmen. Ich sorge mich, dass wir mit viel Notenbankgeld die Eurokrise vertagt und aufgeschoben statt tiefgreifend gelöst haben. Um den Euro zukunftsfähiger und -sicherer zu machen, sind zwei wesentliche Handlungsfelder hervorzuheben: Risiken minimieren und Staatsfinanzen sanieren.

Wenn wir das Ziel haben, Risiken zu minimieren, müssen wir diese zunächst benennen. Einer der Problemschwerpunkte ist und war der Bankensektor, verursacht durch falsche und risikoreiche Kreditvergaben. Deshalb schlage ich in Bezug auf den Bankensektor eine Ausweitung des Trennbankensystems auf den ganzen Euro-Raum vor, sowie eine Zerschlagung von Instituten, die eine gewisses ge-

samtwirtschaftliches Risikoprofil übersteigen. Wir müssen von der
»Too big to fail«-Falle wegkommen, einzelne Finanzinstitute dürfen
Regierungen und Volkswirtschaften nicht länger in Geiselhaft neh-
men können.

Eine Transfer- beziehungsweise Haftungsunion beim Fortbestehen
nationaler Entscheidungshoheit wäre ein Sargnagel für den Euro, denn
dann würden die disziplinierenden Kräfte des Marktes außer Kraft gesetzt und jeder Anreiz für vernünftiges Wirtschaften zerstört. Ich erinnere an dieser Stelle an das Phänomen des Moral Hazard aus Kapitel 1.
Warum sollte die europäische Gemeinschaft für die Fehler einzelner
Nationalstaaten haften, insbesondere wenn diese sich stets aufs Neue
wiederholen und kein Lernen, keine Verhaltensänderungen erkennbar sind? Eine solche Haftung ist deutschen, niederländischen, finni-
schen oder österreichischen Steuerzahlern und Sparern nicht vermittelbar. Es kann hier moralischer Anspruch auf Solidarität bestehen, wenn
man sich zuvor aufgrund einer unverantwortlichen Schuldenpolitik,
falscher Angaben beim Eurobeitritt und politisch bequemen Refor-
munwillens selbst unsolidarisch verhalten hat. Beispiel Griechenland:
Es ist widersprüchlich, eigene Souveränität bei Reformforderungen der
Troika anzuführen, aber gleichzeitig den europäischen Gemeinsinn für
einen Bail-out einzufordern.

Sanierungen der Staatsfinanzen beinhaltet, dass Risikoländer, insbesondere Italien, verstärkte Anstrengungen zur Konsolidierung ihres
Haushaltes unternehmen werden müssen. Interessant dabei ist, dass
selbst die ehemalige (und möglicherweise auch zukünftige) rechtspo-
pulistische Regierung unter Beteiligung von Lega-Chef Matteo Salvini
verstanden hat, dass die italienischen Schulden auf Dauer nicht trag-
bar sind. Daher hat Salvini schon konkrete Vorbereitungen in Hinblick
auf einen möglichen Euro-Austritt Italiens treffen lassen (siehe auch die
Ausführungen zu den Bots in Kapitel 6). Die Zukunft des Euros wird
davon abhängen, welche Entwicklung die drittgrößte Volkswirtschaft
in unserer Gemeinschaftswährung nimmt. Wir müssen unsere südeuropäischen Partner ermutigen einen Weg der Wettbewerbsfähigkeit

und Reformorientierung zu gehen, wie er bereits in Deutschland mit der Agenda 2010 oder in den baltischen Staaten zu Erfolgen geführt hat. Dabei geht es nicht um das Aufdiktieren von Sparmaßnahmen, sondern um die Flexibilisierung des Arbeitsmarktes, die Verbreiterung der Steuerbasis und die Stärkung der volkswirtschaftlichen Innovationsfähigkeit – letztlich um die jeweilige Wettbewerbsfähigkeit.

11. Für eine Außenpolitik mit Rückgrat

In Kapitel 7 habe ich meine Haltung gegenüber dem System Putin, den Vereinigten Staaten, dem Wiederaufstieg Chinas und der Zukunft der europäisch-afrikanischen Beziehungen beschrieben. Alle vier außenpolitischen Felder verbindet die Notwendigkeit einer gemeinsamen europäischen Antwort, wenn auch in unterschiedlichen Ausprägungen. Deutschland wird nur als Teil eines starken und vereinten Europas ein Mitspracherecht auf globaler Ebene bewahren können. Im Folgenden wollen wir uns daher den Antworten für die einzelnen Felder konkret zuwenden.

Eine Dreifachstrategie als Antwort auf Putin

In Europa sollten alle Länder und Völker die Wahl haben, wie sie regiert werden und welchen Allianzen sie beitreten möchten, so wie es in zahlreichen Konferenzen und Verträgen auch von der Sowjetunion und Russland, beispielsweise in der KSZE-Schlussakte von Helsinki und der Charta von Paris aus dem Jahre 1990, garantiert worden ist.[417] Doch achten West und Ost heute gleichermaßen das Selbstbestimmungsrecht der Völker?

Hier wird das unauflösbare Grundproblem im Verhältnis zur heutigen russischen Regierung deutlich. Deutsche und europäische Russlandpolitik macht daher nur aus einer Position der Stärke Sinn. Deshalb müssen wir als Europäer mit einer sicherheitspolitischen Stimme sprechen und insbesondere die Ängste unserer NATO-Partner an der Ostgrenze des Bündnisses, im Baltikum und in Polen, berücksichtigen. Deutsche Russlandpolitik muss polnische und baltische Interessen fest im Blick haben, aus historischer Verantwortung und im Hinblick auf unsere Glaubwürdigkeit in der EU und in der NATO.

Gleichzeitig sind wir als geographische Nachbarn auf einem kleinen Kontinent allein durch diese Nähe dazu verurteilt, gemeinsame Lösungen zu finden. Gemeinsame Lösungen oder Dialog dürfen aber kein Euphemismus für Appeasement sein. Eine Akzeptanz der Krim-Besetzung und ein Hinnehmen der Zersplitterung der Ukraine könnte als Einladung für weitere Expansionsexperimente Moskaus missverstanden werden. Hier dürfen sich die Fehler der Vergangenheit aus dem Georgien- und Transnistrien-Konflikt nicht wiederholen.

Was also tun in einer Situation, die oft als ausweglos zerfahren beschrieben wird und in der die Atmosphäre nicht besser wird? An dieser Stelle schlage ich drei Grundlinien für eine deutsche beziehungsweise europäische Russlandpolitik vor:

Zunächst muss eine Position europäischer und deutscher Stärke aufgebaut werden, insbesondere militärisch. Ich verweise hier auf meine Vorschläge zur Wiederertüchtigung der Bundeswehr und zur Schaffung europäischer Streitkräfte – konventionell, nuklear und digital. Diese Aufrüstung muss an klare Angebote zu beiderseitigen Lösungen gekoppelt sein. Ähnlich dem NATO-Doppelbeschluss der 1970er-Jahre muss die russische Regierung die Wahl haben zwischen einem neuen Wettrüsten, das für Russland wahrscheinlich existenzielle wirtschaftliche Probleme nach sich ziehen würde, und einer neuen, verlässlichen und gemeinsamen Sicherheitsarchitektur für ganz Europa. An dieser Stelle wird deutlich, wie sehr die russische Abhängigkeit von fossilen Exporten (Öl und Gas) mit den Bestrebungen der Energiewende zusammenhängt, denn eine erfolgreiche Energiewende in Europa verändert die Geschäftsgrundlage der deutsch-russischen Beziehungen. Je unabhängiger Deutschland von fossilen Energieträgern wird, desto schwieriger wird es in Russland, das bestehende

Modell einer karbongetriebenen Volkswirtschaft mit einer Oligarchie von Rohstoffmagnaten an der Spitze weiterzuführen.

Zweitens muss klar sein, dass Staatsgrenzen in Europa nicht zur Disposition stehen, dass die Annektierung der Krim und der Aufbau von Satellitenstaaten in der Ostukraine niemals Anerkennung finden werden. Echte Opposition zur Verschiebung von Grenzen mit Gewalt muss aber Sanktionen beinhalten, Worte und Protestnoten allein werden von Potentaten nicht ernst genommen und sind nicht das Papier wert, auf dem sie gedruckt werden.

Drittens sollten wir die Tür für Gespräche stets offenhalten und kleine Schritte nach vorn wagen. Nur so kann schrittweise neues Vertrauen wiederaufgebaut werden. Mit der Charta von Paris gelang 1990 ein großer Entwurf, der dann realpolitisch unter die Räder kam. Heute, rund drei Jahrzehnte später, sollten alle Beteiligten genug aus der Vergangenheit gelernt haben, um beispielsweise auf Basis der Charta einen neuen Anlauf zu mehr Verständnis, Vertrauen und Gemeinsamkeit in Europa zu finden. Zusammengefasst bedeutet dies gegenüber Russland eine Dreifachstrategie: aufrüsten mit Verhandlungsangeboten, Dekarbonisierung vorantreiben und bei Interessensidentität gemeinsame Lösungen hin zu einem gemeinsamen Haus Europa anstreben.

USA: Kritik annehmen, Soft Power stärken

Heute sind wir mit den USA in der kulturell und sicherheitspolitisch fest verbunden, daran können auch die Erschütterungen durch einen Donald Trump nichts ändern. Wer, wenn nicht die USA ist ein natürlicher geostrategischer Verbündeter für ein vereintes, demokratisches Europa?

Gerade aufgrund des amerikanischen »Pivot to Asia«, der Schwerpunktverlagerung nach Asien, sind sowohl die USA als auch die Europäer und damit die Deutschen auf ein gut und vertrauensvoll funktionierendes transatlantisches Bündnis angewiesen. Deshalb ist es klug, die gemeinsamen Interessen systematisch in den Vordergrund zu stellen und berechtigte Kritik anzunehmen, wie beispielsweise in Bezug auf Verteidigungsausgaben und den Zustand der Bundeswehr. Daher schlage ich als Erstes vor, dass wir die fast reflexhafte Gewohnheit der Empörung und der moralischen Überheblichkeit gegenüber den ständigen Exzessen Donald Trumps dämpfen. Stattdessen müssen wir deutsche und europäische Interessen vermehrt innerhalb Washingtons vertreten und Verbündete in der amerikanischen Politik und Öffentlichkeit zu finden. Eine Vertiefung der transatlantischen Bindungen kann durch Intensivierung der deutschen Medienarbeit und der Kulturpolitik in den Vereinigten Staaten erreicht werden.

Deutschland und Europa müssen verstehen, dass jeder Erfolg der EU als Wirtschaftseinheit und zunehmend wahrnehmbare geopolitische Kraft in Teilen der US-Politik als wachsende Konkurrenz verstanden wird, insbesondere bei den Republikanern. Entsprechend muss sich die EU auf verschärfte Handelskonflikte im Falle einer Wiederwahl Trumps einstellen und zunehmende strategische Autonomie in der Sicherheits- und Digitalpolitik anstreben.

China: Europas Spaltung verhindern, Fairness im Handel einfordern

Jeder, der in China beruflich tätig war, weiß um enorme kulturelle Unterschiede in der Bedeutung von Verträgen und Recht. Nach meinem Eindruck zählt im Umgang mit der chinesischen Führung vor allem das situative Kräfteverhältnis. Noch mehr als im Falle Russlands kann mit China nur aus einer Position der eigenen Stärke heraus verhandelt werden.

Konkret heißt dies, dass wir eine europäische Antwort auf die Neue Seidenstraße und die 17+1-Initiative geben müssen. Dafür bietet sich das Konzept des Ringfencing, zu Deutsch »einzäunen«, an. Ringfencing gegenüber China bedeutet, dass bestimmte Politikfelder definiert werden in denen eine Zusammenarbeit mit der Volksrepublik aus europäischer Sicht sinnvoll und wünschenswert ist. Dazu gehören Maßnahmen zur Bekämpfung des Klimawandels oder bestimmte Infrastrukturprojekte im Rahmen der Neuen Seidenstraße, welche auch im europäischen Interesse sind. Auf der anderen Seite des »Zauns« sollten aber auch ganz klar Politikfelder definiert werden, in denen China keine Kooperation angeboten werden kann. Hier ist besonders die Achse Paris-Berlin gefragt. Einige südosteuropäische Länder dürfen nicht glauben, dass man gleichzeitig auf zwei Hochzeiten tanzen kann. Einerseits die Chancen der EU wahrzunehmen und zugleich China gegen Geschenke Hintertüren und Einflusszonen in die EU zu eröffnen, ist nicht im Geiste der europäischen Einigung. Der Führung der Kommunistischen Partei Chinas sollte klar vermittelt werden, dass wenn sie von Europa erwartet, eine Ein-China-Politik zu unterstützen, sie im Gegenzug auch eine Ein-Europa-Politik zu respektieren hat. Wann immer chinesische Interventionen in der europäischen Tagespolitik erfolgen und Einzelstaaten wie Griechenland oder Ungarn instrumentalisiert werden, um die Konsensfindung im Rat zu blockieren, sollte die deutsche Politik mit einladenden Gesten gegenüber Taiwan antworten. Darin liegt ein effektiver Weg, Spaltungen Europas durch chinesische Avancen zu verhindern.

Mit einer gemeinsamen europäischen Richtlinie zu Direktinvestitionen sollte der EU-Kommission außerdem ein Vetorecht über chinesische Investitionen in strategische Infrastrukturen und Industrien eingeräumt werden. Im Handelskonflikt zwischen den USA und China liegt es in unserem Interesse, legitime Anliegen Washingtons, wie ein Ende erzwungener Technologietransfers und einer Unterbindung von systematischer Wirtschaftsspionage, klar zu unterstützen.

Afrikas Chancen nutzen

Aufgrund der geographischen Nähe und der historischen Verbindungen werden die heutigen Probleme Afrikas, insbesondere die der Länder südlich der Sahara, die Probleme Deutschlands und Europas von morgen sein. Deshalb stehen wir vor einer einfachen Wahl: Betrachten wir Afrika stiefmütterlich als Problemkind, dem man Almosen gibt, oder als Chancenkontinent für wirtschaftliche Partnerschaft auf Augenhöhe?

Das phänomenale Wirtschaftswachstum in Asien nach dem Zweiten Weltkrieg in Ländern wie Südkorea oder China war alles andere als ein Selbstläufer: In Afrika stehen wir in vielerlei Weise heute vor einer ähnlichen Situation wie jene Länder damals, von der Überwindung des hohen Bevölkerungswachstums bis hin zu fehlender Infrastruktur und einem unausgereiften Bildungssystem. Zu hohes Bevölkerungswachstum erzeugt eine Entwicklungsfalle, denn wenn das wirtschaftliche Wachstum unter dem Bevölkerungsanstieg bleibt, werden alle Fortschritte durch die überproportionale Zahl der zu versorgenden Menschen im wahrsten Sinne des Wortes »aufgegessen«.

Alle erfolgreichen Entwicklungspfade, ob im Deutschland des späten 19. Jahrhunderts oder in Asien in der zweiten Hälfte des 20. Jahrhunderts, beginnen mit den gleichen Grundlagen: Bildung, Infrastruktur, Gesundheit, gesundes Bevölkerungswachstum, effiziente Landwirtschaft, staatliche Ordnung und Kapitalzugang. Den Aufbau dieser Grundlagen gilt es zu unterstützen, sodass Afrika beides werden kann: ein Chancenkontinent und ein Markt der Zukunft für Europa. Daher gilt es die bestehenden Handelsverträge um Investitionsschutzklauseln zu ergänzen, sodass afrikanische Länder attraktiv für europäische Direktinvestitionen werden können. Auch die Einrichtung von Sonderwirtschaftszonen mit westlichem Handelsrecht nach Vorbild Shenzhens ist hierbei eine Möglichkeit.

Der Agrarsektor sollte jedoch vom Freihandel ausgenommen bleiben, schließlich führt dieser zu einer verschärften Importabhängigkeit von Lebensmitteln, welche in Kapitel 7 bereits für Nigeria exemplarisch beschrieben wurde. In sich noch entwickelnden Volkswirtschaften mit enormer Volatilität erhöht dies das Konfliktpotential. Kaum eine Region der Welt wird mehr vom Klimawandel betroffen sein als Afrika, zunehmender Wassermangel und Versteppung drohen.

Erhöhte Flächenproduktivität, effizientere Ressourcennutzung von Wasser und Böden und die Weiterentwicklung einer verarbeitenden Nahrungsmittelindustrie reduzieren die Abhängigkeit von Nahrungsmittelimporten, dämpfen Migationsdruck und sollten eine Priorität europäischer Entwicklungszusammenarbeit bilden. So können lokale Wertschöpfungsketten und ein Ausweg aus der Armutsfalle entstehen.

Ein weiteres Feld ist der Aufbau vor allem urbaner Infrastrukturen. Hier können gerade auch deutsche Unternehmen neue Märkte erschließen, wenn sie endlich mit Rückendeckung der Bundesregierung in Konkurrenz zu chinesischen Staatsunternehmen treten könnten.

Ein entscheidender Faktor in der Entwicklung des afrikanischen Kontinentes ist die Emanzipation der Frau. Nach Angaben der Hilfsorganisation »Brot für die Welt« besitzen Frauen in armen Ländern nur zehn Prozent der Anbaufläche, erzeugen aber rund 80 Prozent der Nahrungsmittel zum Überleben der dörflichen Gemeinschaft.[418] Zugang und Verfügungsrechte über wichtige Ressourcen wie Land, Kapital, Bildung sowie über Mittel zur Geburtenkontrolle sollten daher eine Schlüsselrolle in der Entwicklungspartnerschaft einnehmen. Dazu müssen flächendeckende, praxisorientierte Mikrofinanzierungslösungen im Zweifelsfall auch mit deutschen Geldern umgesetzt werden. Man denke nur an die 2006 mit dem Friedensnobelpreis ausgezeichneten »Hilfe zu Selbsthilfe«-Methodik der Grameen Bank und ihres Gründers Mohammad Yunus aus Bangladesch.[419] Dieser hatte über 10 Millionen Dorfbewohnerinnen in seinem Heimatland mit Hilfe zinsloser Kleinkredite wirtschaftliche Unabhängigkeit, beispielsweise durch den Erwerb von Nähmaschinen, ermöglicht.

In unseren Beziehungen zu Afrika müssen wir von der gleichen außenpolitischen Grundbedingung wie gegenüber Russland, den USA und China ausgehen: Ein einzelnes europäisches Land ist viel zu klein, um mit diesen Herausforderungen und Chancen allein zurechtzukommen. Meine Hoffnung ist, dass dieser Ansatz unter einem EU-Afrikakommissar auf eine noch breitere Basis gestellt werden kann.

12. Zukunftsfähigkeit finanzieren

Am Ende des Buches und des Aktionsplans ist die Frage zu beantwor-
ten: Wie sollen diese Vorschläge finanziert werden? Dazu sind meiner
Meinung nach drei Lösungsansätze parallel umzusetzen: erstens ein
dogmenfreier Umgang mit der »Schwarzen Null«, zweitens gezielte
Effizienzsteigerungen in den öffentlichen Haushalten und drittens die
Einrichtung eines Zukunftsfonds für Deutschland.

Grundsätzlich halte ich eine öffentliche Haushaltsführung nach
den Grundsätzen der Solidität für wichtig. Eine pauschale »Schwarze
Null« ist aber zu einfach gedacht, insbesondere in unseren Zeiten mit
den beschriebenen Herausforderungen. Ich halte es jedoch für an-
gebracht, konsequent zwischen Konsumausgaben einerseits und Investitionen andererseits zu unterscheiden. Leider findet diese Unterscheidung in der aktuellen politischen Diskussion nur unzureichend
statt. Wie es für einen Privatmann einen großen Unterschied macht,
ob man einen Konsumentenkredit für eine Urlaubsreise oder einen
Investitionskredit für einen Hausbau aufnimmt, so sollte auch in öffentlichen Haushalten genauer unterschieden werden. Der zentrale
Unterschied zwischen Konsum- und Investitionsausgaben liegt darin,
ob diese Erträge in der Zukunft bringen. Der Bau von Infrastruktur
oder die Investition in Bildung führt meist zu Steuermehreinnahmen
in der Zukunft durch mehr Wirtschaftswachstum, Ausgaben wie das
Baukindergeld oder die Abwrackprämie hingegen lediglich zu Mit-
nahmeeffekten.

Dass in den öffentlichen Haushalten noch enorme Potenziale für
mehr Effizienz schlummern, gerade in Bereichen wie den öffentlichen Großprojekten, ist wohl unbestritten. Die im ersten Punkt dieses Plans vorgeschlagenen Reformen haben das Potential enorme Effi-
zienzgewinne und Einsparmöglichkeiten zu schaffen.

Der zentrale Baustein ist jedoch die Einrichtung eines Zukunftsfonds für Deutschland. Heute liegen rund 6,2 Billionen Euro in
Deutschland auf Spar- oder Tagesgeldkonten, die keine oder so gut

wie keine Zinsen erbringen.[420] Dieser gigantische Betrag entspricht 6200 Milliarden Euro, das sind bei einer Gesamtbevölkerung von etwa 82 Millionen Menschen pro Kopf rund 75.000 Euro. Dieses Geld verliert nicht nur an Wert durch eine Inflationsrate, die deutlich über dem aktuellen Zinsniveau liegt. Mehr noch: Die Zinseinbußen von heute sind ein Teil der Altersarmut von morgen. Denn die fehlenden Spareinkünfte von heute entsprechen der nicht vorhandenen Altersvorsorge morgen. Es ist schon jetzt absehbar, dass spätestens in den 2030er-Jahren, wenn die Babyboomer der 1960er-Geburtsjahrgänge in Rente gehen werden, die langjährige Nullzinspolitik zu verbreiteter Altersarmut führen wird.

Gleichzeitig sind unserem Staat durch die »Schwarze Null«-Politik enge Grenzen in seinen Investitions- und Finanzierungmöglichkeiten gesetzt, sodass viele Aufgaben nicht oder nur völlig unzureichend wahrgenommen werden können. Es ist ein Paradox: Einerseits sucht der Staat fast schon verzweifelt nach Finanzierungsmöglichkeiten für die Vielzahl von Infrastrukturaufgaben, für Bildung, für die Energie- und Verkehrswende, für einen besseren Zugang zu Wagniskapital für Start-ups und andererseits verwaist dieses Geld förmlich auf Spar- und Tagesgeldkonten. Die Ernennung von Christine Lagarde zur neuen EZB-Präsidentin bis 2027 macht zudem wenig Hoffnung auf eine Rückkehr zu »normalen« Zinsen.

Daher schlage ich die Schaffung eines durch die Spareinlagen der Bürger finanzierten, staatlich garantierten »Zukunftsfonds Deutschland« vor mit einer jährlichen, steuerfreien Garantieverzinsung von 3,5 Prozent bei einer mehrjährigen Anlagebindung. Ziel des Fonds ist es, eine Finanzierungsplattform für wichtige nationale Aufgaben zu sein, sodass die Bürger mit ihren Investitionen ein Teil der Zukunftsfähigkeit unseres Landes unterstützen. Der Nachteil für den Staat, dass diese Finanzierung kurzfristig teurer ist als eine Kapitalmarktfinanzierung zu negativen Zinsen, wiegt gering gegenüber der langfristigen Teilhabe des Staates an der Bürger-Altersvorsorge als Erfüllung seiner Fürsorgepflicht. Der Fonds ist somit beides:

- Für die Bürger bietet er eine sichere Anlagemöglichkeit mit steuerfreier Garantieverzinsung und somit der Möglichkeit, für das Alter anzusparen.
- Für die Bundesrepublik bietet er die Möglichkeit, neue Finanzierungsquellen zu erschließen und somit wichtige Aufgaben heute zu erledigen, damit unser Land morgen zukunfts- und wettbewerbsfähig bleibt.

Der Fonds kann in verschiedenen Bereichen von nationaler Priorität als Finanzier tätig werden, beispielsweise in folgenden Feldern:

- Behebung des Investitionsstaus in der Infrastruktur, analog wie digital,
- Aufbau digitaler Weltmarktführerschaft, insbesondere auch in der Cybersicherheit,
- Bildung, vor allem im MINT-Bereich,[421]
- Nachhaltigkeitsfragen wie die Energie- und Verkehrswende,
- Risikokapitalbereitstellung für Gründer, verbesserte Start-up-Finanzierung, ähnlich dem israelischen Modell.

Dieser Fonds ist nur für Privatpersonen, also natürliche Personen, gedacht, nicht für institutionelle Anleger, um Abschöpfungseffekte zu vermeiden. Anlageberechtigt ist jeder deutsche Steuerbürger, denn ein wesentliches Ziel ist die Verbesserung der Situation der Sparer. Um Effizienzverluste zu vermeiden, ist der einfache Zugang zum Zukunftsfond Deutschland für den einzelnen Anleger wichtig. Dieser soll ohne Intermediäre wie Banken, Versicherungen oder Finanzvertriebe geschehen. Angestrebt ist, dass eine Investition in den Fonds genauso einfach sein soll, wie eine Überweisung oder eine Bestellung im Internet.

Sparer dürfen nicht in Konkurrenz zu institutionellen Marktteilnehmern stehen und deshalb soll es auch schon mit vergleichsweisen kleinen monatlichen Beiträgen möglich sein, in den Fonds zu investieren. Um Misswirtschaft wie bei den Landesbanken vorzubeugen, sollte der Zukunftsfonds analog zur Bundesbank gesetzliche Unabhängigkeit von der Parteipolitik genießen.

Bei einem heutigen Einlagenvolumen von rund 6,2 Billionen Euro sollte es bei einem schrittweisen Aufbau des Fonds möglich sein, 800 bis 1000 Milliarden Euro, also eine knappe Billion Euro einzuwerben. Durch diese Mittel wird die langfristige Wirtschaftskraft Deutschlands so gestärkt, dass zukünftige Steuereinnahmen des Staates die anfallenden Zinsenzahlungen deutlich refinanzieren werden. Die Mehrkosten für die öffentliche Hand gegenüber einer Finanzierung am Kapitalmarkt zu Nullzinsen werden durch die Vorteile weniger verbreiteter Altersarmut und entsprechenden niedrigeren sozialen Folgekosten aufgefangen. Der geplante Zukunftsfonds vereint also die herkömmlichen Ziele eines Staatsfonds, wie er bereits in Norwegen, Singapur oder den Golfstaaten existiert und für Deutschland von Forschungsinstituten gefordert wird, mit Investitionen und der Bekämpfung von Altersarmut. So können wir auch in den kommenden Jahrzehnten die Zukunft eines Landes finanzieren, welches uns eine lebenswerte Heimat bietet.

Nachwort
Und was heißt das jetzt alles?

Unser Land steht vor kritischen, vielleicht sogar schicksalhaften Jahren, die Weitsicht und Entscheidungskraft von uns allen verlangen. Die aufgezeigten Herausforderungen wie Infrastruktur, Altersarmut, Energie- und Mobilitätswende, Digitalisierung, die ungeklärte Zukunft Europas und des Euros, sich abzeichnende Wirtschafts- und Finanzkrisen, der bestehende Systemwiderspruch zwischen Putins Russland und unserem Demokratie- und Staatsverständnis, die ökologischen Herausforderungen des Klimawandels und des Arten- bzw. Ressourcenschutzes, der absehbare Migrationsdruck aus Afrika und dem Nahen Osten führen zu einer Schlussfolgerung: Wir dürfen nicht länger die Hände in den Schoß legen. Politik darf sich nicht auf reaktives Krisenmanagement beschränken, sondern muss aktiv Probleme angehen und lösen.

Jede Krise ist beides: eine Gefahr, aber auch eine Chance auf Veränderung und Aufbruch. Unsere Geschichte mahnt uns, dass fehlender politischer Gestaltungswille aus Krisen Katastrophen werden lassen kann. Man denke nur an die Zeit der Weimarer Republik, in der auf die »Goldenen Zwanziger« nach der Weltwirtschaftskrise von 1929 das dunkelste Kapitel deutscher Geschichte folgte. Freiheit, Frieden und Demokratie in Deutschland und Europa sind auch heute keine Selbstverständlichkeiten, sondern Errungenschaften, die stets aufs Neue gefestigt und verteidigt werden müssen.

Aus dieser Erkenntnis ergibt sich für mich die Notwendigkeit zu unbedingtem Reformwillen. Daher beinhaltet mein 12-Punkte-Aktionsplan Maßnahmen, die den Kern unserer heutigen Probleme angehen, denn mit kosmetischen Veränderungsvorschlägen werden wir nicht zukunftsfähig sein. Ich sehe es als Frage der staatsbürgerlichen Verantwortung jedes Einzelnen an, den öffentlichen Raum nicht populistischen Schreihälsen zu überlassen, die so schamlos das Motto der friedlichen Revolution von 1989 »Wir sind das Volk!« missbrauchen.

Eine Gesellschaftsordnung muss von uns allen, von uns Bürgern als Staatsvolk getragen werden. Ich werbe für mehr staatsbürgerliches Engagement aus allen Teilen der Gesellschaft, mehr Lösungsvorschläge für Probleme und weniger Bühnen für den Antagonismus und das emotionale Aufstacheln von den politischen Rändern her.

Letztendlich sind wir alle aufgerufen, uns für die Zukunftsfähigkeit unseres Landes und des gemeinsamen Hauses Europa einzusetzen. Ich halte die Probleme, vor denen wir heute stehen, für lösbar, aber nur, wenn wir sachorientiert vorgehen und uns nicht in überholten ideologischen oder parteipolitischen Fallstricken verfangen. Viele der notwendigen und zukunftsfähigen Lösungen werden nicht mit der bisherigen parteipolitischen Farbenlehre übereinstimmen, sie sind nicht pauschal schwarz, rot, gelb oder grün. Sie sind vielmehr eine Mischung aus bewahrenden, konservativen Ansätzen und innovativen, progressiven Vorschlägen.

Als Demokraten müssen wir besser darin werden, zusammenzuarbeiten. Auch deshalb habe ich gleichzeitig zur Veröffentlichung dieses Buches die eingangs erwähnte gemeinnützige »Initiative Deutschland in Europa«, kurz IDeE, gegründet. Die Initiative soll als zivilgesellschaftliche Plattform für all jene dienen, die sich lösungsorientiert für die Zukunft unserer Demokratie und die in diesem Buch aufgeführten Anliegen engagieren möchten. Wenn Sie die Argumente in diesem Buch überzeugt haben, sind Sie herzlich eingeladen, unsere Initiative personell, finanziell oder ideell zu unterstützen.

Der Auftrag lautet: Unser Land in Ordnung zu bringen! Packen wir es an!

Nachweise

1   Tafel Deutschland e.V. (2019, September 18). Dramatischer Anstieg der Tafel-Nutzer [Pressemeldung]. Abgerufen von https://www.tafel.de/presse/pressemitteilungen/pressemitteilungen-2019/dramatischer-anstieg-der-tafel-nutzer-besonders-rentnerinnen-und-rentner-suchen-unterstuetzung/

2   United Nations Development Programme. (2019, Oktober 22). Human Development Data [Datensatz]. Abgerufen von http://hdr.undp.org/en/data

3   AFP. (2019, August 13). Mehrheit der Bevölkerung mit Demokratie in Deutschland unzufrieden. *Die Welt*. Abgerufen von https://www.welt.de/politik/deutschland/article198503305/Deutschland-Mehrheit-mit-Demokratie-unzufrieden.html

4   dpa (2019, Juni 5). Scheuer zweifelt an Termin für Flughafeneröffnung. *Die Zeit*. Abgerufen von https://www.zeit.de/politik/deutschland/2019-06/berliner-flughafen-ber-eroeffnung-verzoegerung-andreas-scheuer

5   Kapalschinski, C. (2016, November 4). Geheimsache Elbphilharmonie. *Handelsblatt*. Abgerufen von https://www.handelsblatt.com/unternehmen/dienstleister/baukosten-hoeher-als-gedacht-geheimsache-elbphilharmonie/14792022.html

6   dpa. (2018, Januar 26). Stuttgart 21 wird noch teurer und später fertig. *Die Zeit*. Abgerufen von https://www.zeit.de/wirtschaft/unternehmen/2018-01/deutsche-bahn-stuttgart-21-kosten

7   Smith, O. (2019, Januar 9). Whatever happened to German efficiency? Berlin's new airport is a contender for the world's most useless. *The Telegraph*. Abgerufen von https://www.telegraph.co.uk/travel/news/berlin-new-airport-delayed-again/

8   Pines, G. (2017, September 4). Why people think Germans are so efficient. *BBC*. Abgerufen von http://www.bbc.com/travel/story/20170903-why-people-think-germans-are-so-efficient

9   Schönball, R. (2018, Dezember 18). Elsenbrücke, BER, A20 – haben wir das Bauen verlernt? *Tagesspiegel*. Abgerufen von https://www.tagesspiegel.de/politik/grossprojekte-in-deutschland-elsenbruecke-ber-a20-haben-wir-das-bauen-verlernt/23706608.html

10 Ebd.

11 o. A. (2014, Juni 16). Warum sind die Schweizer bei Großprojekten so viel besser? *Handelsblatt*. Abgerufen von https://www.handelsblatt.com/technik/das-technologie-update/frage-der-woche/deutschlands-baupannen-warum-sind-die-schweizer-bei-grossprojekten-so-viel-besser/10039774.html

12 Doll, N. (2019, Januar 29). Trotz Milliardeninvestitionen ächzen Deutschlands Brücken. *Die Welt*. Abgerufen von https://www.welt.de/wirtschaft/article187446704/Infrastruktur-In-diesem-miesen-Zustand-sind-Deutschlands-Bruecken.html

13 Ebd.

14 Hennen, C. (2018, Dezember 7). Zahllose Risse, aber immer noch
    in Betrieb. *Deutschlandfunk Kultur*. Abgerufen von https://www.
    deutschlandfunkkultur.de/marode-bruecken-in-nrw-zahllose-risse-aber-immer-
    noch-in.1001.de.html?

15 Dowideit, M., Heide, D., & Kerkmann, C. (2012, Februar 4). Deutsche Wirtschaft
    auf der Rüttelstrecke. *Handelsblatt*. Abgerufen von https://app.handelsblatt.com/
    unternehmen/handel-dienstleister/mangelhafte-infrastruktur-deutsche-wirtschaft-
    auf-der-ruettelstrecke/7474406.html?

16 Janson, M. (2019, Januar 17). Infografik: So viel Stau in Deutschland wie noch nie
    [Datensatz]. Abgerufen von https://de.statista.com/infografik/10466/gemeldete-
    staus-auf-deutschen-autobahnen/

17 ADAC. (2019, Januar 23). Täglich 4000 Kilometer Stau. Abgerufen von https://
    www.adac.de/der-adac/verein/corporate-news/staubilanz/2017/

18 Losse, B. (2019, Februar 12). Der Stillstand kostet Milliarden. *Wirtschaftswoche*.
    Abgerufen von https://www.wiwo.de/politik/deutschland/staukosten-der-stillstand-
    kostet-milliarden/23977168.html

19 Gauto, A., & Demling, A. (2019, Januar 19). Warum sich der Brückenverfall für
    die Deutsche Bahn lohnt. *Handelsblatt*. Abgerufen von https://www.handelsblatt.
    com/unternehmen/handel-konsumgueter/report-warum-sich-der-brueckenverfall-
    fuer-die-deutsche-bahn-lohnt/23874940.html?

20 Ebd.

21 dpa. (2019, Mai 7). Auch Güterzüge kommen häufig zu spät. *FAZ*. Abgerufen
    von https://www.faz.net/aktuell/wirtschaft/unternehmen/deutsche-bahn-auch-
    gueterzuege-kommen-haeufig-zu-spaet-16175095.html

22 Ebd.

23 Fratzscher, M., Freier, R., & Gornig, M. (2015). *Kommunale Investitionsschwäche
    überwinden* (DIW Wochenbericht Nr. 43). S. 1019. Abgerufen von https://www.
    diw.de/documents/publikationen/73/diw_01.c.517381.de/15-43.pdf

24 Greive, M., & Hildebrand, J. (2018, Juli 15). Sparen an der Zukunft –
    Deutschland hinkt bei Investitionen hinterher. *Handelsblatt*. Abgerufen von https://
    www.handelsblatt.com/politik/international/studie-des-ifo-instituts-sparen-an-der-
    zukunft-deutschland-hinkt-bei-investitionen-hinterher/22799696.html

25 ifo Institut. (2018, Juli 16). Entwicklung des Bundeshaushalts – Deutschland
    investiert seit Jahren zu wenig in seine Zukunft [Pressemitteilung]. Abgerufen von
    https://www.ifo.de/node/43177

26 EY. (2018). *In die Zukunft Europas investieren*. Stuttgart

27 Speedtest Global Index. (2019, Oktober). Speedtest Intelligence [Datensatz].
    Abgerufen von https://www.speedtest.net/global-index

28 dpa. (2018, Dezember 27). 4G-Netz in Deutschland schlechter als in Albanien. *Die
    Zeit*. Abgerufen von https://www.zeit.de/wirtschaft/2018-12/mobilfunk-
    deutschland-europa-bundestag-4g-netz-digitalisierung-vergleich

29 t-online.de. (2019, Januar 21). In diesen 240 Orten sind Sprachverbindungen
    mangelhaft. Abgerufen von https://www.t-online.de/digital/id_85100540/in-
    diesen-240-orten-sind-sprachverbindungen-mangelhaft.html

30 Lohse, C., Friedrich, J., Scheffen, H., Moritz, G., Ebel, S., & Welke, H. (2018,
    November 11). Hilfe, wir leben im Funkloch! *BILD*. Abgerufen von https://www
    bild.de/news/inland/news-inland/handy-wueste-deutschland-bild-besuch-in-
    unseren-funkloechern-58364920.bild.html

31 Ebd.

32 Bernau, P. (2018, März 30). Telekom statt Vodafone. *FAZ*. Abgerufen von https://www.faz.net/aktuell/wirtschaft/digitec/die-diskussion-ueber-national-roaming-im-5g-mobilfunk-15516106.html

33 Alhoetmar, K. (2006, April 8). Bauen ohne Genehmigung ist jetzt erlaubt. *Tagesspiegel*. Abgerufen von https://www.tagesspiegel.de/wirtschaft/immobilien/bauen-ohne-genehmigung-ist-jetzt-erlaubt/700820.html

34 GdW. (2016, September 28). Nr. 54/16 [Pressemitteilung]. Abgerufen von https://web.gdw.de/uploads/pdf/Pressemeldungen/PM_54-16_BauGB-Novelle.pdf

35 Dabei fallen teilweise eklatante Unterschiede zwischen einzelnen Bereichen auf. So lag der Kostensteigerungsdurchschnitt für Projekte in der Informations- und Kommunikationstechnologie bei 394 %, im Energiesektor bei 136 %, in der Rüstungsbeschaffung bei 87 %, bei Gebäuden bei 44 Prozent und im Bereich Verkehr bei 33 %. Die hohen Werte in der Informations- und Kommunikationstechnologie und im Energiesektor erklären sich teilweise mit sogenannten Pionierrisiken bei Themen mit Neulandcharakter.

36 Delhaes, D., Gartmann, F., Kersting, S., & Koenen, J. (2012, Juni 8). Sieben Todsünden machten BER zum Desaster. *Handelsblatt*. Abgerufen von https://www.handelsblatt.com/unternehmen/handel-konsumgueter/flughafen-berlin-fehler-7-die-ausschreibungspannen/6724430-8.html

37 dpa. (2013, Februar 27). Am Flughafen BER brennt Tag und Nacht das Licht. *Berliner Morgenpost*. Abgerufen von https://www.morgenpost.de/flughafen-BER/article113954007/Am-Flughafen-BER-brennt-Tag-und-Nacht-das-Licht.html

38 Delhaes, D., Gartmann, F., Kersting, S., & Koenen, J. (2012, Juni 8). Sieben Todsünden machten BER zum Desaster. *Handelsblatt*. Abgerufen von https://www.handelsblatt.com/unternehmen/handel-konsumgueter/flughafen-berlin-fehler-7-die-ausschreibungspannen/6724430-8.html

39 Ebd.

40 Rudnicka, J. (2019). *Personalbestand der Bundeswehr bis 2019* [Diagramm]. Abgerufen von https://de.statista.com/statistik/daten/studie/38401/umfrage/personalbestand-der-bundeswehr-seit-2000/

41 Kramper, G. (2017, November 17). Landesverteidigung ungenügend: Mehr als die Hälfte der Leopard-2-Panzer nicht einsatzbereit. *Stern*. Abgerufen von https://www.stern.de/digital/technik/bundeswehr--mehr-als-die-haelfte-der-leopard-2-panzer-nicht-einsatzbereit-7702660.html

42 Wiegold, T. (2019, März 11). Zahlen zur Einsatzbereitschaft von Bundeswehr-Waffensystemen: Bisher offen, jetzt geheim. *Augengeradeaus.net*. Abgerufen von https://augengeradeaus.net/2019/03/zahlen-zur-einsatzbereitschaft-von-bundeswehr-waffensystemen-bisher-offen-jetzt-geheim/

43 Handelsblatt. (2017, Dezember 9). Von wegen allzeit bereit. Abgerufen von https://www.handelsblatt.com/politik/deutschland/deutsche-bundeswehr-von-wegen-allzeit-bereit/20691320.html

44 Ebd.

45 Vgl. Bartels, H.-P. (2019). *Unterrichtung durch den Wehrbeauftragten 2018* (Drucksache 19/7200). Abgerufen von https://dip21.bundestag.de/dip21/btd/19/072/1907200.pdf

46 Müller, D. (2019, Januar 30). Wir haben einen Investitionsstau. *Deutschlandfunk*. Abgerufen von https://www.deutschlandfunk.de/bundeswehr-wir-haben-einen-investitionsstau.694.de.html?dram:article_id=439677

47 Bundesverteidigungsministerium. (2019, Mai 25). Rede der Ministerin. Abgerufen von https://www.bmvg.de/de/aktuelles/rede-der-ministerin-51220

48   Riedel, D. (2019, März 7). Nie wieder ein Gorch-Fock-Debakel – Bundeswehr
     will Beschaffungswesen verbessern. *Handelsblatt*. Abgerufen von https://www.
     handelsblatt.com/politik/deutschland/verteidigung-nie-wieder-ein-gorch-fock-
     debakel-bundeswehr-will-beschaffungswesen-verbessern/24075450.html
49   Bartels, H.-P. (2019). *Unterrichtung durch den Wehrbeauftragten 2018* (Drucksache
     19/7200). Abgerufen von https://dip21.bundestag.de/dip21/btd/19/072/190720C.
     pdf
50   Ebd.
51   Ebd.
52   Eckert, D. (2019, April 11). Deutsche Steuerlast ist »Weltspitze« – doch die
     Infrastruktur verfällt. *Die Welt*. Abgerufen von https://www.welt.de/wirtschaft/
     article191736757/OECD-Studie-Bei-der-Steuerlast-gehoert-Deutschland-zur-
     Weltspitze.html
53   Eckert, D. (2019, April 11). Deutsche Steuerlast ist »Weltspitze« – doch die
     Infrastruktur verfällt. *Die Welt*. Abgerufen von https://www.welt.de/wirtschaft/
     article191736757/OECD-Studie-Bei-der-Steuerlast-gehoert-Deutschland-zur-
     Weltspitze.html
54   Eckert, D. (2019, April 11). Deutsche Steuerlast ist »Weltspitze« – doch die
     Infrastruktur verfällt. *Die Welt*. Abgerufen von https://www.welt.de/wirtschaft/
     article191736757/OECD-Studie-Bei-der-Steuerlast-gehoert-Deutschland-zur-
     Weltspitze.html
55   Ebd.
56   Institut der deutschen Wirtschaft Köln. (2017). *Die Einkommenssteuer im
     Zeitverlauf*. Abgerufen von https://www.insm.de/fileadmin/insm-dms/text/
     publikationen/studien/IW-Koeln-Gutachten-Einkommensteuer.pdf
57   Bundesministerium der Finanzen. (März 2019). *Eckwertebeschluss der
     Bundesregierung zum Regierungsentwurf des Bundeshaushalts 2020 und zum
     Finanzplan 2019 bis 2023*. Berlin: Bundesregierung.
58   Bundeszentrale für politische Bildung. (2019). *Entwicklung der öffentlichen
     Finanzen in absoluten Zahlen, 1975 bis 2018* [Diagramm]. Abgerufen von
     http://www.bpb.de/nachschlagen/zahlen-und-fakten/soziale-situation-in-
     deutschland/61867/oeffentliche-finanzen
59   Statistisches Bundesamt (2019). *Empfänger/-innen von Regelleistungen nach dem
     Asylbewerberleistungsgesetz* [Diagramm]. Abgerufen von https://www.destatis.de/
     error_path/https://www.destatis.de/DE/Themen/Gesellschaft-Umwelt/Soziales/_
     Grafik/_Interaktiv/leistungsempfaenger-insgesamt.html400.html?
60   Europäische Kommission. (2018, März 21). Faire Besteuerung der digitalen
     Wirtschaft. Abgerufen von https://ec.europa.eu/taxation_customs/business/
     company-tax/fair-taxation-digital-economy_de
61   Kwasiniewski, N. (2016, August 30). 50 Euro Steuern für eine Million Euro
     Gewinn. *Spiegel Online*. Abgerufen von https://www.spiegel.de/wirtschaft/
     unternehmen/apple-in-irland-50-euro-steuern-fuer-eine-million-euro-
     gewinn-a-1110150.html
62   Europäische Kommission. (2018, März 21). Faire Besteuerung der digitalen
     Wirtschaft. Abgerufen von https://ec.europa.eu/taxation_customs/business/
     company-tax/fair-taxation-digital-economy_de
63   Sendke, T. (2019, März 28). Warum die Digitalsteuer zum Scheitern verurteilt ist.
     Abgerufen von https://www.juwiss.de/44-2019/

64   o. A. (2018, Oktober 19). Skandal um Steuertricks mit Dividenden wird immer
      größer. *Manager Magazin*. Abgerufen von https://www.manager-magazin.de/
      finanzen/artikel/dividendenstripping-schaden-in-deutschland-bis-zu-32-milliarden-
      euro-a-1233932.html
65   Ackermann, L., Dauenberger, M., Faigle, P., Polke-Majewski, K., Rohrbeck,
      F., Salewski, C., & Schröm, O. (2019, März 24). »Größter Steuerskandal der
      Geschichte«. *tagesschau.de*. Abgerufen von https://www.tagesschau.de/wirtschaft/
      cum-cum-105.html
66   o. A. (2018, Oktober 19). Skandal um Steuertricks mit Dividenden wird immer
      größer. *Manager Magazin*. Abgerufen von https://www.manager-magazin.de/
      finanzen/artikel/dividendenstripping-schaden-in-deutschland-bis-zu-32-milliarden-
      euro-a-1233932.html
67   dpa. (2018, Oktober 18). Medien: Schaden durch »Cum-Ex« bei 55 Milliarden
      Euro. *Die Zeit*. Abgerufen von https://www.zeit.de/news/2018-10/18/medien-
      schaden-durch-cum-ex-bei-55-milliarden-euro-181018-99-422107
68   Auszüge aus einem Interview mit Hanno Berger in Capital. (2019, März 25). »Es
      gibt keinen Steuerskandal«. Abgerufen von https://www.n-tv.de/wirtschaft/Es-gibt-
      keinen-Steuerskandal-article20926723.html
69   Ebd.
70   o. A. (2018, Oktober 19). Skandal um Steuertricks mit Dividenden wird immer
      größer. *Manager Magazin*. Abgerufen von https://www.manager-magazin.de/
      finanzen/artikel/dividendenstripping-schaden-in-deutschland-bis-zu-32-milliarden-
      euro-a-1233932.html
71   dpa. (2018, Oktober 18). Medien: Schaden durch »Cum-Ex« bei 55 Milliarden
      Euro. *Die Zeit*. Abgerufen von https://www.zeit.de/news/2018-10/18/medien-
      schaden-durch-cum-ex-bei-55-milliarden-euro-181018-99-422107
72   Ebd.
73   von Bredow, A., & Heusinger, K. (2018, April 24). Anzeigepflicht für
      grenzüberschreitende Steuergestaltungsmodelle. Abgerufen von https://www.psp.
      eu/artikel/437/anzeigepflicht-fuer-steuergestaltungsmodelle/
74   Votsmeier, V. (2019, März 1). Gerhard Schick im Interview. *Handelsblatt*.
      Abgerufen von https://www.handelsblatt.com/finanzen/banken-versicherungen/
      cum-ex/gerhard-schick-im-interview-frau-roegele-sollte-die-zustaendigkeit-fuer-
      saemtliche-cum-ex-vorgaenge-abgeben/24055682.html
75   dpa. (2018, Oktober 18). Medien: Schaden durch »Cum-Ex« bei 55 Milliarden
      Euro. *Die Zeit*. Abgerufen von https://www.zeit.de/news/2018-10/18/medien-
      schaden-durch-cum-ex-bei-55-milliarden-euro-181018-99-422107
76   Vertretung der Europäischen Kommission in Deutschland. (2019, Mai 15).
      Neues Tool für Aufdeckung von Mehrwertsteuerbetrug seit heute im Einsatz
      [Pressemitteilung]. Abgerufen von https://ec.europa.eu/germany/news/20190515-
      mehrwertsteuerbetrug_de
77   t-online.de. (2019, Mai 7). Wie das organisierte Verbrechen Deutschland um
      Milliarden betrügt. *Correctiv*. Abgerufen von https://www.t-online.de/finanzen/
      id_85711766/steuerbetrug-wie-kriminelle-banden-deutschland-um-milliarden-
      betruegen.html
78   Rudnicka, J. (2019). *Steuereinnahmen aus der Umsatzsteuer in Deutschland von
      2004 bis 2018* [Diagramm]. Abgerufen von https://de.statista.com/statistik/daten/
      studie/235794/umfrage/einnahmen-aus-der-umsatzsteuer/
79   Koberstein, H., Reichert, M., & Orosz, M. (2019, Mai 7). Der große Betrug.
      Frontal 21 [Fernsehsendung]. Abgerufen von https://www.zdf.de/politik/frontal-21/
      der-grosse-betrug-vom-7-mai-2019-100.html

80   t-online.de. (2019, Mai 7). Wie das organisierte Verbrechen Deutschland um
      Milliarden betrügt. *Correctiv.* Abgerufen von https://www.t-online.de/finanzen/
      id_85711766/steuerbetrug-wie-kriminelle-banden-deutschland-um-milliarden-
      betruegen.html
81   Just & Partner Rechtsanwälte. (o. J.). So funktioniert ein Umsatzsteuerkarussell
      genau. Abgerufen 2019, von http://www.umsatzsteuerkarussell.de/karussellbetrug-
      steuerbetrug-kettengeschaeft-umsatzsteuerkarussell.html
82   t-online.de. (2019, Mai 7). Wie das organisierte Verbrechen Deutschland um
      Milliarden betrügt. *Correctiv.* Abgerufen von https://www.t-online.de/finanzen/
      id_85711766/steuerbetrug-wie-kriminelle-banden-deutschland-um-milliarden-
      betruegen.html
83   Just & Partner Rechtsanwälte. (o. J.). So funktioniert ein Umsatzsteuerkarussell
      genau. Abgerufen 2019, von http://www.umsatzsteuerkarussell.de/karussellbetrug-
      steuerbetrug-kettengeschaeft-umsatzsteuerkarussell.html
84   Ebd.
85   Ebd.
86   Ebd.
87   t-online.de. (2019, Mai 7). Wie das organisierte Verbrechen Deutschland um
      Milliarden betrügt. *Correctiv.* Abgerufen von https://www.t-online.de/finanzen/
      id_85711766/steuerbetrug-wie-kriminelle-banden-deutschland-um-milliarden-
      betruegen.html
88   Ebd.
89   Hildebrand, J., & Hoppe, T. (2019, August 14). Deutschland bremst beim Kampf
      der EU gegen Mehrwertsteuerbetrug. *Handelsblatt.* Abgerufen von https://www.
      handelsblatt.com/politik/deutschland/europa-deutschland-bremst-beim-kampf-der-
      eu-gegen-mehrwertsteuerbetrug/24900654.html?
90   Schafft die Landesbanken ab! (o. J.) *Cicero online.* Abgerufen von https://www.
      cicero.de/wirtschaft/schafft-die-landesbanken-ab/40592
91   Brors, P. (2004, Oktober 25). Sie nannten ihn den »roten Banker«. *Tagesspiegel.*
      Abgerufen von https://www.tagesspiegel.de/wirtschaft/sie-nannten-ihn-den-roten-
      banker/557314.html
92   Müssgens, C. (2018, Februar 28). Böse Landesbank. *FAZ.* Abgerufen von https://
      www.faz.net/aktuell/wirtschaft/unternehmen/hsh-nordbank-verkauf-rettung-koste:-
      buerger-milliarden-15471987.html
93   Spiegel Online. (2012, Juni 20). WestLB-Krise kommt Steuerzahler teuer zu stehen.
      Abgerufen von https://www.spiegel.de/wirtschaft/unternehmen/westlb-rettung-
      kostet-steuerzahler-18-milliarden-euro-a-839995.html
94   Wirtschaftswoche. (2014, April 14). LBBW-Prozess wird eingestellt. Abgerufen
      von https://www.wiwo.de/finanzen/steuern-recht/banker-zahlen-geldbusse-lbbw-
      prozess-wird-eingestellt/9799386.html
95   Eigene Recherche in der Datenbank der IHK Frankfurt. Abgerufen von https://
      www.frankfurt-main.ihk.de/berufsbildung/ausbildung/berufe/index.html
96   Fahrun, J. (2017, Dezember 6). Bei den Berliner Schulen ist keine Besserung in
      Sicht. *Berliner Morgenpost.* Abgerufen von https://www.morgenpost.de/meinung/
      article212752119/Keine-Besserung-in-Sicht.html
97   Ebd.
98   Rheinische Friedrich-Wilhelms-Universität Bonn. (2018, September 10). Die
      »Fibel« führt zu besserer Rechtschreibung [Press release]. Abgerufen von https://
      www.uni-bonn.de/neues/237-2018

99 Europäische Kommission. (2012). Schlüsselzahlen zum Sprachenlernen an den Schulen in Europa 2012. Abgerufen von https://ec.europa.eu/eurostat/documents/3217494/5775717/EC-XA-12-001-DE.PDF/6eafe714-ed2b-4e68-b413-37eca75a9a7c

100 Kohlmaier, M. (2016, Dezember 13). Lehrerpräsident hält Berliner Abitur für anspruchslos. *Süddeutsche Zeitung.* Abgerufen von https://www.sueddeutsche.de/bildung/abitur-lehrerpraesident-haelt-berliner-abitur-fuer-anspruchslos-1.3291391

101 dpa. (2017, Juni 1). Fast jeder Dritte bricht sein Studium ab. *FAZ.* Abgerufen von https://www.faz.net/aktuell/politik/inland/neue-studie-zahl-der-studienabbrecher-steigt-an-15042502.html

102 Ebd.

103 Himmelrath, A. (2018, Juni 11). Schüler sind nur so gut wie ihre Lehrer. *Spiegel Online.* Abgerufen von https://www.spiegel.de/karriere/pisa-studie-schueler-sind-nur-so-gut-wie-ihre-lehrer-a-1212244.html

104 Kerstan, T. (2017, Dezember 27). Schlechte Lehrer, schlechtere Schüler. *Die Zeit.* Abgerufen von https://www.zeit.de/2018/01/bildung-lehrer-qualitaet-leibnitz-institut-studie

105 Klein, H. P., & Kaenders, R. (2017, Februar 13). Das bundesweite Zentralabitur ist eine Lachnummer. *Wirtschaftswoche.* Abgerufen von https://www.wiwo.de/politik/deutschland/bildungspolitik-das-bundesweite-zentralabitur-ist-eine-lachnummer/19376746.html

106 Kramer, B. (2015, September 29). Hätten Sie das Abi auch in Bayern bestanden? *Spiegel Online.* Abgerufen von https://www.spiegel.de/lebenundlernen/schule/studium-und-nc-abiturnoten-sind-ungleich-in-deutschland-a-1044518.html

107 Rudnicka, J. (2019). *Anteil der Schulabsolventen/-innen mit allgemeiner Hochschulreife in Deutschland nach Bundesländern 2018* [Diagramm]. Abgerufen von https://de.statista.com/statistik/daten/studie/255393/umfrage/anteil-der-schulabsolventen-innen-mit-abitur-in-deutschland-nach-bundeslaendern/ /

108 Die Zeit. (2019, September 22). Drei von vier Syrern leben von Hartz IV. Abgerufen von https://www.zeit.de/wirtschaft/2019-09/fluechtlinge-syrer-hartz-iv

109 Groll, T., & Schuler, K. (2019, Juni 25). Was schon geschafft ist – und was nicht. *Die Zeit.* Abgerufen von https://www.zeit.de/politik/deutschland/2019-06/fluechtlinge-integration-arbeitsmarkt-sprachkurse-wohnungen-daten

110 Handelsblatt. (2019, Juli 30). Mehr Asylbewerber finden Arbeit – viele in Helfertätigkeiten. Abgerufen von https://www.handelsblatt.com/politik/deutschland/arbeitsmarkt-mehr-asylbewerber-finden-arbeit-viele-in-helfertaetigkeiten/24852152.html?

111 dpa. (2019, Januar 2). CDU-Wirtschaftsrat widerspricht Arbeitgeberpräsident bei der Beschäftigung von Flüchtlingen. *Handelsblatt.* Abgerufen von https://www.handelsblatt.com/politik/deutschland/integration-in-arbeitsmarkt-cdu-wirtschaftsrat-widerspricht-arbeitgeberpraesident-bei-der-beschaeftigung-von-fluechtlingen/23818826.html?ticket=ST-34287912-ksjlIAY3xdPOux9gEDbz-ap3

112 Focus Online. (2017, November 3). »Weder sprachlich noch beruflich ausreichend qualifiziert«Kommunen warnen vor »Irrglaube«: Flüchtlinge haben auf erstem Arbeitsmarkt kaum Chancen. Abgerufen von https://www.focus.de/finanzen/news/arbeitsmarkt/weder-sprachlich-noch-beruflich-ausreichend-qualifiziert-kommunen-warnen-vor-irrglaube-fluechtlinge-haben-auf-arbeitsmarkt-geringe-chancen_id_7799086.html

113 Dieter, H. (2019, April 6). Wenn Hochqualifizierte gehen und wenig Gebildete kommen. *Neue Zürcher Zeitung.* Abgerufen von https://www.nzz.ch/meinung/deutschlands-doppeltes-migrationsproblem-zu-und-abwanderung-ld.1464988

114 dpa & Reuters. (2019, Februar 12). Deutschland braucht 260.000 Zuwanderer im Jahr. *Zeit Online*. Abgerufen von https://www.zeit.de/wirtschaft/2019-02/ zuwanderung-arbeitsmarkt-eu-laender-bevoelkerung-deutschland

115 Statista Research Department. (2019). *Zuwanderer nach Deutschland nach Herkunftsländern 2018* [Diagramm]. Abgerufen von https://de.statista.com/ statistik/daten/studie/157446/umfrage/hauptherkunftslaender-der-zuwanderer-nach-deutschland-2009/

116 Landmesser, W. (2018, Dezember 23). Von Willkommenskultur kaum eine Spur. *Deutschlandfunk*. Abgerufen von https://www.deutschlandfunk.de/ zuwanderung-aus-rumaenien-und-bulgarien-von.724.de.html?dram:article_id=436770

117 Paun, C. (2018, August 8). Lieber für einen Hungerlohn nach Deutschland als ein Leben in Rumänien. *Die Welt*. Abgerufen von https://www.welt.de/wirtschaft/ article180815218/Rumaenien-Die-einzige-Zukunft-des-Landes-ist-das-Ausland. html

118 Mappes-Niedick, N. (2018, Dezember 22). Die Abwanderung der jungen Generation. *Deutschlandfunk*. Abgerufen von https://www.deutschlandfunk. de/exodus-aus-osteuropa-die-abwanderung-der-jungen-generation.724. de.html?dram:article_id=436755

119 Hunger, U., & Krannich, S. (2019). *Einwanderungsregelungen im Vergleich*. Studie im Auftrag der Friedrich-Ebert-Stiftung. Abgerufen von https://library.fes.de/pdf-files/wiso/11662.pdf

120 Bundesagentur für Arbeit. (2019). *Positivliste Zuwanderung von Fachkräften in Ausbildungsberufe*. Abgerufen von https://www.arbeitsagentur.de/datei/dok_ba015465.pdf

121 OECD. (2019, Dezember 17). International Migration Database [Datensatz]. Abgerufen von https://stats.oecd.org/Index.aspx?DataSetCode=MIG

122 Pollack, D., Müller, O., Rosta, G., & Dieler, A. (2016). *Integration und Religion aus der Sicht von Türkeistämmigen in Deutschland*. Abgerufen von https://www.uni-muenster.de/imperia/md/content/religion_und_politik/aktuelles/2016/06_2016/ studie_integration_und_religion_aus_sicht_t__rkeist__mmiger.pdf

123 Ebd.

124 Vgl. Schreiber, C. (2017). *Inside Islam: was in Deutschlands Moscheen gepredigt wird*. Düsseldorf: Econ.

125 van Laak, C. (2019, Oktober 9). Umstrittenes Islam-Institut geht an den Start. *Deutschlandfunk*. Abgerufen von https://www.deutschlandfunk.de/humboldt-universitaet-umstrittenes-islam-institut-geht-an.680.de.html?dram:article_id=460643

126 Riha, C., & Riha, K. (2019, April 12). Das verrohte Land [Fernsehsendung]. *ARD*. Abgerufen von https://programm.ard.de/TV/3sat/das-verrohte-land---wenn-das-mitgef-hl-schwindet/eid_280071389177617

127 Siebert, P., & Nibbrig, H. (2019, September 27). Renate Künast beschimpft - Kanzlei zeigt Berliner Richter an. *Berliner Morgenpost*. Abgerufen von https://www. morgenpost.de/berlin/article227129109/Renate-Kuenast-als-Schlampe-beschimpf-- Anzeige-gegen-Berliner-Richter-gestellt.html

128 Ebd.

129 Köhne, M. (2018, Juli 13). Retter immer öfter in Not. *MDR Sachsen-Anhalt*. Abgerufen von https://www.mdr.de/sachsen-anhalt/mehr-angriffe-auf-rettungskraefte-100.html

130 Stern, J. (2019, Januar 24). Gewalt gegen Rettungskräfte: Das sagen die
     Zahlen. *Bayrischer Rundfunk*. Abgerufen von https://www.br.de/nachrichten/
     bayern/gewalt-gegen-rettungskraefte-das-sagen-die-zahlen,RFEiEx2
131 Riha, C., & Riha, K. (2019, April 12). Das verrohte Land [Fernsehsendung]. *ARD*.
     Abgerufen von https://programm.ard.de/TV/3sat/das-verrohte-land---wenn-das-
     mitgef-hl-schwindet/eid_280071389177617
132 Bundeskriminalamt. (2017). *Bundeslagebild Gewalt gegen
     Polizeivollzugsbeamtinnen/beamte*. Abgerufen von https://www.bka.de/
     SharedDocs/Downloads/DE/Publikationen/JahresberichteUndLagebilder/
     GewaltGegenPVB/GewaltGegenPVBBundeslagebild2017.
     pdf;jsessionid=3CF92F2FDCE1F127E1782BE8B27A1CF8.live0612?__
     blob=publicationFile&v=4
133 YouGov. (2016, Dezember 30). https://yougov.de/news/2016/12/30/42-der-
     frauen-meiden-silvester-offentliche-raume/. Abgerufen von https://yougov.de/
     news/2016/12/30/42-der-frauen-meiden-silvester-offentliche-raume/
134 Statista Research Department. (2019). *Anzahl der registrierten kleinen Waffenscheine
     in Deutschland von 2014 bis 2018* [Diagramm]. Abgerufen von https://de.statista.
     com/statistik/daten/studie/802812/umfrage/registrierte-kleine-waffenscheine-in-
     deutschland/
135 UNHCR. (1951, Juli 28). Abkommen über die Rechtsstellung der Flüchtlinge vom
     28. Juli 1951. Abgerufen von https://www.unhcr.org/dach/wp-content/uploads/
     sites/27/2017/03/Genfer_Fluechtlingskonvention_und_New_Yorker_Protokoll.pdf
136 Jansen, F. (2018, November 27). Punktesystem für hochkriminelle
     Flüchtlinge. *Tagesspiegel*. Abgerufen von Punktesystem für hochkriminelle
     Flüchtlinge
137 Report Mainz. (2018, Juni 12). Bundesweit mehrere tausend Mehrfach- und
     Intensivtäter unter Zuwanderern erfasst. *SWR*. Abgerufen von https://www.swr.
     de/-/id=21861200/property=download/nid=233454/1o36sl8/pmintensivtaeter.pdf
138 Lehmann, E. (2016, Dezember 28). »Es geht um den Ruf unseres
     Landes«. *Deutschlandfunk*. Abgerufen von https://www.deutschlandfunk.
     de/marokkaner-ueber-die-koelner-silvesternacht-es-geht-um-den.1773.
     de.html?dram:article_id=374960
139 Klein, R. (2019, Juli 30). Stress im Freibad: Wenn der Respekt verloren
     geht. *Deutsche Welle*. Abgerufen von https://www.dw.com/de/stress-im-freibad-
     wenn-der-respekt-verloren-geht/a-49812858
140 dpa. (2019, September 27). Rheinbad in Düsseldorf: Neuer Bericht bringt
     schockierende Details zu Ausschreitungen ans Tageslicht. *Der Westen*. Abgerufen
     von https://www.derwesten.de/region/rheinbad-in-duesseldorf-neuer-bericht-
     bringt-schockierende-details-zu-ausschreitungen-ans-tageslicht-id227212587.html
141 Sohn, W. (2011). Kirsten Heisigs »falsche Botschaft«. *Die Polizei. Fachzeitschrift für
     die öffentliche Sicherheit*, Nr. 2/2011, 57–61.
142 Pagel, C. (2019, Februar 21). Übersicht zeigt, welche Bundesländer die meisten
     Abschiebehaftplätze haben. *Focus Online*. Abgerufen von https://www.focus.de/
     politik/sicherheitsreport/geordnete-rueckkehr-gesetz-uebersicht-zeigt-welche-
     bundeslaender-die-meisten-abschiebehaftplaetze-haben_id_10355710.html
143 dpa. (2018, April 25). In deutschen Gefängnissen herrscht akute Platznot. *Die Welt*.
     Abgerufen von https://www.welt.de/politik/deutschland/article175791841/Justiz-
     In-deutschen-Gefaengnissen-herrscht-akute-Platznot.html

144 dpa. (2018, Januar 3). Mehr Gewaltkriminalität durch mehr Zuwanderer. *Spiegel Online*. Abgerufen von https://www.spiegel.de/panorama/gesellschaft/christian-pfeiffer-kriminologe-weist-mehr-gewaltkriminalitaet-durch-mehr-zuwanderer-nach-a-1185959.html

145 Heine, H. (2019, Juli 24). Das sind die neuen Reviere der Clans in Berlin. *Tagesspiegel*. Abgerufen von https://www.tagesspiegel.de/berlin/nach-razzien-in-neukoelln-das-sind-die-neuen-reviere-der-clans-in-berlin/24667528.html#

146 dpa. (2019, Juni 14). 77 Häuser beschlagnahmt: Clan-Mitglieder in Berlin sind immer noch nicht angeklagt. *Focus Online*. Abgerufen von https://www.focus.de/politik/deutschland/immobilien-vor-einem-jahr-beschlagnahmt-immer-noch-keine-anklage-gegen-clan-mitglieder_id_10824992.html

147 Truscheit, K. (2019, April 2). »In Bayern gibt es keine kriminellen Clans«. *FAZ*. Abgerufen von https://www.faz.net/aktuell/gesellschaft/kriminalitaet/muenchner-polizeipraesident-warum-die-stadt-so-sicher-ist-16121054.html

148 Schumpeter, J. A. (2008). *Capitalism, Socialism, and Democracy: Third Edition*. New York: Harper Collins.

149 Stürmlinger, D. (2019, Mai 25). Hoteliers stellen sich bundesweit gegen booking.com. *Hamburger Abendblatt*. Abgerufen von https://www.abendblatt.de/wirtschaft/article205795061/Hoteliers-stellen-sich-bundesweit-gegen-booking-com.html

150 Vgl. CGAP. (2019, September). China: A Digital Payments Revolution. Abgerufen von https://www.cgap.org/research/publication/china-digital-payments-revolution

151 Jeffrey, C. (2018, Oktober 31). Machine-learning algorithm beats 20 lawyers in NDA legal analysis. *Techspot*. Abgerufen von https://www.techspot.com/news/77189-machine-learning-algorithm-beats-20-lawyers-nda-legal.html

152 o. A. (2018, Juli 17). 'AI To Create More Legal Jobs Than Losses' – Landmark PwC Report. *Artificial Lawyer*. Abgerufen von https://www.artificiallawyer.com/2018/07/17/ai-to-create-more-legal-jobs-than-losses-landmark-pwc-report/

153 Ulrich, B. (2013, Mai 6). Strategien und Waffen im industrialisierten Krieg. *Bundeszentrale für politische Bildung*. Abgerufen von https://www.bpb.de/geschichte/deutsche-geschichte/ersterweltkrieg/155306/strategien-und-waffen-im-industrialisierten-krieg

154 Ahmed et al., S. (2018). How Trade Did and Did Not Account for Manufacturing Job Losses. In S. Ahmed (Hrsg.), *U.S. Foreign Policy for the Middle Class: Perspectives from Ohio* (S. 21–35). Abgerufen von https://carnegieendowment.org/files/USForeignPolicy_Ohio_final.pdf

155 Schwartz, N. (2018, August 10). At Carrier, the Factory Trump Saved, Morale Is Through the Floor. *New York Times*. Abgerufen von https://www.nytimes.com/2018/08/10/business/economy/carrier-trump-absenteeism-morale.html

156 Enghusen, M. (2016, Juli). Wirtschaftswunderland. *brand eins*. Abgerufen von https://www.brandeins.de/magazine/brand-eins-wirtschaftsmagazin/2016/digitalisierung/wirtschaftswunderland

157 OECD. (2019). Research and development expenditure (% of GDP) [Datensatz]. Abgerufen von https://data.worldbank.org/indicator/GB.XPD.RSDV.GD.ZS

158 Enghusen, M. (2016, Juli). Wirtschaftswunderland. *brand eins*. Abgerufen von https://www.brandeins.de/magazine/brand-eins-wirtschaftsmagazin/2016/digitalisierung/wirtschaftswunderland

159 Ebd.

160 Ebd.

161 Ebd.

162 Lutteroth, J. (2012, August 24). Dreist, dreister, Deutschland. *Der Spiegel*. Abgerufen von https://www.spiegel.de/geschichte/made-in-germany-vom-stigma-zum-qualitaetssiegel-a-947688.html

163 de Souza Soares, P., Kröher, M., & Schütte, C. (2017, November 1). Brain Valley - hier liegt Deutschlands heißeste Zukunftswette. *Manager Magazin*. Abgerufen von https://www.manager-magazin.de/magazin/artikel/brain-valley-hotspot-kuenstliche-intelligenz-in-saarbruecken-und-karlsruhe-a-1174604.html

164 Berg, A., & Niemeier, M. (2019, November 6). Wirtschaftsschutz in der digitalen Welt [Präsentationsfolien]. Abgerufen von https://www.bitkom.org/sites/default/files/2019-11/bitkom_wirtschaftsschutz_2019_0.pdf

165 Radtke, R. (2019). *Umsatz auf dem deutschen Pharma-Gesamtmarkt von 2006 bis Juni 2019 (in Milliarden Euro)* [Foto]. Abgerufen von https://de.statista.com/statistik/daten/studie/158096/umfrage/pharma-gesamtmarkt-umsatzentwicklung-seit-2006/

166 AV-Test. (2018, Juli 20). The AV-TEST Security Report 2017/2018: The latest Analysis of the IT Threat Scenario. Abgerufen von https://www.av-test.org/en/news/the-av-test-security-report-20172018-the-latest-analysis-of-the-it-threat-scenario/

167 Garzke, R. (2019, Mai 24). Die Telekom registriert bis zu 46 Millionen Cyberangriffe pro Tag. *Tagesspiegel*. Abgerufen von https://www.tagesspiegel.de/wirtschaft/netzkriminalitaet-die-telekom-registriert-bis-zu-46-millionen-cyberangriffe-pro-tag/24375956.html

168 Degenmann, K. (2019, Juli 8). Europäischer Index für Cybersicherheit: Deutschland auf Platz 1. Abgerufen von https://jaxenter.de/cybersicherheit-europa-index-uebersicht-85138

169 Ministerium für Wirtschaft und Kommunikation Estlands. (2019). *Cybersecurity Strategy Republic of Estonia*. Abgerufen von https://www.mkm.ee/sites/default/files/kyberturvalisuse_strateegia_2022_eng.pdf

170 Bundeszentrale für politische Bildung. (2009). *Transport- und Kommunikationskosten* [Diagramm]. Abgerufen von http://www.bpb.de/system/files/pdf/YFCXFT.pdf

171 Eigene Recherche

172 Lobo, S. (2014, Januar 12). Das Internet ist nicht das, wofür ich es gehalten habe. *FAZ*. Abgerufen von https://www.faz.net/aktuell/feuilleton/medien/sascha-lobo-das-internet-ist-nicht-das-wofuer-ich-es-gehalten-habe-12747989.html

173 Ebd.

174 Levine, R. (2017, Oktober 3). 500 years later: What the Reformation can teach us about fake news today. *University of Toronto News*. Abgerufen von https://www.utoronto.ca/news/500-years-later-what-reformation-can-teach-us-about-fake-news-today

175 Ebd.

176 Diller, A. (1983). Der Volksempfänger - Propaganda- und Wirtschaftsfaktor. *Studienkreis Rundfunk und Geschichte Mitteilungen*, *9*(3), 140–158. Abgerufen von http://rundfunkundgeschichte.de/assets/RuG_1983_3.pdf

177 Bradshaw, S., & Howard, P. (2019). *The Global Disinformation Order*. Abgerufen von https://comprop.oii.ox.ac.uk/wp-content/uploads/sites/93/2019/09/CyberTroop-Report19.pdf

178 Salim, S. (2019, Januar 4). How much time do you spend on social media? *Digital Information World*. Abgerufen von https://www.digitalinformationworld.com/2019/01/how-much-time-do-people-spend-social-media-infographic.html

179 Wiebe, J.-H. (2018, Januar 11). Russland baut seine »Trollfabrik« aus. *t-online.de*. Abgerufen von https://www.t-online.de/nachrichten/ausland/id_83030876/bericht-russische-trollfabrik-in-st-petersburg-vergroessert-sich.html

180 Varol, O. et al. (2017). *Online Human-Bot Interactions: Detection, Estimation, and Characterization*. Abgerufen von https://arxiv.org/pdf/1703.03107.pdf

181 Ebd.

182 Higgins, E. (2019, September 6). »God-level Trolling« – Russian Ministry of Foreign Affairs Spokesperson Maria Zakharova Promotes Debunked Internet Conspiracy Theories on The Skripal Nerve Agent Attack. *Bellingcat*. Abgerufen von https://www.bellingcat.com/news/uk-and-europe/2018/09/06/god-level-trolling-russian-ministry-foreign-affairs-spokesperson-maria-zakharova-promotes-debunked-internet-conspiracy-theories-skripal-nerve-agent-attack/

183 Radio Berlin-Brandenburg. (2016, Februar 8). Staatsanwaltschaft ermittelt gegen russischen Journalisten. Abgerufen von https://web.archive.org/web/20160209092127/https://www.rbb-online.de/panorama/beitrag/2016/02/ermittlungsverfahren-russischer-journalist-bericht-13-jaehriges-maedchen-berlin-marzahn.html

184 Cadwalladr, C., & Graham-Harrison, E. (2018, März 17). 50 million Facebook profiles harvested for Cambridge Analytica in major data breach. *The Guardian*. Abgerufen von https://www.theguardian.com/news/2018/mar/17/cambridge-analytica-facebook-influence-us-election

185 University of Pennsylvania. (2018, November 8). Social media use increases depression and loneliness, study finds. *ScienceDaily*. Abgerufen von www.sciencedaily.com/releases/2018/11/181108164316.htm

186 Vgl. Riese, D. (2018, Januar 11). Die Definition von Hass. *tageszeitung*. Abgerufen von https://taz.de/Kritik-am-Netzwerkdurchsetzungsgesetz/!5474062/Kritikpunkte wie ein fehlender Wiederherstellungsanspruch für fälschlich als rechtswidrig gelöschte Inhalte sind legitim.

187 Isaac, M. (2019, Oktober 28). Dissent Erupts at Facebook Over Hands-Off Stance on Political Ads. *New*. Abgerufen von https://www.nytimes.com/2019/10/28/technology/facebook-mark-zuckerberg-political-ads.html

188 AFP. (2019, August 5). Juli 2019 war weltweit heißester Monat seit Messbeginn. *FAZ*. Abgerufen von https://www.faz.net/aktuell/gesellschaft/klimawandel-juli-2019-war-weltweit-heissester-monat-16319171.html

189 Carrington, D. (2018, Dezember 5). This article is more than 1 year old »Brutal news«: global carbon emissions jump to all-time high in 2018. *The Guardian*. Abgerufen von https://www.theguardian.com/environment/2018/dec/05/brutal-news-global-carbon-emissions-jump-to-all-time-high-in-2018

190 Ebd.

191 Bundesumweltministerium. (2017, September 5). Die Klimakonferenz in Paris. Abgerufen von https://www.bmu.de/themen/klima-energie/klimaschutz/internationale-klimapolitik/pariser-abkommen/#c8535

192 Ebd.

193 Breitkopf, A. (2019). *Größte Länder nach Anteil am CO2-Ausstoß weltweit 2018* [Diagramm]. Abgerufen von https://de.statista.com/statistik/daten/studie/179260/umfrage/die-zehn-groessten-c02-emittenten-weltweit/

194 Kumpfmüller, K. (2019, Juli 12). Wer wie viel CO2 ausstößt. *tagesschau.de*. Abgerufen von https://www.tagesschau.de/faktenfinder/co2-emissionen-103.html

195 Vgl. Der Spiegel. (2019, Mai 4). Der Grüne Blackout. S. 14f.

196 Ebd., S. 15

197 Ebd., S. 14

198 Die Welt. (2014, Februar 9). Strompreise haben sich seit 2000 fast verdoppelt. Abgerufen von https://www.welt.de/wirtschaft/energie/article133084771/Strompreise-haben-sich-seit-2000-fast-verdoppelt.html

199 Heidjann, J. (2019). Strompreis Zusammensetzung 2019. Abgerufen von https://www.stromauskunft.de/sthttps://www.stromauskunft.de/strompreise/strompreis-zusammensetzung/rompreise/strompreis-zusammensetzung/

200 Deutscher Bundestag. (2017, März 22). 331.272 Stromsperren im Jahr 2015 [Press release]. Abgerufen von https://www.bundestag.de/presse/hib/2017_03/499490-499490

201 Blume, J. (2018, September 12). 400 Prozent plus in einem Jahr – das ist Europas begehrtester Rohstoff. *Handelsblatt*. Abgerufen von https://www.handelsblatt.com/finanzen/maerkte/devisen-rohstoffe/energie-400-prozent-plus-in-einem-jahr-das-ist-europas-begehrtester-rohstoff-/23055336.html?

202 Die Zeit. (2019, November 3). Bundesregierung will mehr Ladestationen schaffen. Abgerufen von https://www.zeit.de/wirtschaft/2019-11/elektromobilitaet-angela-merkel-ausbau-ladestationen-autogipfel

203 Ebd.

204 Vgl. Der Spiegel. (2019, Mai 4). Der Grüne Blackout. S. 19

205 Ebd.

206 Bundesregierung. (2019). *Eckpunkte für das Klimaschutzprogramm 2030*. Abgerufen von https://www.bundesregierung.de/resource/blob/975232/1673502/768b67ba939c098c994b71c0b7d6e636/2019-09-20-klimaschutzprogramm-data.pdf?

207 Ebd.

208 Ebd.

209 Ebd.

210 Martschin, M., Stramann, K., & Kersting, S. (2019, September 20). »Völlig unambitioniert«, »Mogelpackung«: Das sind die Reaktionen auf das Klimapaket. *Handelsblatt*. Abgerufen von https://www.handelsblatt.com/politik/deutschland/klimaschutzmassnahmen-voellig-unambitioniert-mogelpackung-das-sind-die-reaktionen-auf-das-klimapaket/25038994.html

211 Lindner, E. (2011, Dezember 28). »Es gibt einen Weltmarkt für nur fünf Computer«. *Die Welt*. Abgerufen von https://www.welt.de/vermischtes/kurioses/article13786439/Es-gibt-einen-Weltmarkt-fuer-nur-fuenf-Computer.html

212 Materla, V. (2019, August 30). Von wegen Flugscham. *Die Zeit*. Abgerufen von https://www.zeit.de/mobilitaet/2019-08/flugreisende-inlandsfluege-urlaub-geschaeftsreisen-flugscham

213 Kotowski, T. (2019, Juni 8). Trotz Klimadebatte: Die Deutschen fliegen eher mehr. *FAZ*. Abgerufen von https://www.faz.net/aktuell/wirtschaft/unternehmen/trotz-klimadebatte-die-deutschen-fliegen-eher-mehr-16226746.html

214 Hoffmann, W. (1993, Mai 28). Luca Pacioli sorgte für die Verbreitung der doppelten Buchführung. Vielen gilt der italienische Mönch als Plagiator: Algebra des Kapitals. *Die Zeit*. Abgerufen von https://www.zeit.de/1993/22/algebra-des-kapitals

215 o.A. (2012, Dezember 16). Geschichte des Shareholder-Value. *Die Welt*. Abgerufen von https://www.welt.de/print/wams/finanzen/article112043740/Geschichte-des-Shareholder-Value.html

216 Ebd.

217 Gelles, D., & Yaffe-Bellaney, D. (2019, August 19). Shareholder Value Is No Longer Everything, Top C.E.O.s Say. *New York Times*. Abgerufen von https://www.nytimes.com/2019/08/19/business/business-roundtable-ceos-corporations.html

218 Treibjagd auf Tesla. (2019, August 23). *Manager Magazin, 9*(2019), 28ff.

219 Ebd.
220 KPMG. (2018). *Valuing your impacts on society.* Abgerufen von https://home.kpmg/
     content/dam/kpmg/xx/pdf/2019/01/valuing-your-impacts-on-society-how-kpmg-
     true-value-can-help-measure-and-manage-your-impacts.pdf
221 Ebd.
222 BASF. (2019, September 19). BASF ist Gründungsmitglied der »value balancing
     alliance e.V.«. Abgerufen von https://www.basf.com/global/de/media/news-
     releases/2019/08/p-19-304.html?WT.mc_id=P_304
223 Horn, K. (2011, Februar 2). Wo Kuh und Schaf gemeinsam grasen. *FAZ.*
     Abgerufen von https://www.faz.net/aktuell/wirtschaft/wirtschaftswissen/allmende-
     wo-kuh-und-schaf-gemeinsam-grasen-1581179.html
224 Ebd.
225 Albach, H. (2018, Februar 20). Gabler Lexikon: Wirtschaftswissenschaften.
     Abgerufen von https://wirtschaftslexikon.gabler.de/definition/
     wirtschaftswissenschaften-48113/version-271371
226 International Panel on Climate Change. (2019, Juni 2). Global Warming of 1.5 °C.
     Abgerufen von https://www.ipcc.ch/site/assets/uploads/sites/2/2019/06/SR15_
     Full_Report_Low_Res.pdf
227 Mercator Research Institute on Global Commons and Climate Change. (2019).
     That's how fast the carbon clock is ticking. Abgerufen von https://www.mcc-berlin.
     net/en/research/co2-budget.html
228 MunichRE. (2019). Themenübersicht Naturkatastrophen. Abgerufen von https://
     www.munichre.com/topics-online/de/climate-change-and-natural-disasters/natural-
     disasters.html
229 Vollmer, P. (2018, Juli 4). CO2: Das bedeutet der Bau eines Autos für das
     Klima. *Handelsblatt.* Abgerufen von https://edison.media/erklaeren/co2-das-
     bedeutet-der-bau-eines-autos-fuer-das-klima/22654280.html
230 Evans, S. (2016, September 27). The countries with the highest carbon
     price. *Carbon Brief.* Abgerufen von https://www.carbonbrief.org/mapped-countries-
     with-highest-carbon-price
231 Steiger, C. (2011, Mai 1). Der kesse Käfer. *Autobild.* Abgerufen von https://www.
     autobild.de/klassik/artikel/vw-kaefer-1303-s-1675997.html
232 Gomoll, W. (2017, September 2). Fahrbericht VW Polo 1.0 TSIBraucht noch einer
     den Golf? Neuer VW Polo im ersten Test. *Focus Online.* Abgerufen von https://
     www.focus.de/auto/fahrberichte/volkswagen-polo-1-0-tsi-reifegrad_id_7528812.
     html
233 Stiftung Unternehmen Wald. (o. J.). Wie viel Kohlendioxid (CO2) speichert der
     Wald bzw ein Baum. Abgerufen von https://www.wald.de/wie-viel-kohlendioxid-
     co2-speichert-der-wald-bzw-ein-baum/
234 Ebd.
235 ETH Zürich. (2019, Juli 2). Wie Bäume das Klima retten könnten
     [Pressemeldung]. Abgerufen von https://ethz.ch/content/dam/ethz/main/news/eth-
     news/medienmitteilungen/2019/pdf/190704-crowther-lab/190702_MM_Wo_
     Aufforstung_m%C3%B6glich_ist.pdf
236 Ebd.
237 Ebd.
238 Vgl. Wolfrum, E. (2006). *Die geglückte Demokratie: Geschichte der Bundesrepublik
     Deutschland von ihren Anfängen bis zur Gegenwart.* Stuttgart: Klett-Cotta Verlag.
239 Zitiert nach Roth, K.-H. (2001). Klienten des Leviathan: Die Mont Pèlerin Society
     und das Bundeswirtschaftsministerium in den fünfziger Jahren. *Zeitschrift für
     Sozialgeschichte des 20.,* 16(2), 13–41.

240 Kramper, G. (2018, Januar 5). Vermögensschock: Die Deutschen sind die armen Würstchen der EU. Abgerufen von https://www.stern.de/wirtschaft/geld/vermoegensschock--die-deutschen-sind-die-armen-wuerstchen-der-eu-7780210.html

241 Der Median ist im Gegensatz zum arithmetischen Mittel der mittlere Wert einer Wertverteilung und nicht ein Durchschnittswert. Entsprechend weniger anfällig ist dieser für statistische Ausreißer, wie beispielsweise das Vermögen von Superreichen.

242 Statista Research Department. (2019). *Wohneigentumsquoten in ausgewählten europäischen Ländern im Jahr 2017* [Diagramm]. Abgerufen von https://de.statista.com/statistik/daten/studie/155734/umfrage/wohneigentumsquoten-in-europa/

243 Bundschuh, C., & Türk, A. (2018, September 5). Deutsche Sparer: zu wenig Aktien! [Präsentationsfolien]. Abgerufen von https://www.lbbw.de/konzern/research/2018/blickpunkte/20180905_lbbw_blickpunkt_privatkunden_aktienkultur_deutschland_8adc8db5h_m.pdf

244 Statista Research Department. (2019a). *Kapitalmarktzinssatz in Deutschland bis 2018* [Diagramm]. Abgerufen von https://de.statista.com/statistik/daten/studie/201419/umfrage/entwicklung-des-kapitalmarktzinssatzes-in-deutschland/

245 boerse.de. (o. J.). DAX: Längerer Anlagehorizont erhöht die Gewinnwahrscheinlichkeit. Abgerufen von https://www.boerse.de/grundlagen/aktie/Renditedreieck-Dax-Jaehrliche-Durchschnittsrenditen-seit-1980-8

246 CIA World Fact Book. (2018). Budget [Datensatz]. Abgerufen von https://www.cia.gov/library/publications/the-world-factbook/fields/224.html

247 Vgl. Witte, J. (2010, November 27). Finanzexperten fürchten den D-Mark-Alptraum. *Spiegel Online.* Abgerufen von https://www.spiegel.de/wirtschaft/soziales/szenario-euro-crash-finanzexperten-fuerchten-den-d-mark-alptraum-a-731410.html

248 Europäische Zentralbank. (2012). *Verbatim of the remarks made by Mario Draghi.* Abgerufen von https://www.ecb.europa.eu/press/key/date/2012/html/sp120726.en.html

249 AFP. (2017, Mai 21). Nullzinspolitik kostet deutsche Sparer 436 Milliarden Euro. *Die Zeit.* Abgerufen von https://www.zeit.de/wirtschaft/geldanlage/2017-05/europaeische-zentralbank-ezb-nullzinspolitik-kosten-sparer

250 Demographieportal des Bundes und der Länder. (2019). Beitragszahler und Altersrentner in der gesetzlichen Rentenversicherung. Abgerufen von https://www.demografie-portal.de/SharedDocs/Informieren/DE/ZahlenFakten/Beitragszahler_Altersrentner.html

251 Lietzmann, P. (2016, März 29). Vermögensschmelze: Drei harte Wahrheiten, die Deutsche unter 50 gerne ausblenden. *Focus Online.* Abgerufen von https://www.focus.de/finanzen/altersvorsorge/rente/alterspyramide-2030-wenn-sie-nach-dieser-linie-geboren-wurden-haben-sie-ein-problem_id_4564702.html

252 Ebd.

253 Seibel, K. (2018, August 20). Jetzt schlägt die EZB-Politik voll auf die Ersparnisse der Deutschen durch. *Die Welt.* Abgerufen von https://www.welt.de/wirtschaft/article181238536/Europaeische-Zentralbank-Niedrigzinspolitik-Politik-laesst-Vermoegen-der-Deutschen-schmilzen.html

254 Bundeszentrale für politische Bildung. (2019, März 19). Arbeitslose und Arbeitslosenquote. Abgerufen von http://www.bpb.de/nachschlagen/zahlen-und-fakten/soziale-situation-in-deutschland/61718/arbeitslose-und-arbeitslosenquote

255 Institut der deutschen Wirtschaft. (2018, Dezember 10). Der Arbeitsmarkt in Deutschland: Alles andere als prekär. Abgerufen von https://www.iwd.de/artikel/der-arbeitsmarkt-in-deutschland-alles-andere-als-prekaer-413406/?

256 Bundesagentur für Arbeit. (2019). *Arbeitslosenquote in Deutschland nach Bundesländern 11/2019* [Diagramm]. Abgerufen von https://de.statista.com/statistik/daten/studie/36651/umfrage/arbeitslosenquote-in-deutschland-nach-bundeslaendern/

257 tagesschau.de. (2019, April 28). Weniger als 2000 Euro - trotz Vollzeit. Abgerufen von https://www.tagesschau.de/wirtschaft/vollzeit-verdienst-2000-euro-101.html

258 Ebd.

259 Roßbach, H., & Szymanski, M. (2019, März 17). 4,50 Euro pro Stunde, null soziale Absicherung. *Süddeutsche Zeitung*. Abgerufen von https://www.sueddeutsche.de/politik/arbeitssituation-von-paketboten-4-50-euro-pro-stunde-null-soziale-absicherung-1.4371588

260 United Nations Development Programme. (2019, Oktober 22). Human Development Data [Datensatz]. Abgerufen von http://hdr.undp.org/en/data

261 Budras, C., & Exeler, S. (2016, Mai 30). Pirmasens, abgehängt. *FAZ*. Abgerufen von https://www.faz.net/aktuell/wirtschaft/arm-und-reich/in-pirmasens-ist-die-lebenserwartung-am-niedrigsten-14246050.html

262 Deutsches Institut für Wirtschaftsforschung Berlin. (2018, Mai 16). Soziale Mobilität in Deutschland: Durchlässigkeit hat sich in den letzten 30 Jahren kaum verändert. Abgerufen von https://www.diw.de/de/diw_01.c.584241.de/themen_nachrichten/soziale_mobilitaet_in_deutschland_durchlaessigkeit_hat_sich_in_den_letzten_30_jahren_kaum_veraendert.html

263 Reuters. (2019, August 28). Wirtschaftsforscher rechnen mit Rezession. *Spiegel Online*. Abgerufen von https://www.spiegel.de/wirtschaft/unternehmen/diw-forscher-rechnen-mit-rezession-in-deutschland-a-1284063.html

264 Focus Online. (2018, Mai 12). 12,63 Euro Mindestlohn bräuchte es für eine Rente oberhalb der Grundsicherung. Abgerufen von https://www.focus.de/politik/deutschland/berechnung-der-bundesregierung-12-63-euro-mindestlohn-braeuchte-es-fuer-eine-rente-oberhalb-der-grundsicherung_id_8916484.html

265 Mussler, H. (2010, Juni 21). Der Schutz der Sparer. *FAZ*. Abgerufen von https://www.faz.net/aktuell/wirtschaft/einlagensicherung-der-schutz-der-sparer-1650758.html

266 Leue, V. (2018, September 15). Eine Bankenpleite mit weltweiten Auswirkungen. *Deutschlandfunk*. Abgerufen von https://www.deutschlandfunk.de/beginn-der-finanzkrise-vor-zehn-jahren-eine-bankenpleite.724.de.html?

267 nach §488 BGB oder nach §700 Abs. 1 BGB

268 Leue, V. (2018, September 15). Eine Bankenpleite mit weltweiten Auswirkungen. *Deutschlandfunk*. Abgerufen von https://www.deutschlandfunk.de/beginn-der-finanzkrise-vor-zehn-jahren-eine-bankenpleite.724.de.html?

269 Bundesfinanzministerium. (2018). *Sechsundzwanzigster Subventionsbericht*. Abgerufen von https://www.bundesfinanzministerium.de/Content/DE/Downloads/Broschueren_Bestellservice/2018-08-23-subventionsbericht-26.pdf?__blob=publicationFile&v=2

270 Eidgenössische Finanzverwaltung. (2019). Subventionen, Subventionsüberprüfung. Abgerufen von https://www.efv.admin.ch/efv/de/home/themen/finanzpolitik_grundlagen/subv_subvueberpruef.html

271 Eidgenössische Finanzverwaltung. (2018, November 1). Datenbank der Bundessubventionen [Datensatz]. Abgerufen von https://www.data.efv.admin.ch/subventionen/d/dokumentation/finanzpolitik_grundlagen/subv_subvueberpruefung.php

272 Erhard, L. (1964). *Wohlstand für Alle* (8. Auflage). Abgerufen von https://www.ludwig-erhard.de/wp-content/uploads/wohlstand_fuer_alle1.pdf. S. 283

273 Europäisches Parlament. (2019, April 25). Support for EU remains at historically high level despite sceptics [Press release]. Abgerufen von https://www.europarl. europa.eu/news/en/press-room/20190417IPR41755/support-for-eu-remains-at-historically-high-level-despite-sceptics

274 Becker, M. (2019, Juli 15). [Twitter]. Abgerufen von https://twitter.com/ markusbecker/status/1150814637815975943

275 Dierks, B. (2018, Juni 16). Mythen der Europäischen Union. *Deutschlandfunk*. Abgerufen von https://www.deutschlandfunk.de/krumme-gurken-mythen-der-europaeischen-union.922.de.html?

276 Vgl. Art. 294 des Vertrags über die Arbeitsweise der Europäischen Union (AEUV)

277 Schiessl, M. (2012, August 27). Heiße Ware. *Der Spiegel*. Abgerufen von https:// www.spiegel.de/spiegel/print/d-87908008.html

278 Buchan, L. (2018, Januar 13). Theresa May mocked for suggesting Tories to thank for credit card charge ban imposed by EU. *Independent*. Abgerufen von https:// www.independent.co.uk/news/uk/politics/brexit-credit-card-charges-prime-minister-theresa-may-eu-rules-a8157521.html

279 Europäisches Parlament. (2019, April 17). Plenarprotokoll. Abgerufen von https:// www.europarl.europa.eu/doceo/document/CRE-8-2019-04-17-ITM-013_EN.html

280 Bundesrat. (2019). Abstimmungsverhalten der Länder. Abgerufen von https://www. bundesrat.de/DE/plenum/abstimmung/abstimmung-node.html

281 dpa. (2016, November 29). Deutsche sehen Europäische Union auf falschem Weg. *Die Zeit*. Abgerufen von https://www.zeit.de/politik/ausland/2016-11/eu-skepsis-deutschland-umfrage-brexit-usa

282 Fuster, T. (2016, Dezember 9). Fünf Antworten zum Maastricht-Vertrag. *Neue Zürcher Zeitung*. Abgerufen von https://www.nzz.ch/wirtschaft/europaeische-waehrungsunion-fuenf-antworten-zum-maastricht-vertrag-ld.133407

283 Teevs, C. (2011, September 30). Denn sie wussten nicht, worüber sie abstimmen. *Spiegel Online*. Abgerufen von https://www.spiegel.de/wirtschaft/ soziales/euro-votum-im-bundestag-denn-sie-wussten-nicht-worueber-sie-abstimmen-a-789405.html

284 No-Bailout (auf Deutsch Nicht-Beistandsklausel) bedeutet, dass ein Staat (beispielsweise Deutschland) nicht für die Schulden eines anderen Staates (beispielsweise Griechenland) haftet

285 dpa & Reuters. (2015, Juni 16). Ifo-Chef Sinn kritisiert EuGH. *FAZ*. Abgerufen von https://www.faz.net/aktuell/wirtschaft/konjunktur/ifo-chef-sinn-kritisiert-eugh-urteil-zu-ezb-anleihenkaeufe-13649888.html

286 Urmersbach, B. (2019). *Staatsverschuldung von Italien bis 2018* [Diagramm]. Abgerufen von https://de.statista.com/statistik/daten/studie/167737/umfrage/ staatsverschuldung-von-italien/

287 Berschens, R. (2019, Juni 5). Europas neuer Krisenfall: Die EU kann Italien nicht retten. *Handelsblatt*. Abgerufen von https://www.handelsblatt.com/meinung/ kommentar/kommentar-europas-neuer-krisenfall-die-eu-kann-italien-nicht-retten/24419470.html?

288 Ebd.

289 Focus Money. (2019, Juni 19). Der Anschlag. Abgerufen von https://www.focus.de/ finanzen/money-magazin/italien-der-anschlag_id_10837056.html

290 Ebd.

291 Ebd.

292 Ebd.

293 Ebd.

294 Britain Stronger in Europe. (2016). Get the Facts. Abgerufen von https://www. strongerin.co.uk/get_the_facts

295 Rankin, J. (2018, Oktober 1). Jeremy Hunt rebuked by EU after Soviet prison comparison. *The Guardian.* Abgerufen von https://www.theguardian.com/ politics/2018/oct/01/jeremy-hunt-draws-eu-ire-over-soviet-prison-comparison

296 Europäische Union. (2019, Februar 13). Das Motto der EU. Abgerufen von https://europa.eu/european-union/about-eu/symbols/motto_de

297 Wortgleiche Übernahme dieses Absatzes erfolgt mit Genehmigung des Autors: Volkmann, J. (2017, März 25). Unser historisches Erbe ist ein Auftrag. Abgerufen von https://pej-deutschland.eu/?p=627

298 Europäische Kommission. (2014, April 12). Studie zur Wirkung von Erasmus: Auslandsaufenthalte steigern Beschäftigungsfähigkeit und berufliche Mobilität [Pressemeldung]. Abgerufen von https://ec.europa.eu/commission/presscorner/ detail/de/IP_14_1025

299 NBC News. (2003, Januar 22). »Old Europe« [Video]. Abgerufen von https://web. archive.org/web/20130606002456/http://video.msnbc.msn.com/msnbc/4017033

300 Associated Press. (2015, Juli 21). Rumsfeld compares Germany's position on Iraq with that of Cuba and Libya [YouTube]. Abgerufen von https://www.youtube.com/ watch?v=FQ0mH-Z7tSA

301 Joint Chiefs of Staff. (2011). The National Military Strategy of the United States of America. Abgerufen von https://www.files.ethz.ch/isn/154942/US%20 National%20Military%20Strategy%202011.pdf

302 Parker, K., Morin, R., & Horowitz, J. M. (2019, März 21). Looking to the Future, Public Sees an America in Decline on Many Fronts. *Pew Research Center.* Abgerufen von https://www.pewsocialtrends.org/2019/03/21/public-sees-an-america-in-decline-on-many-fronts/

303 Silver, L., Devlin, K., & Huang, C. (2019, August 13). U.S. Views of China Turn Sharply Negative Amid Trade Tensions. *Pew Research Center.* Abgerufen von https://www.pewresearch.org/global/2019/08/13/u-s-views-of-china-turn-sharply-negative-amid-trade-tensions/

304 France24. (2019, Mai 27). Bannon says EU integration »dead« after parliament election. *AFP.* Abgerufen von https://www.france24.com/en/20190527-bannon-says-eu-integration-dead-after-parliament-election

305 Heritage Foundation. (2019). Webseite des Institut-Direktors. Abgerufen von https://www.heritage.org/staff/nile-gardiner-phd

306 Jenkins, S. (2017, Februar 3). Why the EU's fuss over Trump's ambassador pick? He's perfectly cast. *The Guardian.* Abgerufen von https://www.theguardian.com/ commentisfree/2017/feb/03/eu-trump-ambassador-european-parliament-ted-malloch

307 Financial Times. (2017, Mai 24). Ted Malloch not being considered for EU ambassador post. Abgerufen von https://www.ft.com/content/37bed188-40bd-11e7-9d56-25f963e998b2

308 U.S. Embassy Ukraine. (2018, Dezember 4). Remarks by Secretary Pompeo at the German Marshall Fund. Abgerufen von https://ua.usembassy.gov/remarks-by-secretary-pompeo-at-the-german-marshall-fund/; übersetzt vom Autor

309 Santora, M. (2018, Juli 10). Trump Derides NATO as 'Obsolete.' Baltic Nations See It Much Differently. *New York Times.* Abgerufen von https://www.nytimes. com/2018/07/10/world/europe/trump-nato-summit-latvia-baltics.html

310 Clarke, M. & Ricketts, A. (2017). Donald Trump and American foreign policy: The return of the Jacksonian tradition. *Comparative Strategy, 36*(4), 366–379. https://doi.org/10.1080/01495933.2017.1361210

311 McCarthy, N. (2018, November 1). The share of Americans holding a passport has increased dramatically in recent years. *Forbes*. Abgerufen von https://www.forbes.com/sites/niallmccarthy/2018/01/11/the-share-of-americans-holding-a-passport-has-increased-dramatically-in-recent-years-infographic/

312 Stiftung für Zukunftsfragen. (2019). Tourismusanalyse 2019. Abgerufen von http://www.tourismusanalyse.de/fileadmin/user_upload/tourismusanalyse/2019/Stiftung-fuer-Zukunftsfragen-Tourismusanalyse-2019.pdf

313 Graw, A., & Jungholt, T. (2019, Juli 22). Wie viel Geld die Bundeswehr wirklich braucht. *Die Welt*. Abgerufen von https://www.welt.de/politik/deutschland/article197265297/Zwei-Prozent-Ziel-bei-Nato-Wie-viel-Geld-die-Bundeswehr-braucht.html

314 Bardt, H. (2018). Deutsche Verteidigungsausgaben seit dem Ende des Kalten Krieges. *Wirtschaftsdienst*, *98*(9), 680–682. Abgerufen von https://archiv.wirtschaftsdienst.eu/jahr/2018/9/deutsche-verteidigungsausgaben-seit-dem-ende-des-kalten-krieges/

315 Rothkopf, D. (2014, September 9). National Insecurity. *Foreign Policy*. Abgerufen von https://foreignpolicy.com/2014/09/09/national-insecurity/

316 Poushter, J., & Castillo, A. (2018, November 26). Americans and Germans are worlds apart in views of their countries' relationship. *Pew Research Center*. Abgerufen von https://www.pewresearch.org/fact-tank/2018/11/26/americans-and-germans-are-worlds-apart-in-views-of-their-countries-relationship/

317 Miller, C. (2019, August 2). The INF Treaty Is Dead, and Russia Is the Biggest Loser. *Foreign Policy*. Abgerufen von https://foreignpolicy.com/2019/08/02/the-inf-treaty-is-dead-and-russia-is-the-biggest-loser/

318 Hipp, C. (2018, Mai 5). Russland stationiert Raketen in Kaliningrad - Reichweite bis nach Berlin. *Die Welt*. Abgerufen von https://www.welt.de/politik/ausland/article176090499/Iskander-Russland-stationiert-Raketen-in-Kaliningrad-Reichweite-bis-nach-Berlin.html

319 Schmid, U. (2016, Dezember 25). Der Bankrott eines Systems. *Neue Zürcher Zeitung*. Abgerufen von https://www.nzz.ch/international/aufloesung-der-sowjetunion-vor-25-jahren-der-bankrott-eines-systems-ld.136566

320 Klein, E. (2015, Oktober 19). Die Wilden 1990er. *Dekoder*. Abgerufen von https://www.dekoder.org/de/gnose/die-wilden-90er

321 Rochlitz, M. (2018, Dezember 14). Analyse: Die Macht der Silowiki: Kontrollieren Russlands Sicherheitsdienste Putin, oder kontrolliert er sie? *Bundeszentrale für politische Bildung*. Abgerufen von https://www.bpb.de/internationales/europa/russland/analysen/282611/analyse-die-macht-der-silowiki-kontrollieren-russlands-sicherheitsdienste-putin-oder-kontrolliert-er-sie

322 Vgl. Yakovlev, E., & Zhuravskaya , E. (2006). State Capture: From Yeltsin to Putin. Abgerufen von https://core.ac.uk/download/pdf/7142689.pdf

323 Weiler, J. (2004). *Human Rights in Russia: A Darker Side of Reform*. Boulder, CO: Lynne Rienner. S. 36

324 UN Office on Drugs and Crime. (2019). Global Study on Homicide [Datensatz]. Abgerufen von https://dataunodc.un.org/GSH_app

325 Ballin, A. (2011, August 23). Russlands harte Tour nach dem Zerfall der Sowjetunion. *Wirtschaftsblatt*. Abgerufen von https://web.archive.org/web/20140121232951/http://wirtschaftsblatt.at/archiv/1204946/index

326 Litvinenko, A. V., & Fel'štinskij, J. G. (2007). *Eiszeit im Kreml: das Komplott der russischen Geheimdienste*. Hamburg: Hoffmann und Campe.

327 Roessler, G. (2007, Februar). Why 210Po? Abgerufen von https://hps.org/documents/polonium_210_story.pdf

328 BBC News. (1999, Dezember 31). Putin takes control in Russia. Abgerufen von http://news.bbc.co.uk/2/hi/europe/585368.stm

329 DW. (2002, April 11). Schröder erlässt Putin 7,1 Milliarden Euro Schulden. *Die Welt*. Abgerufen von https://www.welt.de/print-welt/article383598/Schroeder-erlaesst-Putin-7-1-Milliarden-Euro-Schulden.html

330 Weymouth, L. (2017, März 24). 'Russia is a threat': Estonia frets about its neighbor. *Washington Post*. Abgerufen von https://www.washingtonpost.com/opinions/russia-is-a-threat-estonia-frets-about-its-neighbor/2017/03/24/011ad320-0f2b-11e7-9b0d-d27c98455440_story.html

331 UNHCR. (2008, September 12). Revised figures push number of Georgia displaced up to 192,000. Abgerufen von https://www.unhcr.org/news/latest/2008/9/48ca8d804/revised-figures-push-number-georgia-displaced-192000.html

332 Schuhmann, A. (2010, Februar 1). Ukraine - Grenzland. *Zeitgeschichte Online*. Abgerufen von https://zeitgeschichte-online.de/kommentar/ukraine-grenzland

333 Vgl. Applebaum, A. (2017). *Red Famine: Stalin's War on Ukraine*. New York: Doubleday.

334 Snyder, T. (2017, Juli 7). Germans must remember the truth about Ukraine – for their own sake. Abgerufen von https://www.eurozine.com/germans-must-remember-the-truth-about-ukraine-for-their-own-sake/

335 Reiermann, C. (2014, März 31). Schäuble vergleicht Putins Krim-Pläne mit Hitlers Politik. *Spiegel Online*. Abgerufen von https://www.spiegel.de/politik/ausland/ukraine-krise-schaeuble-vergleicht-putins-krim-plaene-mit-hitlers-politik-a-961680.html

336 Gatehouse, G. (2017, April 3). Marine Le Pen: Who's funding France's far right? *BBC News*. Abgerufen von https://www.bbc.com/news/world-europe-39478066

337 Caroll, O. (2017, Oktober 17). St Petersburg »troll farm« had 90 dedicated staff working to influence US election campaign. *Independent*. Abgerufen von https://www.independent.co.uk/news/world/europe/russia-us-election-donald-trump-st-petersburg-troll-farm-hillary-clinton-a8005276.html

338 The Economist. (2018, Februar 22). Inside the Internet Research Agency's lie machine. Abgerufen von https://www.economist.com/briefing/2018/02/22/inside-the-internet-research-agencys-lie-machine

339 Bellingcat Investigations Team. (2015, Mai 31). MH17 – Forensic Analysis of Satellite Images Released by the Russian Ministry of Defence. *Bellingcat*. Abgerufen von https://www.bellingcat.com/news/uk-and-europe/2015/05/31/mh17-forensic-analysis-of-satellite-images-released-by-the-russian-ministry-of-defence/

340 Higgins, E. (2015, Januar 10). SU-25, MH17 and the Problems with Keeping a Story Straight. *Bellingcat*. Abgerufen von https://www.bellingcat.com/news/uk-and-europe/2015/01/10/su-25-mh17-and-the-problems-with-keeping-a-story-straight/

341 Joint Investigations Team. (2019, Juni 19). Update in criminal investigation MH17 disaster [YouTube]. Abgerufen von https://www.youtube.com/watch?v=Kq-L72slP18

342 dpa. (2019, August 20). Nur noch jeder Vierte unterstützt Sanktionen gegen Russland. *Die Zeit*. Abgerufen von https://www.zeit.de/news/2019-08/20/nur-noch-jeder-vierte-unterstuetzt-sanktionen-gegen-russland

343 EU vs Disinformation. (2019, März 7). Conspiracy Mania Marks One Year Anniversary of Skripal Poisoning. Abgerufen von https://euvsdisinfo.eu/conspiracy-mania-marks-one-year-anniversary-of-the-skripal-poisoning/

344 Mascolo, G. (2019, Dezember 4). Berlin weist nach Mord an Georgier zwei russische Diplomaten aus. *Süddeutsche Zeitung*. Abgerufen von https://www.sueddeutsche.de/politik/mord-berlin-georgier-1.4709715.

345 Stern. (2018, November 27). Früher war mehr Lametta in den Beziehungen: Deutsche wollen weniger USA und mehr Russland. Abgerufen von https://www.stern.de/politik/ausland/umfragen-zu-amerikanisch-deutschen-beziehungen--deutsche-wollen-weniger-usa-und-mehr-russland-8466734.html

346 Weltbank. (2018). GDP (current US$) [Datensatz]. Abgerufen von https://data.worldbank.org/indicator/NY.GDP.MKTP.CD?

347 https://www.themoscowtimes.com/2017/06/29/10-of-russian-struggling-to-buy-food-poll-a58273. (2017, Juni 29). 10% of Russian Struggling to Buy Food. Abgerufen von https://www.themoscowtimes.com/2017/06/29/10-of-russian-struggling-to-buy-food-poll-a58273

348 Kluge, J. (2018). *Russlands Staatshaushalt unter Druck* (SWP-Studie 14). Abgerufen von https://www.swp-berlin.org/fileadmin/contents/products/studien/2018S14_klg.pdf

349 Harper, J. (2018, November 22). Do sanctions against Russia work? *Deutsche Welle*. Abgerufen von https://www.dw.com/en/do-sanctions-against-russia-work/a-46407184

350 Isayev, N., & Tétrault-Farber, G. (2018, September 26). Russia moves closer to raising retirement age after parliament vote. *Reuters*. Abgerufen von https://www.reuters.com/article/us-russia-pensions/russian-lawmakers-pass-pension-reform-bill-on-second-reading-idUSKCN1M61H9

351 Observatory of Economic Complexity. (2019). Germany Imports [Datensatz]. Abgerufen von https://oec.world/en/profile/country/deu/#Imports

352 The Economist. (2014, Oktober 15). World's biggest economies throughout history [YouTube]. Abgerufen von https://www.youtube.com/watch?v=Q_vJfly1wpw

353 Chen, D., Pu, X., & Johnston, A. I. (2013). Debating China's Assertiveness. *International Security, 38*(3), 176–183. https://doi.org/10.1162/ISEC_a_00151

354 Mai, J. (2016, April 11). China sets out grand plan to become world's soccer superpower by 2050. *South China Morning Post*. Abgerufen von https://www.scmp.com/news/china/policies-politics/article/1935166/china-sets-out-grand-plan-become-worlds-soccer

355 Steinmetz, V. (2017, Juli 21). Was China in Dschibuti vorhat. *Der Spiegel*. Abgerufen von https://www.spiegel.de/politik/ausland/china-eroeffnet-militaerbasis-in-dschibuti-welche-ziele-verfolgt-peking-a-1158755.html

356 dpa. (2017, Juli 17). Chinesische Kriegsschiffe auf dem Weg in die Ostsee. *Spiegel Online*. Abgerufen von https://www.spiegel.de/politik/ausland/manoever-von-china-und-russland-kriegsschiffe-auf-dem-weg-in-die-ostsee-a-1158387.html

357 Behling, F. (2019, Juli 31). Zerstörer aus China fährt zum NOK. *Kieler Nachrichten*. Abgerufen von https://www.kn-online.de/Nachrichten/Schleswig-Holstein/Zerstoerer-aus-China-fuer-der-Ostsee-unterwegs-zum-Nord-Ostsee-Kanal

358 EY. (2019, Februar). Chinesische Unternehmenskäufe in Europa [Präsentationsfolien]. Abgerufen von https://www.ey.com/Publication/vwLUAssets/ey-chinesische-unternehmenskaeufe-in-europa-februar-2019-ch/$FILE/ey-chinesische-unternehmenskaeufe-in-europa-februar-2019-ch.pdf

359 BakerMcKenzie. (2019, Januar 14). Chinesisches FDI in Nordamerika und Europa fällt in 2018 um 73% auf Sechsjahrestief mit USD 30 Milliarden. Abgerufen von https://www.bakermckenzie.com/de/newsroom/2019/01/chinese-fdi

360 China Daily. (2019, Mai 2). Belt and Road projects: past, present and future. *The Telegraph*. Abgerufen von https://www.telegraph.co.uk/china-watch/business/belt-road-projects-list/

361 Zand, B. (2017, Mai 15). Wie China mit 900 Milliarden Dollar die Welt erobern will. *Spiegel Online*. Abgerufen von https://www.spiegel.de/politik/ausland/china-entwicklungsprogramm-neue-seidenstrasse-a-1147588.html

362 Schmidt, M. H. (2017, Mai 15). Milliardenprojekt neue Seidenstraße: Wer zahlt, bestimmt die Regeln. *Neue Osnabrücker Zeitung*. Abgerufen von https://www.noz.de/deutschland-welt/wirtschaft/artikel/895791/milliardenprojekt-neue-seidenstrasse-wer-zahlt-bestimmt-die-regeln-1

363 Zhen, L. (2017, November 16). Pakistan pulls plug on dam deal over China's 'too strict' conditions in latest blow to Belt and Road plans. *South China Morning Post*. Abgerufen von https://www.scmp.com/news/china/diplomacy-defence/article/2120261/pakistan-pulls-plug-dam-deal-over-chinas-too-strict

364 Dasgupta, S. (2019, April 12). Malaysia rejoins China's BRI after slashing rail project cost. *Times of India*. Abgerufen von https://timesofindia.indiatimes.com/world/rest-of-world/malaysia-rejoins-chinas-bri-after-slashing-rail-project-cost/articleshow/68856461.cms

365 Mumme, T. (2019, September 2). Die Angst vor Chinas Neuer Seidenstraße ist unbegründet. *Tagesspiegel*. Abgerufen von https://www.tagesspiegel.de/wirtschaft/mehr-westliche-als-chinesische-investitionen-die-angst-vor-chinas-neuer-seidenstrasse-ist-unbegruendet/24971460.html

366 MERICS. (2018, Juni 7). Die Vermessung der Belt and Road Initiative: Eine Bestandsaufnahme. Abgerufen von https://www.merics.org/de/bri-tracker/mapping-the-belt-and-road-initiative

367 Bulgarien, Estland, Kroatien, Litauen, Lettland, Polen, Rumänien, Slowakei, Slowenien, Tschechien, Ungarn und seit Kurzem auch Griechenland

368 Albanien, Bosnien-Herzegowina, Nordmazedonien, Montenegro, Serbien

369 Schmitt, P.-P. (2019, Juni 17). 2100 könnten 4,3 Milliarden Menschen in Afrika leben. *FAZ*. Abgerufen von https://www.faz.net/aktuell/gesellschaft/menschen/2100-koennten-4-3-milliarden-menschen-in-afrika-leben-16240911.html

370 Schmitt, P.-P. (2017, Juni 13). Die Bevölkerung in Deutschland wird wieder jünger. *FAZ*. Abgerufen von https://www.faz.net/aktuell/gesellschaft/menschen/deutschland-senkt-durchschnittsalter-seit-wiedervereinigung-15059924.html

371 Goldstone, J. A. (2019, Januar 14). Africa 2050: Demographic Truth and Consequences. *Hoover Institution*. Abgerufen von https://www.hoover.org/research/africa-2050-demographic-truth-and-consequences

372 Beehner, L. (2007, April 13). The Effects of 'Youth Bulge' on Civil Conflicts. *Council on Foreign Relations*. Abgerufen von https://www.cfr.org/backgrounder/effects-youth-bulge-civil-conflicts

373 U.S. Energy Information Administration. (2019). International Energy Statistics [Datensatz]. Abgerufen von https://www.eia.gov/beta/international/data/browser/#

374 Vgl. Mills, G., Obasanjo, O., Herbst, J., & Davis, D. (2017). *Making Africa Work: A Handbook* (1. Aufl.). London: Hurst.

375 Ebd.

376 Ebd.

377 Ebd.

378 Urmersbach, B. (2019). *Bruttoinlandsprodukt (BIP) von Nigeria bis 2024* [Diagramm]. Abgerufen von https://de.statista.com/statistik/daten/studie/322015/umfrage/bruttoinlandsprodukt-bip-von-nigeria/

379 Saunders, D. (2012). *Arrival City: How the Largest Migration in History Is Reshaping Our World* (Reprint). New York: Vintage.

380 Statista Research Department. (2019). *Wahlbeteiligung bei Bundestagswahlen in Deutschland bis 2017* [Diagramm]. Abgerufen von https://de.statista.com/statistik/daten/studie/2274/umfrage/entwicklung-der-wahlbeteiligung-bei-bundestagswahlen-seit-1949/

381 tagesschau.de. (2017). *Wählerwanderungen* [Diagramm]. Abgerufen von https://wahl.tagesschau.de/wahlen/2017-09-24-BT-DE/analyse-wanderung.shtml

382 Weßels, B. (2018, November 14). Politisches Interesse und politische Partizipation. *Bundeszentrale für politische Bildung*. Abgerufen von http://www.bpb.de/nachschlagen/datenreport-2018/politische-und-gesellschaftliche-partizipation/278492/politisches-interesse-und-politische-partizipation

383 Statista Research Department. (2019b). *Wie zufrieden sind Sie mit der Arbeit der Bundesregierung?* [Diagramm]. Abgerufen von https://de.statista.com/statistik/daten/studie/2953/umfrage/zufriedenheit-mit-der-arbeit-der-bundesregierung/

384 Dieses Phänomen wird in der Politikwissenschaft nach S.M. Lipset und S. Rokkan als *Cleavage* bezeichnet.

385 Statista Research Department. (2019c). *Durchschnittsalter der Mitglieder der politischen Parteien in Deutschland 2018* [Diagramm]. Abgerufen von https://de.statista.com/statistik/daten/studie/192255/umfrage/durchschnittsalter-in-den-parteien/

386 Alexander, R. (2017). *Die Getriebenen: Merkel und die Flüchtlingspolitik: Report aus dem Innern der Macht*. München: Siedler Verlag.

387 Ebd.

388 Unter Clickbait (dt. Klickköder) versteht man emotionalisierende Überschriften im Internet, die eine Neugierlücke entstehen lassen und so den Nutzer verleiten, auf einen Artikel zu klicken, der aber häufig nur einen geringen Informationsgehalt hat. Beispiele dafür sind Formulierungen wie »Das wird auch Dein Leben verändern« oder »Du wirst nicht glauben, was dieser Trick bewirkt«.

389 Wissenschaftlicher Dienst des Deutschen Bundestages. (2008). *Politikverdrossenheit in Deutschland* (WD 1-050/08). Abgerufen von https://www.bundestag.de/resource/blob/411744/c3898daa35546221e4853f2925dae036/WD-1-050-08-pdf-data.pdf

390 Buchenau, M. W. (2012, Dezember 9). Warum Familienunternehmen in der Krise besser sind. *Handelsblatt*. Abgerufen von https://www.handelsblatt.com/unternehmen/mittelstand/studie-warum-familienunternehmen-in-der-krise-besser-sind/3322162.html

391 tagesschau.de. (2018, Mai 23). Entschädigung für RWE und Vattenfall. Abgerufen von https://www.tagesschau.de/inland/entschaedigung-atomkonzerne-101.html

392 Monath, H. (2016, November 29). Die Liste der Gescheiterten ist lang. *Tagesspiegel*. Abgerufen von https://www.tagesspiegel.de/politik/quereinsteiger-in-der-politik-die-liste-der-gescheiterten-ist-lang/14908508.html

393 Schröder, W. H. (2018, November 20). Berufsstruktur. Abgerufen von https://www.bundestag.de/resource/blob/273350/e521f1d217d7cd471e8ec50217d1502a/Kapitel_03_11_Berufsstruktur-pdf-data.pdf

394 Schibilla, K. (2018, März 11). Politik-Insider: Darum sind fachfremde Minister oft sogar besser als Experten. *Focus Online*. Abgerufen von https://www.focus.de/politik/deutschland/ex-sprecher-von-helmut-kohl-politik-insider-darum-sind-fachfremde-minister-oft-sogar-besser-als-experten_id_8589410.html

395 Wunderlich, C. (2019, März 11). »Dieses gewollte Missverstehen wieder...«. *Die Welt*. Abgerufen von https://www.welt.de/politik/deutschland/article190090013/Christian-Lindner-Sache-fuer-Profis-Spruch-sorgt-fuer-Kritik.html

396 Vgl. Fulbright, W. J. (1967). *The Arrogance of Power*. New York: Random House.

397 Briegleb, V. (2015, August 18). 15 Jahre UMTS-Auktion: Nach dem großen Kater. *Heise Online*. Abgerufen von https://www.heise.de/newsticker/meldung/15-Jahre-UMTS-Auktion-Nach-dem-grossen-Kater-2778571.html

398 Verifox. (2018, April 6). Europa-Vergleich: Deutschland surft am teuersten [Pressemeldung]. Abgerufen von https://www.verivox.de/presse/europa-vergleich-deutschland-surft-am-teuersten-119940/ (Verfasser der Studie ist ein Mobilfunkunternehmen)

399 dpa & Reuters. (2019, Juni 12). 5G-Auktion bringt Deutschland knapp 6,6 Milliarden Euro. *Spiegel Online*. Abgerufen von https://www.spiegel.de/netzwelt/netzpolitik/5g-mobilfunkfrequenzen-versteigert-firmen-bezahlen-6-6-milliarden-euro-a-1272131.html

400 AFP. (2019, August 27). Deutscher Staat erzielt 45,3 Milliarden Euro Überschuss im ersten Halbjahr. *Handelsblatt*. Abgerufen von https://www.handelsblatt.com/politik/deutschland/haushalt-deutscher-staat-erzielt-45-3-milliarden-euro-ueberschuss-im-ersten-halbjahr/24945592.html?

401 Wirtschaftswoche. (2010, Dezember 16). Erschreckende Bilanz der Autoverschrottung. Abgerufen von https://www.wiwo.de/unternehmen/abwrackpraemie-erschreckende-bilanz-der-autoverschrottung/5707118.html

402 Ebd.

403 Posener, A. (2017, Januar 11). Warum wir die »Ruck-Rede« falsch verstanden haben. *Die Welt*. Abgerufen von https://www.welt.de/kultur/article161087880/Warum-wir-die-Ruck-Rede-falsch-verstanden-haben.html

404 Ebd.

405 Müller, A., Schrinner, A., Sigmund, T., & Stratmann, K. (2012, Mai 17). Der jobkillende Wahnsinn. *Handelsblatt*. Abgerufen von https://www.handelsblatt.com/politik/deutschland/buerokratie-niederlaender-sind-uns-fuenf-jahre-voraus/6590978-3.html?

406 Ebd.

407 Tagesspiegel. (2002, Januar 12). Auch Wehrpflichtige im Auslandseinsatz. Abgerufen von https://www.tagesspiegel.de/politik/auch-wehrpflichtige-im-auslandseinsatz/283194.html

408 Gewerkschaft der Polizei Nordrhein-Westfalen. (2010, März 11). Alle 90 Minuten Übergriff auf Polizeibeamte [Pressemeldung]. Abgerufen von https://www.gdp.de/gdp/gdpnrw.nsf/id/Gewalt_gegen_Polizeibeamte?

409 Ivanov, A. (2019, Mai 16). Wie viel verdient man bei der Polizei? *Orange by Handelsblatt*. Abgerufen von https://orange.handelsblatt.com/ueber-uns/Angelika

410 Statista Research Department. (2016). *Polizisten je 100.000 Einwohner in Deutschland nach Bundesländern 2016* [Diagramm]. Abgerufen von https://de.statista.com/statistik/daten/studie/516175/umfrage/polizisten-je-100000-einwohner-in-deutschland-nach-bundeslaendern/

411 Deutscher Gewerkschaftsbund. (2019, August 29). Fast die Hälfte aller Azubis wird nicht gezielt auf Digitalisierung vorbereitet. Abgerufen von https://www.dgb.de/themen/++co++fe682086-c997-11e9-9a06-52540088cada

412 dpa, & AFP. (2016, Juli 31). Berufsschulen sind offline. *Die Zeit*. Abgerufen von https://www.zeit.de/karriere/beruf/2016-07/digitalisierung-ausbildung-chancen-studie-internet

413 Gillmann, B. (2019, September 16). Deutsche Berufsschulen in Not. *Handelsblatt*. Abgerufen von https://www.handelsblatt.com/politik/deutschland/ausbildung-deutsche-berufsschulen-in-not-/25019488.html

414 Vgl. Handlungsempfehlungen aus folgender Studie: Bundesministerium für Bildung und Forschung. (2019). *Verzahnung von Theorie und Praxis im Lehramtsstudium*. Abgerufen von https://www.bmbf.de/upload_filestore/pub/Verzahnung_Theorie_Praxis_Lehramtsstudium_Erkenntnisse_QLB.pdf

415 Auswärtiges Amt. (2019, September 17). Deutschland und Libanon: bilaterale Beziehungen. Abgerufen von https://www.auswaertiges-amt.de/de/aussenpolitik/laender/libanon-node/bilaterale-beziehungen/204054?

416 Siehe für Stichwortdefinition: Schäfer, A. (2018). *Gabler Wirtschaftslexikon: Eurosklerose*. Abgerufen von https://wirtschaftslexikon.gabler.de/definition/eurosklerose-33714/version-257234

417 Deutscher Bundestag. (1990). Charta von Paris für ein neues Europa. Abgerufen von https://www.bundestag.de/resource/blob/189558/21543d1184c1f627412a3426e86a97cd/charta-data.pdf

418 Brot für die Welt. (2011, März 8). Frauen sind der Schlüssel für Entwicklung. *Entwicklungspolitik Online*. Abgerufen von https://www.epo.de/index.php?option=com_content&view=article&id=7035:frauen-sind-der-schluessel-fuer-entwicklung&catid=57&Itemid=114

419 Endres, A. (2006, Oktober 13). Banker der Armen. *Die Zeit*. Abgerufen von https://www.zeit.de/online/2006/42/Friedensnobelpreis-Yunus

420 Stocker, F. (2019, Januar 2). Deutsche besitzen 6,2 Billionen Euro – und haben ein Problem. *Die Welt*. Abgerufen von https://www.welt.de/finanzen/article186446060/Geldvermoegen-Deutsche-besitzen-6-2-Billionen-Euro.html

421 MINT bezieht sich auf die Ausbildungsgebiete/Studienfächer Mathematik, Informatik, Naturwissenschaften und Technik (insbesondere Ingenieurwissenschaften).

Alle Links wurden zuletzt am 22. Dezember 2019 abgerufen.